编辑部

联系方式

地　址：北京市海淀区西土城路25号，100088

中国政法大学 法学教育研究与评估中心

《中国政法大学教育文选》编辑部

电　话：010-58908099

邮　箱：lihuimin99@sina.com

中国政法大学
教育文选

（第33辑）

田士永◎主编　　李慧敏◎副主编

中国政法大学出版社

2023 · 北京

图书在版编目（CIP）数据

中国政法大学教育文选. 第33辑/田士永主编. —北京：中国政法大学出版社，2023.6
ISBN 978-7-5764-1047-1

Ⅰ. ①中…　Ⅱ. ①田…　Ⅲ. ①高等学校－教学研究－文集　Ⅳ. ①G642.0-53

中国国家版本馆CIP数据核字(2023)第142633号

出 版 者　中国政法大学出版社
地　　址　北京市海淀区西土城路25号
邮寄地址　北京100088信箱8034分箱　邮编100088
网　　址　http://www.cuplpress.com (网络实名：中国政法大学出版社)
电　　话　010-58908289(编辑部) 58908334(邮购部)
承　　印　北京九州迅驰传媒文化有限公司
开　　本　720mm×960mm　1/16
印　　张　15.5
字　　数　235千字
版　　次　2023年6月第1版
印　　次　2023年6月第1次印刷
定　　价　75.00元

目 录

CONTENTS

教育模式

课程与教学

高教评估

教师与社会

教育模式

Jiao Yu Mo Shi

德国大学基础法学教育模式借鉴

潘文博*

一、大学基础法学教育的目标

明确大学法学教育的目标是进一步讨论培养方案、课程设置等问题的前提。[1]法学是一门实践的科学，同时具有实践和科学的属性。对于实践性，普遍认为大学的基础法学教育是职业教育，法学需要应用于实践，且法学毕业生大多数走向了实务岗位。对于科学性，大陆法系以法教义学为依托，具有抽象性、体系性和深厚的理论性，通过法学专业的训练才能掌握。法学学科中的理论与实践同等重要，法学教育既应该强调专业教育，同时也应该注重实践环节。理论教育和实务训练不是非此即彼的关系，而应当是相互促进的关系。但现实中的问题是大学的基础法学教育并不是无期限的，在学制一定的情况下为了合理分配教学

---

* 潘文博，中国政法大学法律硕士学院讲师。

〔1〕 教育部、中央政法委员会发布的《关于实施卓越法律人才教育培养计划的若干意见》中指出："培养应用型、复合型法律职业人才，是实施卓越法律人才教育培养计划的重点。适应多样化法律职业要求，坚持厚基础、宽口径，强化学生法律职业伦理教育、强化学生法律实务技能培养，提高学生运用法学与其他学科知识方法解决实际法律问题的能力，促进法学教育与法律职业的深度衔接。"之后两部门又发布了《关于坚持德法兼修实施卓越法治人才教育培养计划2.0的意见》，提出"找准人才培养和行业需求的结合点，深化高等法学教育教学改革，强化法学实践教育"等要求。我国法学教育的目标应是培养卓越法律人才。

时间，只能有所侧重和取舍。

大陆法系法典化的立法方式给适用法律设置了门槛。法学教育应“注重培养法科学生的法律思维能力，对法律体系与问题解决路径的理解，以及在此基础上独立学习并掌握陌生或新生法律的能力”[1]。有学者从更为具体的方面提出，法学的专业教育应该提供以下知识传授和技能训练：①对实体法的足够知识；②认定法律问题和就法律问题构建有效和中肯切题的论证的能力；③明智地运用一切资料进行研究的能力；④明白任何法律的基础政策以及社会环境的能力；⑤分析和阐明抽象概念的能力；⑥识别简单的逻辑上和统计上错误的能力；⑦书写和讲述清楚简明的汉语的能力；⑧积极学习的能力；⑨认定和核实任何与法律问题相关的事实的能力；⑩分析事实和就被争议的事实构建或批评某论证的能力；⑪对法律实务和程序的足够知识；⑫具有效率地适用法律的能力，即解决问题的能力。[2]在以上12种需要掌握的能力中，前6种是理论上的能力，需要通过知识传授予以明确；后6种为实践中的技能，需要在实务中加以训练才能获得。

如果按照上述分类方法确定理论与实践的内涵，可以认为，实践所承载的更多是一种经验，需要亲身经历后才能有所体会，很难通过课堂讲授的方式使人掌握。也因此，大学的基础教育仍应以专业知识的培育为核心，注重对前6种能力的培养；而后6种能力不是大学基础法学教育的目标，更适宜到实务中锻炼。法学是一门实践的学科，但并不意味着基础法学教育要从实践出发。前6种知识技能是实践的前提，而不是本末倒置。实务界往往就此认为法学生只懂理论，不懂实务。事实不然，法学生不懂的是理论。写不出毕业论文也是对理论了解的缺失。弥补这个缺陷应该从理论着手，而不是加强实务课程。[3]实践需要建立在专业基础之上，良好的实践效果需要以扎实的基础知识为前提。如果法学专业知识的基础没有打牢，那么实践也将成为空中楼阁。

---

[1] 吴香香：《德国法学教育借镜》，载《中国法学教育研究》2014年第2期。

[2] 参见何美欢：《理想的专业法学教育》，载《清华法学》2006年第3期。

[3] 参见何美欢：《理想的专业法学教育》，载《清华法学》2006年第3期。

总体来说，大陆法系的法学教育应着重培养法教义学的能力。[1]法教义学为理解法条的内涵提供了依据。法律人在职业共同体中必须运用法律的专业概念和术语进行对话，运用共同的论证逻辑和思维方式来讨论问题，法教义学即是法律人沟通和交流的规则。比如探讨一个行为是否成立正当防卫时，应首先考察正当防卫的成立条件，再逐一分析案件事实是否符合正当防卫的规定，以演绎推理（三段论）的方式进行。只有对法教义学有良好的训练，才能为法律问题找到合理的解决方案。当然，对法条的理解本身并不能解决所有的问题，法教义学在某些情况之下并不能够提供指引，而需要通过价值的比较和衡量来得出结论。[2]同样以正当防卫为例，《中华人民共和国刑法》第20条对正当防卫的规定非常清楚，但在面对"于欢故意伤害案""于海明正当防卫案"等实际案件时出现了很大的争议。此时必须考虑设立正当防卫制度的价值才能准确作出裁判。同时，在法教义学背后有方法论的支撑，方法论也为法教义学的运用提供了支撑。

法学的知识技能主要以法教义学为依托，无论是以培养律师还是以培养法官为目标，法学的职业教育应定位于传授专业知识和体系、培养特定的法律思维和方法技能。当进入实务操作阶段欠缺实践能力，并不是因为缺少实训，而恰恰是由于理论水平不足。此时必须厘清"实践能力"与"实务技能"二者的区别。[3]实践能力是运用法学专业知识分析和解决具体问题的能力，可以通过学校教育加以训练；而"法律实务技能是指在法律人执业过程当中主要依靠经验获得"[4]。如果认为除了传统的讲授课程以外，进一步开设模拟法庭、法律诊所、专业实习等实践类课程就是培养实践能力或者进行职业教育，无异于缘木求鱼。因为"实践类课程以及专业实习当然也有帮助，但是只可能扮演次要的角色"[5]。法学教育不应当过分侧重于全面培养实务经验。强化法学实践教育、培养应用型法律职业

[1] 参见葛云松：《法学教育的理想》，载《中外法学》2014年第2期。
[2] 参见周光权：《价值判断与中国刑法学知识转型》，载《中国社会科学》2013年第4期。
[3] 参见吴香香：《德国法学教育借镜》，载《中国法学教育研究》2014年第2期。
[4] 许身健：《卓越法律人才教育培养计划之反思与重塑》，载《交大法学》2016年第3期。
[5] 葛云松：《法学教育的理想》，载《中外法学》2014年第2期。

人才不是要加强实务课程的种类，而是应注重培养对现实案件的分析能力，这属于理论教育的内容。[1]有学者提出改革法学教育，提倡六年制本科、四年制法律硕士等方案。[2]但现有的问题并不在于通识教育和专业教育之争，而是法学基础知识不扎实，对法学教育所应培养的职业能力极其缺乏，甚至学科能力的第一种“对实体法的足够知识”就不满足。在不对基础法学教育的学制和结构进行重大调整的前提下，改进现有教学模式和方法，或许可以从德国经验中加以借鉴。

二、德国基础法学教育培养模式

德国的法学教育主要是法教义学上的训练，用法教义学思维去解决问题。由于法教义学是指“运用法律自身的原理，按照逻辑的要求，以原则、规则、概念等基本要素制定、编纂与发展法律以及通过适当的解释规则运用和阐释法律的做法。”[3]学习法教义学需要具备实体法的足够知识以及分析和阐明抽象概念的能力。通过这一能力，解决具体的法律问题，将如何适用法律落实到具体案例之中。因此德国的法学教育也是职业教育，定位于法律实务人才的培养。

德国基础法学教育的培养模式由德国《法官法》第 5 条明确规定，即“一元”和“二阶段”的培养模式。“一元”是指从事法律职业的人需要按照统一的培养模式完成专业训练，以成为“完全法律人”（Volljurist），形成法律职业共同体。无论今后从事何种法律职业，均应掌握法律人的思维方式，即像法官一样思考。[4]虽然只有少数相对优秀的人最终获得了法官职位，但并不能认为从事其他职业（比如律师或公证员）的要求比法官低。[5]

---

〔1〕 教育部、中央政法委员会在《关于实施卓越法律人才教育培养计划的若干意见》中也提到，我国高等法学教育“培养模式相对单一，学生实践能力不强，应用型、复合型法律职业人才培养不足。提高法律人才培养质量成为我国高等法学教育改革发展最核心最紧迫的任务。”

〔2〕 参见何美欢：《理想的专业法学教育》，载《清华法学》2006 年第 3 期；葛云松：《法学教育的理想》，载《中外法学》2014 年第 2 期。

〔3〕 许德风：《论法教义学与价值判断——以民法方法为重点》，载《中外法学》2008 年第 2 期。

〔4〕 参见葛云松：《法学教育的理想》，载《中外法学》2014 年第 2 期。

〔5〕 参见田士永：《法治人才法治化培养的德国经验》，载《中国政法大学学报》2017 年第 4 期。

“二阶段”是指获得法律职业资格必须分别完成专业教育和实践教育，并以通过两次国家考试为目标。理论和实务分别对应第一次和第二次国家考试。第一次国家考试对应的是大学的基础法学教育，以完成大学相应的课程和通过学校考试为前提；第二次国家考试对应的是实务训练，以在实务部门参与见习为前提。通过两次国家考试才能够获得法官资格，而具有法官资格是从事检察官、律师、公证员等职业的前提。德国法学教育的二阶段模式融合了理论与实务，使专业教育和职业教育并重，建立了法学教育与法律职业的紧密联系。

与医学等学科相同，国家考试是检验和筛选从业者的门槛。德国的基础法学教育完全以国家考试为重心和导向，可以说也是应试教育。[1]为了减少或消除应试教育的巨大弊端，德国在2003年进行了改革，旨在强化法学专业素质、技能与国际化程度。[2]具体措施包括给予大学法学院更大的自主权、评定第一次国家考试中30%的成绩、增加选修课比重以及设立强化课程等。

大学法学院的培养是从入学到参加第一次国家考试的阶段，其间着重进行法学理论、法学方法和法律思维逻辑的训练。德国法学院主要开设了以下4种不同的课程类型：一是讲座课（Vorlesung）；讲座课与我国普遍的课程形式差不多，主要是以讲授的方式进行。课上会系统讲授法学基础知识，并对其进行归纳、总结和体系化。这也是基于德国法学的特征而形成，即通过体系的方式将知识有机地整合到一起。二是学习小组（Arbeitsgemeinschaft）；从一入学就对案例分析的过程和思维进行培养，通过10至20人的小班教学，了解案例分析的方法，而这也是国家考试的基本内容。三是练习课（Übung）；参加完学习小组，学习到基本的思维和方法后可以开始参加练习课，练习课分为初级课程和强化课程，不同的阶段难度有所不同。四是研讨课（Seminar）；在教授指定的主题中有若干题目，需要选择其一完成论文，并于指定的日期做报告并交互讨论，这是对于研究能力

〔1〕 卜元石：《德国法学与当代中国》，北京大学出版社2021年版，第233页。

〔2〕 参见邵建东：《德国法学教育最新改革的核心：强化素质和技能》，载《比较法研究》2004年第1期。

的一种训练。

德国的四种主要课程类型均围绕法教义学展开，且各有优势。第一，讲座课仍然不可或缺。虽然讲座课经常遭遇灌输知识、收效甚微等批评，但“教授知识的最具效率的方法就是讲课……以使学生在最短的时间内得到最大量的知识。”〔1〕讲座课仍然是构建法教义学知识体系的主要方式。如果讲座课的效果与实践操作还有差距，则需要添加其他课程形式予以补充，而不是舍弃该课程。第二，学习小组的小班教学模式使逐一批改和讲解成为可能，进而可以有效发现训练中的错误，防止对错误内容的不断重复和固化。第三，练习课是培育法学思维的核心，通过案例研习的方式不断巩固基础知识，可以熟悉条文、对原则加以运用、掌握法学方法、提升对问题的敏锐度和洞察力等。〔2〕第四，研讨课着重培育研究能力，对提升理论水平大有裨益。研究能力并不局限于科研工作，提出、分析和解决问题也是很多工种必要的职业能力。对于法学学科中需要掌握的相关技能，讲座课对应的是基础知识，学习小组和练习课对应的是将法学知识运用于具体问题（即实践能力），研讨课对应的是研究能力。

在以上四类课程中，练习课（包括学习小组）与国家考试的联系最为紧密。国家考试以案例分析为主要内容，大学的课程设置上也以案例分析方法以及对所涉及知识进行强化为核心。在解决案例时采用“鉴定式”（Gutachtenstil）的分析方法，将所有的推理和论证置于教义学的框架之下，并按照特定的思维顺序对审查过程进行把控，且推导的逻辑亦可以被检验。当国家考试以高难度和考察详尽的知识点著称时，法学院必然是以不断的重复和巩固作为训练方式。而通过法学院期间高强度的训练所培养的教义学知识体系和思维能力，使德国优秀的学生在海外读书时也都属于外国学生中的佼佼者、有的甚至比本国学生（比如在法国）都要好。〔3〕案例分析的训练和国家考试的模式是卓有成效的，在毕业生进入工作岗位后也促进了司法判决的规范化。

---

〔1〕 何美欢：《理想的专业法学教育》，载《清华法学》2006年第3期 。

〔2〕 参见葛云松：《法学教育的理想》，载《中外法学》2014年第2期。

〔3〕 卜元石：《德国法学与当代中国》，北京大学出版社2021年版，第225页。

到后半阶段，法学院学生可以选择重点阶段课程（强化课程组）。对于感兴趣的方向可以选择其一参加。以弗赖堡大学为例，法学院设置了以下10种方向可供选择：①法律史与比较法；②民事司法制度；③刑法的社会治理；④贸易与经济；⑤劳动与社会保障；⑥欧洲国际私法与经济法；⑦德国、欧洲与国际公法；⑧媒体与信息法；⑨知识产权法；⑩法哲学与法理论。强化课程组包括讲座课和研讨课等形式，以作业、报告或口试结课，大学给出的成绩会包含进第一次国家考试的总成绩中。强化课程组所涉及的法律部门十分全面，例如①和⑩更偏向于法学理论，也有的更偏向于部门法。

国家考试除了题目本身的难度以外，困难之处还包括如果没有通过则只有一次补考的机会。法学院的教育以通过第一次国家考试为终点，并不颁发学位。在德国传统法学教育体制下，通过第一次国家考试后可以申请攻读博士学位。为了与国际通用的学位制度接轨，部分高校根据博洛尼亚进程“学士—硕士—博士”学位的设置，[1]在通过第一次国家考试后颁发学士学位。在国家考试体系之外还有一种“硕士进修”（LL. M. -Magister-aufbaustudium）的模式，毕业颁发硕士学位。德国的法学硕士一般学制两年，属于速成型学位。与国家考试不同，攻读法学硕士学位并不需要如此大量的时间和精力的成本投入，当然仅凭法学硕士学位不可以从事法官、检察官、律师和公证员等职业。以弗赖堡大学为例，申请法学硕士的条件首先包括与巴登-符腾堡州第一次国家考试相当的法学院毕业成绩和足够的德语水平。修读法学硕士需要在民法、刑法、公法中选择两个领域并修满24个学分的课程才可以申请毕业，其中还包括必须参加导师开设的研讨课、所选两个法律部门课程的两门考试以及“德国法入门”的课程。可以看出，这一学位主要针对的并不是德国本土的学生，而更多的是希望快速获取硕士学位的外国学生。

三、对我国法学教育的经验借鉴

德国大学的基础法学教育为职业教育，旨在进行法学专业知识和技

〔1〕 参见姜爱红：《德国高等教育学位制度历史演变探析》，载《学位与研究生教育》2015年第12期。

能的培养，并以国家考试作为验收法律人才的标准。相对于培养研究型人才的学位设置，基础法学教育在我国可以包括法学本科和法律硕士教育。

（一）对法学本科教育的启示

德国法学从规范出发，法学教育亦为严格的法教义学训练。由于法系上的一致性，对于我国法学专业的人才培养模式而言，“法学教育的核心，应在于培养学生对我国主要的实体法、程序法具备全面的知识，以及进行法律解释与适用的能力。这些知识和能力应足以胜任法院的民事（包括商事）、刑事、行政审判的基本工作，将来经过短期学习即可胜任全部类型的审判工作。”〔1〕我国的法学本科教育应加强对法教义学的训练。

第一，区分知识培育与实务操作的阶段，大学应注重知识培育。知识培育与实务操作属于不同的阶段，且前者应优先于后者。大学需要着重进行专业知识的训练，适当兼顾实务课程。没有基础知识的积累难以进行实践，过于重视实务课程会导致既不具备基本的理论知识，又不具备实践能力。正如学者指出，在大学中普遍开设的模拟法庭等实务课程不是严格意义上的教学活动，“这种模拟法庭难以让学生学会用证据说服裁判者的能力。”〔2〕认为学生实践能力不足则不断强调实践教学，实则南辕北辙。

对于实务操作也应设置专门的培训阶段。德国对第二次国家考试之前的实习在时间、内容和程序等方面有明确和详细的规定，以对实务经验进行充分训练；而我国的实习更为形式化。〔3〕职前的实务训练阶段不由大学而是由实务部门负责，也更符合教学规律。法律职业人员统一职前培训可以作为大学基础法学教育以外的第二阶段。

---

〔1〕 葛云松：《法学教育的理想》，载《中外法学》2014年第2期。

〔2〕 许身健：《卓越法律人才教育培养计划之反思与重塑》，载《交大法学》2016年第3期。

〔3〕 根据中共中央组织部、最高人民法院、最高人民检察院、司法部印发的《关于建立法律职业人员统一职前培训制度的指导意见》的最新要求，初任法官、检察官、仲裁员（法律类），申请律师、公证员执业需进行一年的职前培训，内容为实务应用技能。其中规定：“岗位实习和综合训练阶段，实行教、学、练、战一体化培训模式，在实务导师指导下，主要通过参与审判、检察、律师、公证、仲裁、行政复议、行政裁决、行政处罚决定法制审核案件办理等业务实践，通过从事审查案件材料、草拟法律文书等辅助事务，提高参训人员的实战能力。”

当然，将实务经验的培养任务交给实务部门承担，并不意味着大学完全取消模拟法庭之类的实务课程，但至少是放到高年级阶段。“实务技能应该培养，但要考虑时间因素、学生的年龄和社会经验以及已有的知识积累，对于培养目标有一个比较现实的认识。”〔1〕虽然律所（尤其是非诉业务）要求的实务经验可能比基础理论更多，用人单位所抱怨的法学专业毕业生缺乏实务经验的现象也确实存在，但在大学学习完合同法并不意味着可以起草合同，学习完刑事诉讼法也不意味着能够独立会见、阅卷和辩护。实务经验经过培训即可上手，而基础知识和思维方法需要通过长期积累和训练才能掌握。

第二，大学的各门课程之间应有不同侧重，着重培养法律适用的能力。针对法学的不同能力应设置不同的课程，分别侧重于知识水平、实践训练和研究能力的培养。我国的法学专业课程存在重复设置的问题，针对同一部门法有基础理论课、案例研习课、研讨课、专题课等形式，实质却是“同一门课程、相近的内容反复讲授四遍”，〔2〕体现不出课程设置上的侧重点。

德国大学培养实践能力的重心是练习课（包括学习小组），注重对解决案例展开针对性的训练，在我国相当于案例研习课。案例分析唯一的培育方法是让学生在教师介入的情况下不断地练习。〔3〕但我国的案例课程没有发挥出应有的效果。传统的案例教学通常只是以案例来举例子，旨在对理论加以说明。对案例采用讲解的方式可以阐述清楚理论，但若不亲自上手解决案例并对其中的技能加以吸收，则不可能达到锻炼的效果。当案例中的情形稍加变化，可能仍然不知道如何解决；也许只有遇到原题才能够反映出是已经讲过的案例。对于案例课程，受到关注的还有美国的案例教学模式。由于我国并不遵循判例法的传统，美国的案例教学对中国的借鉴

〔1〕 卜元石：《德国法学与当代中国》，北京大学出版社 2021 年版，第 238 页。

〔2〕 参见许身健：《卓越法律人才教育培养计划之反思与重塑》，载《交大法学》2016 年第 3 期。

〔3〕 何美欢：《理想的专业法学教育》，载《清华法学》2006 年第 3 期。

意义相对较小。[1]不管是美国模式还是德国模式，学生都是案例训练的主体，我国应提高学生在案例练习时的参与度。

研讨课是对研究能力的初步训练。虽然研究能力并不是法学职业教育的重点，但同样值得借鉴。在现代社会，由于法律职业的细分以及不时出现新的法律领域，以至于没有人能够熟悉所有的法律细节，研究能力即独立学习能力。“只有科学的训练，才能使法律人有能力解决现代社会不断膨胀的法律问题。”[2]开设研讨课同样可以避免在毫无训练的情况下要求写出一篇合格的本科毕业论文。良好的写作能力也会对实务工作有所助益。

第三，深化本科法学教育与国家统一法律职业资格考试的关系。虽然德国大学基础法学教育是应试教育，但国家考试考察了专业知识、逻辑思维以及论证能力，考试中的说理要有说服力并提及不同观点。“直接提出某一断言却没有论据，引入专业术语却没有说明，都属于说理不足。”[3]而这些思维能力恰恰是我国学生所缺少的。为了培养应试之外的能力，改革后的德国大学教育分为基础阶段和重点课程阶段，在成绩评定上给予大学更大的自主权。我国的大学教育并没有与法考挂钩，且报名参加法考并不完全以学习法学专业为前提。[4]与德国第一次国家考试着重考察案例分析能力不同，我国的法考主要为客观题，重视记忆而不是解决问题的能力。考试内容与教学内容关联不大，造成了法学教育与法考的脱节。在巨大的就业压力下，大学教育成为法考培训班，学生上课只从法考培训材料寻找相对应的知识点成为普遍现象，体现出强烈的功利性。今后或许可以从法考的命题方式上加以改革，着重考察对具体案例展开分析和说理的能力。

（二）对法律硕士培养的启示

法律硕士作为专业型硕士，要求在培养过程中以实务为导向。[5]在法

---

〔1〕 参见葛云松：《法学教育的理想》，载《中外法学》2014年第2期。

〔2〕 邵建东：《德国法学教育制度及其对我们的启示》，载《法学论坛》2002年第1期。

〔3〕 卜元石：《德国法学与当代中国》，北京大学出版社2021年版，第220页。

〔4〕 参见司法部《国家统一法律职业资格考试实施办法》（2018年4月28日司法部令第140号公布）第9条、第22条。

〔5〕 在国务院学位委员会关于转发《法律硕士专业学位研究生指导性培养方案》的通知中也指出，“本专业学位主要培养立法、司法、行政执法和法律服务以及各行业领域德才兼备的高层次的复合型、应用型法治人才。”

律硕士中又包含了本科为法学专业和本科不为法学专业两种类型，虽然教育部高等学校教学指导委员会对不同类型的法律硕士在培养方案上有不同的课程要求，“问题是各种课种的目标不明。就以大学的法学本科、法学硕士、法律硕士学位课程为例，外人很难看出它们之间有什么区别。”〔1〕法律硕士缺乏实践能力已成为共识，也因此就业受到局限与歧视，很多招录法学的岗位将法律硕士排除在外。〔2〕德国大学基础法学教育同样是职业教育并且以实务为导向，其经验或可以为我国法律硕士培养提供借鉴之处。

1. 法律（法学）专业

法律（法学）专业可以借鉴硕士进修模式。本科阶段已经有 4 年的法学基础并具备基本的法律专业技能，在研究生阶段应与法学本科以及法律（非法学）的培养有所不同。在具有完备的法学专业知识的前提下，应进一步强调实践能力以及提供前沿课程。“基本课程的毕业生不会对某一法律范畴有专长。如果他希望在执业方面专业化或者继续进修，可以修读一个一年的课程（硕士）学位课程。这个课程旨在提供大量的‘前沿’信息，让已经掌握法律人所需要的基本知识和智能技能的人可以很快得到专业化。”〔3〕除了基本课程以外，可以通过设置方向课程组的方式深入某一专业领域。与法学硕士的不同之处在于，专业型学位更偏向于实务技能培养，以更迅速地与职业接轨。

2. 法律（非法学）专业

法律（非法学）专业经常对标于美国法律职业博士（J. D.），同样是 3 年学制以及本科没有法学基础，但颇有“橘生淮南则为橘，生于淮北则为枳”的效应。其困境在于，不断强调劳动市场上的就业能力，却离法学基本知识和技能越来越远。法律（非法学）的学生成分比较复杂，虽然在本科阶段为非法学类专业，但并不意味着完全没有接触过法学学科，通常

〔1〕 何美欢：《理想的专业法学教育》，载《清华法学》2006 年第 3 期。

〔2〕 参见袁钢：《我国法学研究生教育制度问题与对策研究》，载《中国法学教育研究》2020 年第 1 期。

〔3〕 何美欢：《理想的专业法学教育》，载《清华法学》2006 年第 3 期。

包括以下四个大类：一是通过法硕联考被录取的研究生，由于准备民法学、刑法学等5门考试科目，相当于自学获得了最基本的法律知识。二是在本科期间完成了法学的辅修，或者取得双学位、第二学士学位等。三是已经通过法律统一职业资格考试。四是由于本科专业成绩优秀推荐免试攻读法律（非法学）专业研究生。以上每一类型均占一定比例，因此学生水平参差不齐。前三类根据各种考试大纲的要求以及自学水平的不同，具有薄弱的且并不均衡的法学基础；第四类由于本科阶段成绩优异而推荐免试入学的恰恰是初次接触法律专业、零基础的学生，入学之后面对全新的知识可能会形成强烈的心理落差。由于专业基础的水平差异较大，法律（非法学）专业的培养是入门课还是强化课难以平衡。对于零基础的和经过自学但功底并不扎实的学生，培养目标应当与本科教育一致，即以基础知识和具体应用法律的训练为主。在此基础上，法律（非法学）专业的培养还面临如下问题：

首先，速成法律人难以实现法学教育的目标。由于法学理论具有深厚的学术传统，对于法律人才的培养时间较长。[1]法律（非法学）专业3年学制太短。根据普遍的培养方案，正式的课程只有一年半时间，后一年半安排实习和撰写毕业论文。由于法考、实习和找工作的压力太大，对待课程也较为浮躁，导致基础知识十分不牢固、论文质量也不理想。也造成法律硕士学生看起来已经很努力了，但就是能力有所欠缺。

其次，基础知识比任何前沿性的介绍更重要。对前沿问题的理解总是要回归到基本原则或基本体系中。“很多时尚的课程都是泡沫。”因此，大力推行前沿课程会使法学生“一方面能对‘前沿的’、深奥的东西如数家珍，滔滔雄辩；另一方面对基本知识却只有单薄的、贫乏的认识。”[2]由于立法日益增多、法律更新迅速，也就更不可能一部立法开一门课。[3]但现有的课程设置进一步降低基础课程的比例，更多地安排前沿课程。以法律（非法学）（涉外律师）专业为例，法理学与宪法学总共32课时、刑法

---

〔1〕 参见邵建东：《德国法学教育制度及其对我们的启示》，载《法学论坛》2002年第1期。
〔2〕 何美欢：《理想的专业法学教育》，载《清华法学》2006年第3期。
〔3〕 参见吴香香：《德国法学教育借镜》，载《中国法学教育研究》2014年第2期。

学与刑事诉讼法学总共64课时，开设国际商务谈判（双语）、区块链与数字货币法律问题、涉外法律谈判（双语）等课程。

当前对从事实务的误解可能在于，实务即简单的重复性工作。但解决法律问题不是机械的事务性流程，而是需要法学专业知识和思维方法的支撑。尽管现实中很多律师从事了非诉业务，也并不意味着非诉不需要专业水平的门槛。在当前的课程安排下，基础的部门法课时严重不足，方向课程组的设置也并不全面。建议参考德国法学院的课程安排（基础课、方向课程组）进行修改和调整。

最后，实务课程不应成为大学教育的主要内容。“将实务经验的培养置于大学学习阶段的教育，是对理论学习与实务技能演练的双向忽视。”[1]实务课程可以存在，“案例教学、诊所教学等课程不能培育专业法学教育的核心技能……但谁也不会认为可以从诊所课程学会当律师的技巧。”[2]虽然实践性法学教学是“做中学”（learning by doing），[3]但不意味着应用型法治人才只需要积累实务经验就可以培育成功。法学院不是法律职业技术学校，[4]不应在大学中提倡及早参与实务，而应加强解决法律问题的训练。在社会的高速发展下，实务上的更新也极为迅速，在大学教学中讲解实务技能违背效率原则，既不可能也毫无必要。只有牢固地掌握基础知识，形成法律人的全局观，才能迅速熟悉陌生领域。

法学院“提供的是法律职业的基本知识、基本理论和基本方法，而不是将学生塑造成特定法律职业种类的人。”[5]对某个实习生有用的实习活动，对于另一个追求不同职业生涯的实习生而言未必有用。[6]由于大部分法律（非法学）专业的学生在入学时缺乏对法学基本面貌的了解，也尚未

---

[1] 吴香香：《德国法学教育借镜》，载《中国法学教育研究》2014年第2期。

[2] 何美欢：《理想的专业法学教育》，载《清华法学》2006年第3期。

[3] 参见许身健：《卓越法律人才教育培养计划之反思与重塑》，载《交大法学》2016年第3期。

[4] 参见吴香香：《德国法学教育借镜》，载《中国法学教育研究》2014年第2期。

[5] 吴香香：《德国法学教育借镜》，载《中国法学教育研究》2014年第2期。

[6] 参见雷磊：《论法学专业教育与实践训练的融合——以美、德、日模式为例》，载《中国法学教育研究》2012年第2期。

形成清晰的职业规划，培养时应在建立个人法学知识谱系的同时形成对各种具体职业的认知。

四、结论

德国的法学教育与该国高度法典化的特征相适应，采用“一元”和“二阶段”的培养模式。作为职业教育，大学的基础法学教育致力于培养学生具体运用法律的能力，而对实务经验进行培养的任务交给实务部门，通过两次国家考试才可以成为“完全法律人”。在大学教育中以讲座课、学习小组、练习课、研讨课的模式，分别训练法学学科所要求的不同能力。其中尤为重要的是练习课上的鉴定式案例分析方法，也是第一次国家考试的考查重心。德国的法学教育模式在培养应用型法治人才上的优势，对我国具有借鉴意义。对于大学的基础法学教育，掌握法教义学的基础知识、分析案例的基本思维方法才是实践能力的核心，而实务课程只能作为辅助。不仅对于我国的本科法学教育，而且对于法律硕士的培养而言，实务经验永远只能建立在专业的基础知识之上，才可能提高法学院培养人才的质量和接受度。这并不是老生常谈，而是从现实回归常识。

法律硕士（非法学）刑事培养方向的现状考察与完善探索

黄　健*

1995年，国务院学位委员会批准设立了法律硕士专业学位，旨在培养高层次、复合型、应用型法律人才。结合当时高等教育普及程度以及国家法治化进程，法律硕士专业学位的设立及招生培养具有重要意义。近年来，我国高等教育迈向普及化、考研人数持续走高，法律硕士基于其考试特性，加之能够为考生提供重新选择专业的巨大余地，导致报考人数激增。近五年来，全国新增法律硕士学位授予点134个，超过了法律硕士学位建设前15年的总和。[1] 然而，在法律硕士培养一派繁荣的表象背后，其培养质量似乎不容乐观。不少文章罗列了时下法律硕士培养的不足，诸如：培养定位不清、课程缺乏应用性、双师队伍建设不完善、实践环节不充分等。[2] 当前法律硕士培养，虽然能够授予硕士学位，形式上满足"高层次"定位，但能否实现"应用型、复合型"的人才产出，值得审视。通过对法律硕士某一培养方向的考察，能够更为具体地探讨法律硕士培养的不足，并提出更为

* 黄健，法学博士，中国政法大学法律硕士学院讲师。

〔1〕 参见袁钢：《我国法律博士专业学位设置的必要性和可行性》，载《中国高教研究》2020年第1期。

〔2〕 参见梁德东等：《我国法律硕士培养存在的问题与对策研究——以吉林大学法律硕士培养模式改革为例》，载《高教研究与实践》2016年第4期。

具体地完善对策。刑事法律虽作为传统且核心的学科分支，却未被若干院校设定为法律硕士培养的特色方向。这一鲜明反差的原因何在、应作何对策等问题值得探讨。同时，立足于刑事培养方向的考察与探索，亦能为法律硕士整体培养提供借鉴。

尚需指出的是，法律硕士在招生之初并未限制法学本科毕业生报考。及至2000年，法律硕士招生对象限定为非法学专业本科毕业生。2009年，为配合调剂工作，专门确立法律硕士（法学）专业，从报考法学硕士的学生中调剂。[1] 目前，法律硕士（法学）需要专门报考并通过国家统一考试，但其接收调剂考生的原初定位，使其并非法律硕士培养的主要类型。多数培养单位法律硕士（法学）的计划招生人数，明显少于法律硕士（非法学）。与此同时，根据《法律硕士专业学位研究生指导性方案》，法律硕士（法学）的培养仅与法律硕士（非法学）存在形式差别，[2] 部分培养单位甚至套用法学硕士培养方案，或者照搬法律硕士（非法学）的培养方案，没有形成独立的培养定位。[3] 因此，本文仅聚焦法律硕士（非法学）学生群体，探讨刑事培养方向的现状与完善问题。

一、法律硕士（非法学）刑事培养方向遇冷

虽然刑事法律学科建制为每个法律院系所必备，但刑事法律方向并非法律硕士（非法学）培养的热门选择。国家行政、司法机关就业席位的紧俏，以及学生对刑事律师业务的后顺位选择，直接导致法律硕士（非法学）刑事培养方向遇冷。

（一）刑事法作为学科建制与培养方向的反差

刑事法律在国家治理中发挥着极其重要的作用，与此同时，刑事法律学科建制亦为各个法学院系所必备。古代农耕社会之于身份关系及财

---

〔1〕 参见徐胜萍、田海鑫：《法律硕士（法学）培养的现状与思考——基于对北京9所高校问卷调查的分析》，载《学位与研究生教育》2014年第12期。

〔2〕 在培养目标上存在专门型与复合型差别，在学制设定上，法律硕士（法学）稍短，在课程形式上，存在专题式与系统讲授式的差别。

〔3〕 参见徐胜萍、田海鑫：《法律硕士（法学）培养的现状与思考——基于对北京9所高校问卷调查的分析》，载《学位与研究生教育》2014年第12期。

产关系的规制不发达，国家倾向以刑罚维持社会秩序，刑事法律在封建法典中呈现统率民事法律的核心地位。在当代，民事法律同刑事法律分立，两者间的地位鸿沟逐渐消弭，但这并不意味着刑事法律地位的衰弱。根据《最高人民法院工作报告》数据，2021 年全国各级法院审结一审刑事案件 125.6 万件，判处罪犯 171.5 万人。[1]2018 年至 2020 年，前述两项数据总和分别为 361.1 万件与 461.6 万人，两个数据平均值为 120.4 万件与 153.9 万人。[2]由此可见，2021 年的最新数据统计略高于前三年的平均值。不仅如此，近年来，我国刑法所划定的犯罪圈在不断扩张，[3]网络犯罪、[4]金融犯罪[5]等新型高发犯罪不断涌现，最高司法机关对此及时做出解释，意在应对新型犯罪带来的挑战。在历史与现代交替、社会转型与新兴技术交织的时代，刑事立法、司法在国家治理中发挥着至关重要的作用，同时焕发出勃勃生机。几乎每个法律人才培养单位，均具有刑事专业方向的师资配备，且无论是刑事实体法还是程序法，均为各个法学院系的核心课程。这不仅是因为相关学术研究能够为完善刑事立法与司法提供智力支持，而且有关人才培养亦能为国家刑事法治现代化提供人力供给。

即便如此，若干单位在设定法律硕士（非法学）的培养方向时并未涵盖刑事法律方向。相较于学术型硕士与法学二、三级学科一一对应的专业划分方式，法律硕士（非法学）培养方向的设定并不一定遵循传统法学的学科划分。目前，法律硕士常常基于实践需求，依托法律实务工作不同领域进行培养方向设置，比如，知识产权方向、政府法务方向、商事法务方

---

〔1〕 最高人民法院院长周强在第十三届全国人民代表大会第五次会议上的《最高人民法院工作报告》，载 http://gongbao.court.gov.cn/Details/2c16327a4bc 6cc0a26a9caa5450d2a.html，最后访问日期：2022 年 10 月 4 日。

〔2〕 2018 年、2019 年、2020 年全国法院司法统计公报，载 http://gongbao.court.gov.cn/ArticleList.html?serial_no=sftj，最后访问日期：2022 年 10 月 4 日。

〔3〕 参见陈兴良：《犯罪范围的扩张与刑罚结构的调整——〈刑法修正案（九）〉述评》，载《法律科学》2016 年第 4 期。

〔4〕 参见喻海松：《新型信息网络犯罪司法适用探微》，载《中国应用法学》2019 年第 6 期。

〔5〕 参见谢向英、黄伟文：《新型操纵市场犯罪行为研究》，载《中国检察官》2019 年第 22 期。

向、涉外法务方向等。[1] 由此导致一些传统的法学学科，并不会成为特定院校法律硕士培养的业务方向。最为典型的例证就是一些院系并未将刑事法律（包括刑法和刑事诉讼法），作为法律硕士（非法学）的专业培养方向。以华中科技大学法学院法律硕士为例，其明确列举的主要研究方向包括：司法实务、知识产权、财税金融与计算法学。又如，清华大学法学院法律硕士的培养，主要依托知识产权法和国际法两个学科，划定知识产权法、国际经济法、国际仲裁与争端解决以及国际知识产权法四个主修方向。[2] 再如，中国政法大学法律硕士学院，作为法律硕士（非法学）培养的专门机构，已经形成了12个强化方向课程组，其中不乏基于商法、经济法、环境法、知识产权法等二级学科的设定，但并无依托刑法或刑事诉讼法建构的刑事法律方向课程。[3]

综上，作为学科建制，刑事法律在任一法学院系均不可或缺；而当对各单位法律硕士（非法学）培养方向展开观察时，却又发现刑事法方向并非常设。培养方向同传统学科的脱钩使得当学生选择刑法或刑事诉讼法专业的校内师资后，却无法选择与刑事法律挂钩的培养方向；而当选择知识产权、公司法务、财税金融等热门培养方向后，其以刑事法见长的校内导师又无法开展有效指导。因此，刑事法律在传统学科建制与培养方向设定维度间的尴尬反差亟待消解，应探索构建及完善法律硕士（非法学）刑事培养方向之道。

（二）以就业情势为导向的原因分析

法律硕士（非法学）刑事培养方向遇冷的原因虽然可从多角度展开分析，但最为直观的当属培养院系基于就业情势的考量。无论是从铁事证据还是就业统计来看，法律硕士（非法学）毕业生较少出现在传统刑事法律实务工作岗位，这一结果直接导致部分院系并不会将刑事法律作为法律硕

[1] 参见王利明：《我国法律专业学位研究生教育的发展与改革》，载《中国大学教学》2015年第1期。

[2] 参见《清华大学法学院法律硕士研究生培养方案》，载 https://www.law.tsinghua.edu.cn/info/1057/7021.htm，最后访问日期：2022年10月4日。

[3] 参见《中国政法大学法律硕士学院法律（非法学）硕士专业学位研究生培养方案》，载 http://flssxy.cupl.edu.cn/info/1079/8088.htm，最后访问日期：2020年5月19日。

士（非法学）培养的特色方向。类似地，早有美国教育者指出，学生群体变得更加以就业为导向（job-oriented）。[1]美国 J. D. 学生培养同样面临就业压力的挑战，若干法学院的破解之道在于识别新就业市场并构建相匹配的特色培养方向。

首先，刑事法律专业方向对口单位多为公、检、法等国家机关，公务员考试的选拔机制限定了能进入该序列的学生数量。法律硕士培养的核心竞争力在于实践能力的优势，有效降低用人单位入职培训的时间和成本。然而公务员选拔虽然也看重既有实践能力，但公务员考试的选拔性定位，决定能够越过该考试门槛的人数是固定且有限的。法律硕士学生毕业后能够进入法院、检察院系统工作的只是少数。[2] 有学者对浙江大学 2017、2018、2019 三届非法本法律硕士就业情况进行了统计，其中，初次就业进入法、检系统工作的人数占总初次就业人数的 1%。[3]与此同时，虽然说法学硕士意在培养未来的科研、教学人才，但由于择业的多元化以及并非所有法学硕士都能顺利地转化为法学博士，所以大量学术型硕士也以考取公务员为第一职业导向。不仅如此，部分招考单位还对法律硕士（非法学）的报考资格进行了限制，[4] 这导致法律硕士进入公、检、法等国家机关的可能性再度降低，由此反作用于法律硕士学生及其培养单位对刑事法律方向的选择，纵使他们可能对刑事法律有所青睐，但考虑到未来的就业形势，也只好作罢。

其次，即使在门槛相对宽松、缺口较大的律师行业，刑事辩护律师也并非学生求职的首选。法律硕士对学生的培养确能使他们较早地掌握律师办案的若干技能，如法律检索、文书写作、材料整理、谈判会见、法庭辩

---

〔1〕 See Ronald L. Boostrom, "The Future Role of Criminal Justice Education", *Journal of Contemporary Criminal Justice* 1, 1979.

〔2〕 参见刘俊敏、江晓双：《法律硕士人才培养困境及其破解——以上海大学全日制法律硕士（非法学）为例》，载《长春理工大学学报（社会科学版）》2014 年第 6 期。

〔3〕 参见郑春燕、王友健：《非法本法律硕士培养模式的体系性再造》，载《研究生教育研究》2020 年第 5 期。

〔4〕 依据北京市各级机关 2019 年度考试录用公务员招考简章，北京市朝阳区人民法院在招聘法官助理时，明确只包含法律硕士（法学）；通州区人民法院在招聘法官助理时，明确不包含法律硕士。2022 年的北京市公务员招录简章中各单位均取消了对法律硕士非法学的限制。

论等。然而，从近年选择从事律师工作的毕业生实际情况来看，选择率先进入非诉领域开启律师生涯的学生逐渐增多。在从事诉讼律师的学生中，选择民商事诉讼的热情要高于选择刑事诉讼的热情。一个有趣的轶事证据显示，在笔者近三年所教过的非法本法律硕士中，有若干本科为侦查学专业的学生，他们均未将刑事辩护作为未来的职业方向，且大都进入资本市场等非诉业务领域。当然，这并非学生天然选择的结果，还受到社会需求、职业特征、福利待遇、发展轨迹等多因素的裹挟。[1]但无论如何，毕业后直接从事刑事辩护业务的学生数量较少。

无论是公、检、法等国家机关对口就业席位的紧俏，还是对刑事辩护等业务的主动回避，都使得刑事法律领域并非法律硕士学生就业的首选，这也导致了刑事法律实务并非法律硕士培养的热门方向，部分院校虽具备完善的刑事法学科，但并未设置法律硕士（非法学）的刑事培养方向。

二、法律硕士（非法学）刑事培养方向的实证考察

就业情势的反作用确已导致法律硕士（非法学）刑事培养方向遇冷，但并不足以证成应忽视乃至回避刑事培养方向的设置。刑事法律学科的常态建制加之刑事法治在国家治理中的重要作用，均意味着刑事法律应为法律专业硕士培养的常设方向。从比较教育研究视角出发，美国 J. D. 学生培养计划，大都会在二、三年级设置刑事司法（criminal justice）及与之相近似的研究方向。纵使美国的法律博士教育与我国法律硕士教育存在明显差异，但在生源多元化、“法律职业人”培养导向方面趋同，[2]之于两者的比较或许能够得到一些启发。[3]早在 2013 年，纽约大学法学院就启动了“专业化路径项目”（professional pathway program），以为美国 J. D. 学生提供在第三学年形成个人专业的机会，从而增强进入特定执业领域的竞争

---

[1] 莫少平律师曾在“新常态新格局下的刑事辩护”高峰论坛上指出：刑辩律师成就感低（辩护空间极小）、收入不高、风险较大。诸如此类的经验之谈，确实也影响着学生的职业选择。

[2] 参见丁相顺：《J. M. 还是 J. D.？——中、日、美复合型法律人才培养制度比较》，载《法学家》2008 年第 3 期。

[3] 参见方流芳：《法律硕士教育面临的三个问题》，载《中国政法大学学报》2007 年第 1 期。

力，刑事实践（Criminal Practice）即是可供选择的专业方向之一。[1]当前，哈佛大学法学院、耶鲁大学法学院、加州大学伯克利分校法学院等的绝大多数的 J. D. 项目，均将刑事司法作为高年级学生可选择的研究方向。

法律硕士的实务导向确应迎合社会需求，但绝不意味着可以简单地忽略“冷门”方向的学生培养，而是更应探索该方向培养方案的完善。《关于实施卓越法律人才教育培养计划的若干意见》指出，我国法律职业人才培养在整体上均存在应用型与复合型方面的不足，不能完全适应社会主义法治国家建设需要。如若能够率先在刑事法领域，探索出法律硕士应用型与复合型人才培养之道，法律硕士（非法学）的刑事培养方向则势必会由“冷”转“热”。而完善培养方向建设的前提则是对现有培养实践有所了解。对截至 2019 年的 247 个法律硕士（非法学）学位授予单位的官网进行浏览，梳理各单位法律硕士（非法学）培养方案，可以发现：目前，刑事法律方向法律硕士的培养呈现为 6 种基本模式，可进一步划归为依托院校特色专门定制的模式、建立在完备刑事法律学科基础上的模式、局部或偶然体现刑事方向的非典型模式三大类。

（一）依托院校特色定制的刑事培养方向

基于培养院校的鲜明特色，此类法律硕士培养方向的打造专门化程度较高。例如，中央司法警官学院设立了“监所管理与罪犯矫正方向”法律硕士。其课程设置除了传统的法学课程外，还规划了聚焦于该特色方向的专门化课程，包括：狱政管理学理论与实务、狱内侦查原理与实务、中国监狱史、社区矫正理论与实务、监狱安全实务、罪犯人权保障、罪犯劳动组织与管理、监所信息管理典型应用、罪犯改造心理学专题、外国矫正制度、戒毒康复技术等。实践课程也极具专业性，包括：监所法律文书、警务技能训练、监所监管技能、矫正技能训练等。[2]又如，大连海洋大学

---

〔1〕 See Sheldon Krantz and Michael Millemann, “Legal Education in Transition: Trends and Their Implications”, 94 *Neb. L. Rev.* 1, 29 (2015).

〔2〕 参见《中央司法警官学院全日制法律硕士专业学位（监所管理与罪犯矫正方向）研究生人才培养方案》，载中央司法警官学院研究生教育部：http://yjs.cicp.edu.cn/gzzd/1509.jhtml，最后访问日期：2020 年 5 月 12 日。

设立了海上安全和执法方向法律硕士。该方向既涉及海上治安和行政执法问题，而且也关注海上刑事案件侦查问题。与此相对应，该方向特色课程包括：海上案件查处专题、海上犯罪侦查实务专题等。[1]

此类刑事方向法律硕士人才培养，较为完美地诠释了“复合型、应用型”的培养定位。院校资源以及方向设定的独有特色，注定了人才培养的应用型定位。与此同时，特色方向的设定实现了特有领域与法律的完美复合，为特定领域的法治化奠定了基础。

（二）建立在刑事学科基础上的培养方向

此种分类又可进一步细分为依托综合院校抑或专门政法院校刑事法律学科的培养实践。

综合性大学法学院通常建制较为完善，各法学二、三级学科设置也较为完备。因此，法律硕士培养通常依托各二、三级学科而进行区分，刑法及刑事诉讼法自然会成为法律硕士培养的方向选择。此种培养方向的划分，从形式上看，并不能突出法律硕士培养的专门性，但结合课程的设置，有的培养单位确实基于法律硕士进行了针对性的考量。例如，北京大学依托其刑法研究中心，设立刑法专业方向法律硕士。课程除常规的中、外刑法、犯罪学等，还开设金融犯罪、判例刑法研究等针对性课程。前者聚焦热门且对其他专业知识依赖程度较高的“复合型”犯罪，后者意在使学生向“应用型”发展。同理，北京大学诉讼法专业方向的法律硕士培养同样依托该校诉讼法学科，在专业方向必修课中，除证据法专题、司法制度等常规课程外，还开设了纠纷解决与民事执行理论与实务，但欠缺刑事诉讼法律实务课程。[2] 然而，有的院校虽然也基于法学学科划分培养方向，但并没有考虑法律硕士培养的专门性。例如，河南大学法律硕士培养的方向划分完全依照校内法学二级学科的建设。在课程设计上，并不能显

---

〔1〕 参见《035102 大连海洋大学全日制法律硕士专业学位研究生培养方案（法学）》，载大连海洋大学：http://fxy.dlou.edu.cn/2016/0412/c4104a44309/page.htm，最后访问日期：2020 年 5 月 12 日。

〔2〕 参见北京大学法学院《2015 级法律硕士（非法学）研究生划分专业培养方向的说明》，载北京大学法学院：http://www.law.pku.edu.cn/jx/jxpy/tzggjxpy/28582.htm，最后访问日期：2020 年 5 月 12 日。

现专业硕士培养特色，仅在实践教学课程中开设法律文书、模拟审判、法律谈判等实践性课程。[1]

法律学科划分与建设历来是专门政法院校的强项，在培养刑事方向法律硕士时，专门政法院校能够供给更多样的课程，以提升学生的实践能力。例如，西南政法大学依托刑法和刑事诉讼法学科，设立“刑事法实务”特色方向法律硕士。其课程应用型导向很强，既包含经济刑法这种专业复合性较强的类罪探讨，又有针对刑事司法各环节的实务课程，如证据搜集、司法鉴定、职务犯罪侦查、公诉实务、执行专题等。[2] 西北政法大学法律硕士培养方向设定，完全依托于学校十三个法学二级学科，在这一点上似乎与法学硕士无异，但在课程设计上偏向于应用与实践。刑事法律方向课程包括：刑事疑难案件专题、反贪业务、公诉业务、刑事审判业务、刑事法诊所等。[3] 从上述两校刑事方向课程设计来看，虽然注重实践性，但以公安、司法机关实务为导向，并未兼顾刑事律师实务培养。

（三）局部或偶然体现的刑事培养方向

部分院校在培养中虽未写明划分方向，但在方向选修课、实践课程组及毕业论文写作中得以局部或偶然地体现出了刑事法律培养方向。一些培养单位在选修课设置上区分“特色方向”，这实质上也形成了法律硕士分方向培养的格局。例如，天津师范大学法律硕士培养方案，并未明确表明是否区分培养方向。但具有“特色方向选修课”的内容，其中包含“刑事一体化”方向，具体课程包括：刑法分论、犯罪学、犯罪心理学、经济犯罪专题、刑事侦查和法医学、刑事政策学、物证技术、刑事执行法学。[4] 一些培养单位在必修课、选修课的设置上也并未突出方向，仅在实践课程，如模拟法庭中区分民事、刑事、行政诉讼方向。采取此种培养方式的

---

〔1〕 参见河南大学法学院《法律硕士（非法学）（035101）》专业说明，载河南大学法学院：http://fxy.henu.edu.cn/info/1140/3085.htm，最后访问日期：2020 年 5 月 14 日。

〔2〕 参见西南政法大学《法律硕士专业学位研究生特色方向培养方案——刑事法实务方向》。

〔3〕 参见西北政法大学法律硕士教育学院：《非法学培养方案》，载西北政法大学法律硕士教育学院：https://fashuo.nwupl.edu.cn/jhgl/45821.htm，最后访问日期：2020 年 5 月 14 日。

〔4〕 参见《天津师范大学法律硕士专业学位（非法学方向）研究生培养方案》，载天津师范大学法学院：http://fxy.tjnu.edu.cn/info/1096/2016.htm，最后访问日期：2020 年 5 月 14 日。

院校有山西大学、安徽财经大学等。还有一些培养单位明确指出：学位论文的撰写依照个人选择确定方向。由于法律硕士指导教师必然会存在刑法或刑事诉讼法的学术背景，由此就间接形成了刑事法律的培养方向。例如，河北大学法律硕士培养方案中，直接写明培养方向的划分，目的是完成学位论文写作。在课程设置上，较为常规，并未突出法律硕士培养特色，只是在实践教学部分开设法律检索与写作、模拟法庭实训等。值得提出的是，该校“国家治理法治化”特色方向，专门设置了该方向的特色课程，具有较强的实践性。[1]

无论是以部分课程选择，还是毕业论文写作体现刑事法律研习方向的模式，并不具有培养方向上的整体考量。严格地说，此种仅以片段式经历偶然体现刑事法律特色的模式，并不能称作方向性培养，偶然的刑事课程学习与论文写作，也很难突出法律硕士培养的特征，实践型、复合型的培养目标更是难以实现。

三、法律硕士（非法学）刑事培养方向的完善建议

通过对法律硕士（非法学）刑事培养方向现状的考察，我们发现：就业情势的不乐观直接导致了法律硕士（非法学）刑事培养方向遇冷。现有刑事方向培养实践，在不能回应就业压力挑战的同时，也未能实现法律硕士“应用型、复合型”的培养目标。依托特色院校专门定制的刑事培养方向与法律硕士培养定位相契合，且能与目标单位形成定向培养的良性互动。然而，无论是鲜明的院校特色，还是明确的对口培养，对于综合院校、政法院校等绝大多数的培养单位而言，可谓“可遇而不可求”。时下，建立在刑事法律学科整体规划之上的培养模式可能会成为常态，由此导致学生培养的“同质性”，从而进一步增加就业压力。为此，应在拓宽刑事方向法律硕士就业口径的同时，着力激活其应用型与复合型的竞争优势。

---

〔1〕 参见《河北大学法律（非法学）专业全日制专业学位硕士研究生培养方案》，载河北大学法学院：http://law.hbu.cn/flssjy/8825.jhtml，最后访问日期：2020 年 5 月 14 日。

（一）对外拓展就业口径

现有刑事方向法律硕士培养，大都以为国家行政、司法机关输送实务人才为主要就业导向。部分院校虽然具备完善的刑事法律学科建制，存在多样化的应用课程设计，但大都聚焦于一般或特殊案件的侦查实务、公诉实务、审判实务、执行实务等国家机关所需实践技能的培养。诚然，与对口单位签订培养协议，实现培养产出与就业接收完美衔接的“订单式培养”模式，得以使法律硕士批量进入国家机关。例如，上述中央司法警官学院的“监所管理与罪犯矫正方向”法律硕士与监狱、大连海洋大学设立的“海上安全和执法方向”法律硕士与海警局，均可形成专门培养、对口就业的良性互动。然而，综观我国 200 多个法律硕士培养单位，能够有足够特色实现订单式培养的院校并不常见，所以，此种培养方式虽然较为完美，但是并不能视为法律硕士刑事培养方向的常态模式。建立在综合院校以及政法院校刑事法律学科之上的法律硕士培养，是当前的常态模式，经由此种培养模式输出的法律硕士具有一定“同质性”。在此前提下，如果仍一味地坚持以公、检、法机关为目标的单一就业导向，则必然引发就业困难。正如上文所述，由于公务员招录的有限名额、法学硕士及其他专业学生的竞争冲击，以及部分单位之于法律硕士的“偏见”，使得能够进入公、检、法等机关的法律硕士数量较少。如果刑事方向法律硕士的培养仅聚焦在公、检、法等机关实务能力的养成，显然没有在学生输出与就业需求间求得平衡。美国法学院在培养 J. D. 学生时同样面临巨大的就业压力，其破解之道就在于识别潜在的新就业市场。

因此，在探索法律硕士（非法学）刑事培养方向的完善建议时，首先应对外拓展就业口径，而刑事律师市场可作为法律硕士就业途径的重要补充。从整体上看，有学者指出：中国执业律师数量占总人口比重太小，每万人只有不足 2 名律师，而美国、德国等法治发达国家，每万人中的律师数量分别为 43 人与 20 人，即便是印度，该指标也达到了 10 人。[1]当然，

---

〔1〕 参见张千帆：《如何设计司法？法官、律师与案件数量比较研究》，载《比较法研究》2016 年第 1 期。

该统计所依数据稍有滞后，根据2021年数据，全国执业律师约有57.5万人，[1]其中31个省、自治区、直辖市和现役军人人口约141 178万人，[2]也即每万人中约有4名执业律师。即便如此，这一最新数据也不及若干年前美国数据的十分之一。具体到刑事业务领域，有学者指出："我国刑辩律师数量非常有限，刑事辩护率持续低迷。"[3]近年来，在推行的"刑事案件辩护律师全覆盖"工作背景下，首先就要解决刑辩律师的数量问题，若数量不足，那么全覆盖便无从谈起。[4]当前对刑事合规业务的社会需求，亦形成了一定规模的就业市场。

在将目光投向刑事律师就业市场后，法律硕士（非法学）刑事方向的培养，应在训练侦查、公诉、审判、执行等实践能力的同时，加强对刑事辩护技能的培养。更进一步地，应将"应用型、复合型"培养定位融入刑事辩护技能的养成之中。下文将以培养高质量刑事律师为目标导向，谈一谈笔者对完善法律硕士（非法学）刑事培养方向的些许思考。

（二）对内激活竞争优势

无论是在整体上扩充律师队伍，还是专门补足刑事律师，均不能陷入"唯数量论"。数量缺口虽提供了潜在的就业市场，但能够获得市场青睐并能有所发展的关键，仍在于执业律师的"质量"。对于刑事方向法律硕士（非法学）的培养而言，实现其"应用型、复合型"的核心定位，既是对培养质量的保障，也是对其竞争优势的激活。现有实践呈现出"'应用型'培养目标抓得比较紧、比较实，'复合型'培养目标则抓得有些松、有些虚的特点。"[5]"复合型"作为区分法律硕士（非法学）与法学硕士、法律硕士（法学）的关键目标，尚处于"沉睡"状态。因此，在首先确保

---

〔1〕 参见《2021年度律师、基层法律服务工作统计分析》，载中华人民共和国司法部网站：http://www.moj.gov.cn/pub/sfbgw/zwxxgk/fdzdgknr/fdzdgknrtjxx/202208/t20220815_461680.html，最后访问日期：2022年10月11日。

〔2〕 参见《第七次全国人口普查公报（第二号）》，载中国政府网：http://www.gov.cn/guoqing/2021-05/13/content_5606149.htm，最后访问日期：2022年10月11日。

〔3〕 闵春雷：《认罪认罚案件中的有效辩护》，载《当代法学》2017年第4期。

〔4〕 参见顾永忠：《刑事辩护制度改革实证研究》，载《中国刑事法杂志》2019年第5期。

〔5〕 郑春燕、王友健：《非法本法律硕士培养模式的体系性再造》，载《研究生教育研究》2020年第5期。

“应用型”培养定位的基础上，应对“复合型”予以突破，探索在哪些刑事案件领域、通过何种机制能够真正激活法律硕士“复合型”的培养优势。

1. 确保“应用型”基础优势的形成

在以刑事律师为职业导向的培养中，要确保刑事辩护核心技能的习得与运用，以实现“应用型”的首要定位。会见权、阅卷权与调查取证权作为辩护律师所享有的三大核心权利，也就对应着三大辩护技能：会见、阅卷、调查取证。除此之外，当案件进入庭审后，举证、质证、发问、辩论同样是辩护律师不可或缺的关键技能。为培养和训练前述技能，可以通过方向课程与实践课程的结合予以实现。

在方向课程设置上，主要完成核心技能所含理论的讲授与铺垫，可以专题课程的形式展开，包括：会见犯罪嫌疑人专题、辩护律师阅卷专题、辩护律师调查取证专题、辩护律师举证专题、质证专题、庭审发问专题以及法庭辩论专题。每个专题要讲明所对应核心技能的基础理论问题，并对该技能运用作概括性介绍。以会见犯罪嫌疑人专题为例，首先要讲述会见犯罪嫌疑人的作用、目的、意义等基础理论范畴，而后讲授会见犯罪嫌疑人所要完成的主要工作，包括：与嫌疑人建立联系、核实案件事实与证据、确定所要调查取证的范围、确定辩护思路等。当然，在各个专题之下亦可再建立子课程，以突出核心技能项下的关键技术。以辩护律师举证、质证专题为例，在该专题下，还可开设证据可视化课程。从司法机关角度，“证据审查图形化，提升审查质效”。[1] 因此，辩护律师在举证、质证过程中，也要注重证据可视化技术的运用，包括使用流程图、关系网、树状图等将证据材料间的关系予以明确呈现，使举证、质证更为清晰、有效。

在实践课程设置上，主要完成核心技能的实际演练，可根据实际情况，采用模拟、实操、观摩、见习等形式灵活开展。就会见技能而言，鉴

---

〔1〕 扈炳刚：《可视化办案模式使证据审查更清晰更精准》，载《检察日报》2018年11月28日期，第11版。

于实际会见的手续、资格限制，则只能通过模拟会见予以演练。当然，模拟会见所依案件，可以是指导律师实践中已办结的真实案例。就阅卷技能的演练而言，则可以采用实操的形式，但实操对象不能是实践中正在办理的案件，只能是指导律师已办结的案件，基于已办结案件的真实案卷材料，开展阅卷技能的实际操作。就调查取证技能的训练，可能不好模拟，亦不能实际操作，只能跟随指导律师进行一定的观摩。就举证、质证、发问、辩论等庭审技能，则可以通过模拟法庭及庭审旁听的方式进行。需要注意的是，在实践课程中所接触到的真实案件信息，应当考虑到保密和其他律师职业伦理问题，可由学生与指导律师或律所签订保密协议。仍需指出的是，上述模拟、观摩等实践形式，虽然能够使学生最大程度接触实践，但仍与实际办案有所不同，这种培养更契合纯技术能力的养成。以模拟会见犯罪嫌疑人为例，学生能够体验会见提纲撰写、核实证据等纯技术问题；但对于会见过程中信赖关系建立、安抚嫌疑人情绪、振奋嫌疑人精神等非纯粹法律技术问题，模拟与实操还是有着较大差别，很难在有限的模拟会见演练中，习得更为复杂的人际沟通技能。

2. 探索“复合型”拔高优势的养成

在学习和演练了刑事律师的职业核心技能后，可以初步迎合法律硕士培养的“应用型”定位，而“复合型”应当是建立在“应用型”基础上的更高追求。根据《法律硕士专业学位研究生指导性培养方案》，“复合型”是法律硕士（非法学）区别于传统法学硕士以及法律硕士（法学）的专门培养定位。该定位具有两个维度的意涵，且具有递进关系：首先，复合型直观表现为学科背景的复合；其次，进一步引申为思维方式和能力的复合。[1]

(1) 聚焦特定案件激活学科背景复合优势。法律硕士（非法学）生源均具有本、硕阶段专业不同的形式特征，但此种专业叠加并非一定产生竞争优势，应以特定案件为导向，寻找真正发挥复合学科背景优势之道。落

〔1〕 参见黄振中：《“双导师制”在法律硕士教学与培养中的完善与推广》，载《中国大学教学》2012年第2期。

脚于本文所探讨的法律硕士刑事培养方向，并聚焦未来刑事辩护律师的养成，首先应考虑：哪一刑事业务领域需要不同学科知识的复合，并能够为此类复合提供广阔的应用前景。答案亦不难获知，网络犯罪、金融犯罪、环境犯罪等需要依赖其他学科知识予以理解和处理的刑事案件，对于兼顾法律与其他知识的复合型人才有着较高需求，并能为他们提供“施展拳脚”的广阔空间。

以网络犯罪为例，在办理此类案件时，即使仅为了理解检察机关的相关指控，亦需要掌握计算机学科的专业知识。在李丙龙破坏计算机信息系统案中，检察机关指控：“李丙龙……利用域名解析平台的相关功能，生成了该知名网站二级子域名部分 DNS 解析列表，修改该网站子域名的 IP 指向……”。[1] 在这不长的一段话中，对于什么是“域名解析”、什么是“二级子域名”，以及什么是“DNS 解析列表”，均需要依靠计算机网络的专业知识予以理解。即使办案律师可以通过自学，科普上述专业名词的含义，但如果要对其有深入理解，并能针对检察机关指控提出技术上的挑战和质疑，那么就需要对计算机网络专业知识进行系统性学习，而绝非简单的知识科普。如是说，在办理此类网络犯罪案件时，辩护律师除具备基本法律知识外，还应具备计算机等专业知识。再以金融犯罪为例，金融所包含的门类纷繁复杂，诸如基金、证券、期货、信托、保险、银行等，是一个集自然科学和社会科学于一体的复杂系统。[2] 辩护律师虽然对金融有着一些通识性理解，但要做到有效辩护，就案件证据问题与事实问题发表专业意见，自然要对金融知识进行系统性学习。

在网络犯罪、金融犯罪等对法律外学科知识依赖程度较高的案件中，相较于仅有法律单一知识背景的律师而言，具有复合学科背景的律师能够更好地理解和办理案件，从而形成真正的竞争优势，并得到用人单位的青睐。在就业前景直接决定培养方向的背景下，若要构建和完善法律硕士（非法学）刑事培养方向，应率先匹配生源学科背景圈定具体的类案培养

---

〔1〕 参见检例第 33 号：《李丙龙破坏计算机系统案》。

〔2〕 参见钱列阳：《一个刑辩律师眼中的“金融”责任》，载《中国律师》2019 年第 2 期。

方向，从而真正激活复合学科背景的竞争优势。

(2) 依托双师队伍探索思维能力复合之道。学科背景复合具有表面性，而"复合型"人才培养的关键，在于形成思维方式及能力的复合，也就是将包含法学及非法学两种以上的思维和技能有机地整合以从事法律实践活动。此种高阶思维的形成，势必要依托高水平师资的言传身教。双导师制是国务院学位委员会办公室和全国法律硕士专业学位教育指导委员会提出的专业学位研究生培养的重大举措，对培养适应社会需要的复合型法律专业人才意义重大。

所谓"双导师制"，就是要全面推行"理论与实践双师型"师资队伍建设，除校内的常态理论导师外，还要在法律实务部门，聘请既有丰富实践经验，又有较高理论研究水平的行业专家作为兼职导师。[1] 美国纽约州律师协会特别工作组，在"新律师教育"（new lawyer education）报告中，同样提出了"双师制"建设的目标，即："由经验丰富的从业者与学者协调提供的结构良好的教学。"[2]实务专家在实现法律思维同其他专业思维有机结合的培养目标上，发挥着不可或缺的作用。以本文谈及的刑事培养方向为例，各培养单位可能均具有较为完备的刑事法律专业导师，但这些理论导师大都为单一的法律背景出身，对计算机网络、金融等法律外知识与技能仅停留在通识程度。毫无疑问，对于没有法律外知识与思维背景的法学教授来说，其自身尚不满足"复合型"定位，遑论对于学生复合型思维方式与能力的培养了。诚然，闻道有先后，术业有专攻，期待法学教授成为全才自不现实；同理，期待具备法律外知识的实务导师谙熟法学研究亦不可能。"双导师"培养方式很好地解决了校内导师与校外导师单方面的知识结构缺陷。[3]在"复合型"能力形成阶段，以法学思维见长的校内导师与以法学外思维见长的校外导师应形成良性互动，法学院不仅应

---

〔1〕 参见王红等：《深化专业学位研究生教育综合改革提高法律硕士研究生培养质量》，载《学位与研究生教育》2016年第1期。

〔2〕 See Sheldon Krantz and Michael Millemann, "Legal Education in Transition: Trends and Their Implications", 94 *Neb. L. Rev.* 1, 6 (2015).

〔3〕 参见乌兰：《法律硕士（非法学）方向课程设置的实践与完善——以中国政法大学法律硕士学院为观察样本》，载《中国法学教育研究》2021年第1期。

在技能和诊所课程中，而且应在理论课程中有效地运用实务导师。

然而，国家虽提出践行双导师制，但并没有制订具体的可操作规范。尚需探索两方导师在学生培养过程中相互配合、深度参与、即时回应的具体机制。唯有如此，学生才能对导师的思维习惯、行为方式耳濡目染，从而内化并形成“复合型”思维能力。

专业课课程思政体系系统化构建机制研究

——基于伯恩斯坦教学话语理论的考察*

祖 昊 陈 硕**

一、引言

2022年7月，教育部等十部门印发了《全面推进“大思政课”建设的工作方案》，进一步明确了思政课建设与课程思政建设在高等学校课程体系建设中的重要地位。[1]2021年3月6日，习近平总书记在看望参加全国政协会议的医药卫生界、教育界委员时首次提出“大思政课”，习总书记强调“‘大思政课’我们要善用之，一定要跟现实结合起来”，同时指出“思政课不仅应该在课堂上讲，也应该在社会生活中来讲”。

当前“大思政”观背景下的课程思政建设建设强调以“思政课”“专业课”“综合素质课”等课堂教学中蕴含的知识作为传播的载体，把思政要素的内涵和要求与各类课程知识整合，从而实现传道授业、能力提升与价值引领的有机统一。专业课是学科

---

* 本文系北京市社会科学基金规划项目“媒介学视域下北京市红色文化的融媒体传承研究”(项目编号：21XCC010) 的阶段性研究成果。

** 祖昊，中国政法大学光明新闻传播学院讲师；陈硕，中国政法大学光明新闻传播学院硕士研究生。

〔1〕 参见教育部等十部：《关于印发〈全面推进“大思政课”建设的工作方案〉的通知》，载中华人民共和国教育部网站：http://www.moe.gov.cn/srcsite/A13/moe_772/202208/t20220818_653672.html，最后访问日期：2022年8月12日。

专业、院系院校立身之本，也是“隐性思政”、立德树人、用党的创新理论铸魂育人的关键当口。突出专业课程意识形态功能，[1]强化专业课和思政课之间的协同育人关系，[2]确保学科建设、科学研究、教育教学、学生学习与思政之间的良性互动，[3]是专业课“知识—思政”教育教学体系搭建的关键所在。尽管许多学者就此提出过相应建设举措，但现实中专业课课程思政建设仍旧存在“知识—思政”融合不当、单兵作战力向不一、缺乏科学设计和统筹协调、运用“大思政”资源不充分的问题。这和专业课形色各异、难以统合的客观现实有关，亦为缺乏系统性理论指导所致。要实现专业课思政建设规划分布、资源整合和不断发展递进，必须遵循系统思维，强化科学设计，厘清专业课知识在选择、生产、组织、传播过程与社会价值共存共生的特征规律，明晰“知识—思政”体系在教育教学领域扎根、延展、再生产的普遍脉络，进而将知识的符号表征、逻辑形式与相关价值意义有效融为一体。这一点与教育社会学中“知识组织形式与社会结构之间符应关系（Correspondence）”的基本命题有着密切关联。对此，本文试图以英国教育社会学家巴兹尔·伯恩斯坦（Basil Bernstein）的“教学话语理论”为框架，尝试性地提出专业课课程思政体系系统化构建的理论基础。

二、内容组织与框架搭建：专业课课程思政体系的初步生成

作为一门研究教育体系如何受到社会价值的影响的学科，教育社会学发展至今已有一百多年的历史。[4]自20世纪70年代伊始，以巴兹尔·伯恩斯坦、麦克·扬（Michael Young）、麦克·阿普尔（Michael Apple）等

---

〔1〕 高德毅、宗爱东：《从思政课程到课程思政：从战略高度构建高校思想政治教育课程体系》，载《中国高等教育》2017年第1期，第44页。

〔2〕 杜佳乐、刘保庆：《课程思政与思政课程协同育人的辩证关系、生成逻辑和实践理路》，载《西部素质教育》2022年第24期，第30页。

〔3〕 高燕：《课程思政建设的关键问题与解决路径》，载《中国高等教育》2017年第8期，第11页。

〔4〕 参考杨昌勇：《新教育社会学：连续与断裂的学术历程》，中国社会科学出版社2004年版，第20页。

为代表的学者推动了教育社会学的马克思主义范式转型，开始研究“学校应当教什么”“应当如何教”的问题，同时批判现代资本主义意识形态对西方国家教育领域的裹挟、支配作用，为教育体系融入有益、正确、科学的社会价值提供了良好参照。[1]此间，就“知识与社会价值何以相融”这一学科基本命题，以巴兹尔·伯恩斯坦的理论最具代表性和系统性。他批判了麦克·扬等人过分关注外部权力支配课程教学的观点，[2]强调知识内在客观组织逻辑对课程的影响，[3]同时认为知识体系的建构既不完全取决于知识本身，也不完全由社会权力关系决定，而是在二者相融共生动态过程中生成。伯恩斯坦将“教书”“育人”合二为一，形成了关乎知识生产、组织、传递的“教学话语理论”。此处的教学话语并非狭义的教学修辞、话术，而是决定知识分配、课程设计、教学传递沟通的抽象规则，[4]是知识链接社会价值，生产、再生产社会关系的方向标。在伯恩斯坦看来，教学话语的生成分为“话语生产”“情境重置”与“再生产”三个阶段，分别对应知识筛选、课程设计规划、教学实践三大环节，且均涵盖着将合目的性的社会价值追求注入教学对象的方式方法。可以看出，伯恩斯坦的教学话语理论不仅明晰了课程知识生产、优化、传播、教化的系统脉络，同时将“传递什么、传递给谁、如何传递、谁将获得、如何获得”等知识—社会价值合法关系问题贯穿始终，这为专业课“知识—思政”的有效搭接及系统化构建提供直观启示：

首先，伯恩斯坦所说的“话语生产”场域，对应着专有知识从学科体系中提取出来，形成课程内容雏形的过程。[5]一般而言，首轮筛选、组

---

〔1〕 参考杨昌勇：《新教育社会学：连续与断裂的学术历程》，中国社会科学出版社 2004 年版，第 30 页。

〔2〕 胡雪龙：《学校知识之社会建构的内涵与过程——巴兹尔·伯恩斯坦教学话语理论的启示与反思》，载《比较教育研究》2021 年第 12 期，第 44~48 页。

〔3〕 参见胡雪龙、谢维和：《从“浅喻”迈向“深喻”——论伯恩斯坦对“新”教育社会学的批判》，载《教育研究》2021 年第 12 期，第 30 页。

〔4〕 ［英］巴兹尔·伯恩斯坦：《教育、符号控制与认同》，王小凤等译，中国人民大学出版社 2016 年版，第 33 页。

〔5〕 参见胡雪龙：《学校知识之社会建构的内涵与过程—— 巴兹尔·伯恩斯坦教学话语理论的启示与反思》，载《比较教育研究》2021 年第 12 期，第 51 页。

织、加工专业知识的主体是教师个人。其发挥专业上的主观能动性，考量知识与价值信仰、意识形态和思想观念之间的内在联系，实现“知识—思政”的初步融合。就知识与社会价值之间有效的互嵌、互构空间，伯恩斯坦用“潜在间隙（a potential discursive gap）”[1]的概念来表达，认为其往往被制度化的力量所调控。但沿着一种系谱学的思路看，知识与社会价值之间的搭接本是松散、多线的，任何社会意识形式都有依照自身利益调节间隙的可能性，[2]后者也相继出现有序—无序、一致—非一致、任意—非任意的浮动状态。这一点在伯恩斯坦“官方知识”与“地方知识”的概念中得到印证：所谓“官方知识”，是一种培养塑造“基要主义和精英主义”的知识类型，[3]调控知识与社会价值“间隙”的正是西方资本主义意识形态主导的知识分配规则；“地方知识”则由各类社会意识形式所调节，体现出鲜明、多元的社会价值（权力）面向。在伯恩斯坦看来，这些知识能够延伸出摆脱资本主义控制剥削的教育教学路径，但也存在松散、多变的弊病，增加了教育和社会认同分裂化的风险。[4]

以上论述说明，在初步组织、筛选适用于教学领域知识的过程中，尽管有外部制度化力量作为宏观调控保障，但社会意识形式、专业学科知识理论范式、任课教师个人知识图谱及教学意向等因素仍会或多或少地“斡旋而入”，影响知识的社会政治纯度及其育人方向。由此观之，专业课课程思政的初步搭建，须以科学、合理、有效的方式做好“间隙”调控。专业课教师要立足学科知识脉络，夯定马克思主义理论对专业课内容的指导、支撑，充分做到以爱党、爱国、爱社会主义、爱人民、爱集体为主线，围绕政治认同、家国情怀、文化素养、宪法法治意识、道德修养等重

---

〔1〕［英］巴兹尔·伯恩斯坦：《教育、符号控制与认同》，王小凤等译，中国人民大学出版社 2016 年版，第 33 页。

〔2〕魏建培：《伯恩斯坦的“教育话语”概念探析》，载《泰山学院学报》第 2009 年第 1 期，第 123 页。

〔3〕参见［英］巴兹尔·伯恩斯坦：《教育、符号控制与认同》，王小凤等译，中国人民大学出版社 2016 年版，第 78~79 页。

〔4〕［英］巴兹尔·伯恩斯坦：《教育、符号控制与认同》，王小凤等译，中国人民大学出版社 2016 年版，第 82 页。

点优化课程思政内容供给。[1]为减少"间隙"、实现学科知识与社会价值的精准聚向，专业课讲师可从党的创新理论研究阐释和教育教学的自主知识体系，"大课堂""大平台""大师资"以及优质思政教材等资源中参考取经，让"知识—思政"搭建有章可依、有理可循，同时以此确保现有"大思政"资源的充分利用。鉴于专业课课程思政以"始于教师个体、走向课程集群"为常规建设路线，单一专业课的初步市思政规划应秉持打地基、搭框架的原则，将有助于实现立德树人目标、濡养综合素质和塑造美好人格的社会价值梳理出来，判定"合法"知识的性质、属性和筛选范畴，形成"粗线条"的思政脉络，为其进一步优化升级提供有效档口。至于具体的教学大纲、教学内容、教学方法、实践方案等则可暂时"悬置"，避免用力过猛、一步"锁死"而平添后期的间隙调控成本。此举有助于节省教师时间精力，亦为专业课（集群）课程思政进入统筹协调、相互对接、有机融合的进阶优化阶段做好充分准备。

三、统筹协调与特色建设——专业课课程思政体系的进阶优化

专业课课程思政不能独木成林，须在初步设计的基础上综合起来、统筹协调，发展课程体系、课程集群与思想政治教育的共生关系。[2]这一步骤与伯恩斯坦教学话语理论中的"情境重置"阶段密切关联。所谓"情境重置"，是知识—价值符应关系得到进一步确认、沉淀并形成课程指导原则（教学话语秩序）的过程。[3]与"生产阶段"不同的是，"情景重置"要对知识—社会符应关系展开再聚焦、再加工、再重组，其必须遵循组织化、集成化的产出路径，使单一课程和课程集群的意识形态方向更加明确，亦为课程教学大纲、教学内容、教学方案、实践方案等提供更加清晰

[1] 教育部：《关于印发〈高等学校课程思政建设指导纲要〉的通知》，载中华人民共和国教育部网站：http://www.moe.gov.cn/srcsite/A08/s7056/202006/t20200603_462437.html，最后访问日期：2023年1月1日。

[2] 陆道坤：《课程思政推行中若干核心问题及解决思路——基于专业课程思政的探讨》，载《思想理论教育》2018年第3期，第65页。

[3] 参见姜添辉：《学术性课程知识结构的社会关系与文化再生产之关联性：再脉络化的机制》，载《全球教育展望》2019年第7期，第33页。

的脉络。

在伯恩斯坦看来，决定“情景重置”的有生产阶段业已出现的知识分配规则、知识范式、教师教学意向等，也有教科书、专业教学团队、师资培训、教务部门、专门化期刊、研究机构、院系院校机构等，[1]其综合起来反映为两种相互关联的课程指导原则：一是“规范性话语（Regulative Discourse）”，通常由国家及相关部门创造和支配，主要用于指导教学过程中的理念、价值、态度、行为培养；[2]二是“教导性话语（Instructional Discourse）”，它是规范性话语的有机组成部分，不能脱离后者独自存在。但教导性话语受知识范式、教师风格、院系院校、教学科研机构、出版物、社群生活等因素的影响显著，是具备具体效能的文化传送器，[3]主要用于指导课程中专业化智识、能力的传授。[4]简言之，规范性话语用于塑造规范意识，而教导性话语则用来培养专业意识。二者融合，使课程（知识）在社会政治主流规范引领下与教学科研、院校文化、地域文化等形成“情境重置”式的对接和特定的教学指导原则产出。影响因素的不同，也让“情境重置”的结果在普遍性置于有了自身无可替代的特色性。[5]另外，介于“规则”与“教导”都处于辩证发展的状态，因而教学指导原则总是在聚焦、建构、再调试的过程中不断深化，形成符合前沿教学的需要新样态、新气象。

伯恩斯坦的“情境重置”概念，本质上是为了缓解课程“过度社会化”和“非社会化”之间的冲突，同时把知识与价值的符应关系拉向一个动态发展的维度，催生正确、科学、有效的教学指导原则，以便改良资本

---

〔1〕 参见［英］巴兹尔·伯恩斯坦：《教育、符号控制与认同》，王小凤等译，中国人民大学出版社2016年版，第36页。

〔2〕 ［英］巴兹尔·伯恩斯坦：《教育、符号控制与认同》，王小凤等译，中国人民大学出版社2016年版，第36~37页。

〔3〕 魏建培：《伯恩斯坦的“教育话语”概念探析》，载《泰山学院学报》2009年第1期，第122页。

〔4〕 参见［英］巴兹尔·伯恩斯坦：《教育、符号控制与认同》，王小凤等译，中国人民大学出版社2016年版，第36页。

〔5〕 ［英］巴兹尔·伯恩斯坦：《教育、符号控制与认同》，王小凤等译，中国人民大学出版社2016年版，第36页。

主义意识形态裹挟、宰制西方教育的问题。相比西方，我国拥有中国特色社会主义主导的先进社会政治文化，相应的“规范性话语”与“教导型话语”也必然呈现不可分割的母子关系。在这种情况下，“情境重置”自然而然转化为“规范”“教导”鱼水相融、“知识—思政”全面对标的过程。结合伯恩斯坦的论述笔者认为，要实现专业课课程思政的“情境重置”和进阶优化，应围绕以下四点展开：

首先，要建立党委统一领导、党政齐抓共管、有关部门各负其责、教师协同配合的工作机制。这是对专业课课程思政统筹协调的基础，亦是思政组织化、系统化、协同化生成的要件。此间，须依托常态化的集体教研、备课制度，以根植于马克思主义理论和中国特色哲学社会科学体系的“规范性话语”为基点，对“生产”阶段各专业课程酝酿的松散（Arbitrariness）“知识—思政”体系展开并轨性调试，促进专业课知识内容、思政内容组织筛选的融会贯通、同频发展，推助单一课程、课程集群思政框架沿着齐整的方向走深走实。

其次，要着力开展专业课课程思政特色化建设。前文指出，由“情境重置”应运而生的课程指导原则，具有彰显普遍价值特征和自身无可替代的特色性。同理，不同院校开展的专业课及其课程集群，自然能凭各类资源的“加持”、在立德树人的基础上做出自身风采。因此，专业课课程思政的统筹优化要发挥“教导型话语”的辅助作用，运用专业科学方法、构建学科交叉研究平台和对话平台等构建思想政治教育横纵同行、协同创新格局，[1]同时着力开发学科专业、教学科研、教学管理、院系院校、地域传统文化和红色文化等“富矿”，形成独具特色的思政架构，推助主流社会价值的纵深延展和深度呈现。这是专业课思政教学实质生成的必要条件，更是让思政枝繁叶茂的“生机”所在。

再次，要形成课程教学、人才队伍两手抓的建设格局。在“情境重置”阶段，“规范性话语”与“教导型话语”的主要功能是将课程建设

〔1〕 高燕：《课程思政建设的关键问题与解决路径》，载《中国高等教育》2017年第8期，第13页。

（集群）带入特定结构关系当中，既创造课程设计的导向，也创造再语境化的实施者（教师）。[1]此间，应以立德树人、特色建设两个目标为基准，融合专业课教师在“生产”阶段形成思政教学理念、脉络，形成有助于本地专业课课程（集群）思政的纲领、条例、指南、口号、范本等，为教师优化各自教学大纲、教学内容、实践方案、教学评价方案等提供指导意见或指向蓝图。此外，要针对专业课教师开展富有针对性、示范性的思政教学指导，借助有效激励制度提升教师思政教学中的融合意识、交流意识和集体性成果产出意识，为一致、协同、相因相生的思政教学实践及成果产生铺路搭桥。这是专业课（集群）课程思政朝着改革创新主渠道教学、构建大师资体系、形成思政教学资源库等“大思政方向”迈进的关键所在。

最后，要形成专业课课程思政常态化调试机制。社会政治价值的辩证推进、知识专业内容的更新迭代以及学生受教意识的发展变迁，对课程思政的定期化、常态化更新提出了高要求。因此，专业课课程思政的统筹优化，须从源于集体信仰的教育教学素材中国找到固定“知识—思政”文本，作为恒久的教育教学质料；同时，要把握时代性社会价值与专业性前沿知识带给“规范性话语”“教导性话语”的增益作用，理清新旧融合、新新融合的内在脉络，为专业课不断注入新鲜的“知识—思政”血液。这是专业课课程思政跟上时代步伐、实现阶梯式增长的必要条件。

四、协同教学与效果综合——专业课立德树人目标的系统化实现

通过教学实践引导学生积极理解、认同社会现实，是教育领域实现社会价值“再生产”的关键所在，也是专业课课程思政的终极目标。就“再生产”问题，不同学者探讨的起点、落点均有不同。如鲍尔斯和金迪斯认为“再生产”核心在于教学目的、手段的社会关系化（阶级化），[2]布迪

---

〔1〕［英］巴兹尔·伯恩斯坦：《教育、符号控制与认同》，王小凤等译，中国人民大学出版社 2016 年版，第 35~36 页。

〔2〕王秀丽：《鲍尔斯——金迪斯与布迪厄的教育阶层化理论比较研究》，载《黑龙江社会科学》2009 年第 6 期，第 164~166 页。

厄认为其依赖于不同群体固有的“文化资本”和能动习性，[1]伯恩斯坦则把分析放在了教学话语的传递方式上。此间，作为抽象规则的教学话语演化为具体的教学机制，将教学内容、教学形式、教学方法、教学评价制度等融合起来，形成与社会价值有着内在一致性的教学机制，为学生思维意识“提供象征性的尺度”，[2]塑造头脑、自我、角色、认同并为社会价值再生产提供保障。这种教学机制在伯恩斯坦那里被分为“聚集性赋码（Collection Code）”与“聚合性赋码（Integrated Code）”两种形式：所谓“集合性赋码”是将不同面向的知识按照特定的主题层次组织起来，用一种受社会结构制约的言语符号系统传递出去。与之相关的课程组织形式被称作“聚集型课程”，其通常由基础课构成，相互之间有着独立、清晰的界限，师生对教学选择、组织、进度、时程等亦没有显著的裁量、控制权。[3]尽管如此，“聚集性赋码”及其连带的“聚集型课程”能确保教学活动“围绕抽象性的社会价值原则加以呈现”，[4]进而发挥出培养理念品行、态度、修为的表意性功能。相较而言，“聚合性赋码”则是按照学科专业的自主性组织、呈现知识的教学机制，与之相应“聚合型课程（Integrated Type）”通常为同领域课程的有机组合，其教学内容、教学形式、教学方法、教学评价制度等相对灵活，师生对于知识传递、接受裁量权、控制度也相对较高。这种教学机制主要发挥着磨炼专业能力、思维的工具性功能，易于在教学过程中培养知识的神圣感并建立学科忠诚。[5]

在伯恩斯坦看来，由于不同课程（集群）可供“集合”“集成”的向

---

〔1〕 朱国华：《文化再生产与社会再生产：图绘布迪厄教育社会学》，载《华东师范大学学报（哲学社会科学版）》2015年第5期，第179~181页。

〔2〕 ［英］巴兹尔·伯恩斯坦：《教育、符号控制与认同》，王小凤等译，中国人民大学出版社2016年版，第39页。

〔3〕 Basil Bernstein, *Class, Codes and Control* (*Vol. Ⅲ*): *Towards a Theory of Educational Transmission*, London: Routledge, 2003, pp. 80–85.

〔4〕 Basil Bernstein, *Class, Codes and Control* (*Vol. Ⅲ*): *Towards a Theory of Educational Transmission*, London: Routledge, 2003, p. 92.

〔5〕 Basil Bernstein, *Class, Codes and Control* (*Vol. Ⅲ*): *Towards a Theory of Educational Transmission*, London: Routledge, 2003, p. 87.

度、程度不同，其所发挥出的表意性、工具性功能的情况也不尽相同，须结合实际加以分析。以“集合”“集成”为一种用于分析课程教学机制与社会价值结构内在一致性的微观方法，[1]亦反过来为知识传授和价值濡养的协同化教学分配提供了线索。

众所周知，专业课是符号表征、逻辑形式与价值意义的综合体。如果说单一专业课有“思政之维”和“知识之维”，那么专业课集群也有与前二相吻合的“集合之维”与“集成之维”。从“集合之维”来看，同一门类的不同专业课，都能延伸出某种领域性趋同的意识形态深耕及思政教学主线。然而受客观条件所限，每门专业课所能发挥的思政教育向度、力度存在差异，因而协同化思政教学不应苛求思政过程、体量、程度、结果的机械化一致，而是应该鼓励教师之间做好分工协作、互动协调，围绕“情景重置”阶段也已形成的思政的纲领、条例、指南、口号、范本等展开耕拓，确保课程教学内容、材料、专题、语境、方法、实践等在相同统一的框架中展开，形成某种依托专业内核的“结构化一致”，实现专业课思政教学的多轨推进、向心凝聚、多面延伸、互通互补和叠加共振。如此，可避免课程内容差异或融入浅表化、形式化“万金油”思政内容而导致的思政松散问题。介于“集合之维”重在培育心灵、推进主流价值的再生产，其不仅需要知识技能“站台”，价值引领、浸润方式展开思政脉络，更需要形成围绕专业化思政主干的知识教学聚焦，进而帮助学生从不同知识面向出发，朝同一价值长成方向靠拢，深入理解国家社会思想政治理念在某一专业领域的逻辑基础、启发意义和目标导向，让知识顺专业主线转化为学生的思想、能力、品格与价值观。

相比之下，“集成之维”对应专业课在知识组织、传输、评价方面的自主性、灵活性和多元性，亦是知识“从表层结构走向深层结构”，彰显学科领域本质特征以及激发学生学习、求知兴趣的关键所在。然而，“集成之维”在价值输出层面不具备凝聚性，如控制不当，必对立德树人目标

[1] 乔铁军：《巴兹尔·伯恩斯坦教育传递理论研究》，苏州大学2018年硕士学位论文，第41页。

产生干扰，甚至以一种穿透、侵入的再生产形式造成社会价值道德危机。[1] 为方法这种弊端，须用“先集合后集成”的策略，引导学生紧紧围绕“集合”教学形成的“思政之种”，实现“集成之维”知识碎片的统整、收编。此外，专业课可在“思政”外围，融入一些前沿、尖端、具有领域特色的知识内容，建立知识自学的根本导向，以启发式、探究式、发散式、探讨式的教学方法手段，激活学生的求知心理，刺激“知识是如何构造”的专业化追问。此间，不同专业课之间可以通过读书会、学习讨论、思想政治集体学习的模式，为学生“集成化”求知提供协同空间。与“集合之维”不同的是，“集成”教学的过程中需要“价值”站台，教师也需围绕“集合”阶段也已形成的“思政之种”对学生展开引导、示范，帮助学生理清松散多元的专业知识的价值依蕴及其与主流思想政治理念的实质关系，帮助学生用正确思想对习得的工具化知识展开社会性的价值判断，确保学生的知识认知、专业认知、价值认知向主流迈进、靠拢，同时将学生获得的正确态度与主流意识形态的契合度当作重要的教学评定标准。[2] 此举易于从学科思维训练、理性培养中实现精神涵养，也能避免学生僵吸收知识或形成所谓“知识—思想自由”的偏颇观念。

不难看出，伯恩斯坦“集合”“集成”的理论论述，可为专业课提供一种从知识入手到价值形成，再从知识扩展、反衬到价值凝聚的协同思政教学模态。这种协同教学模态离不开教师之间的协同配合，更有赖于制度化教学管理系统的支撑。基于专业课的院系单位、思政教学课程组、教学团队等应建立一个协同—沟通—回馈系统，确保“集合”与“集成”搭接输出有序、有果，同时及时体察收集师生教学互动中出现的新现象、新问题、新需求，为教学调试乃至教学设计向“生产”“情境重置”阶段的“回炉”、优化提供基础。

---

〔1〕 Basil Bernstein, *Class*, *Codes and Control* (*Vol. Ⅲ*): *Towards a Theory of Educational Transmission*, London: Routledge, 2003, pp. 99-101.

〔2〕 Basil Bernstein, *Class*, *Codes and Control* (*Vol. Ⅲ*): *Towards a Theory of Educational Transmission*, London: Routledge, 2003, p. 99.

五、结语

本文依照伯恩斯坦“生产”“情景重置”“再生产”的教学话语理论，从知识—价值分配、课程统筹设计和教学沟通传递三个维度，挖掘出一条专业课课程思政生发—深化—实践一再深化的系统化建设路线，如下图1所示。

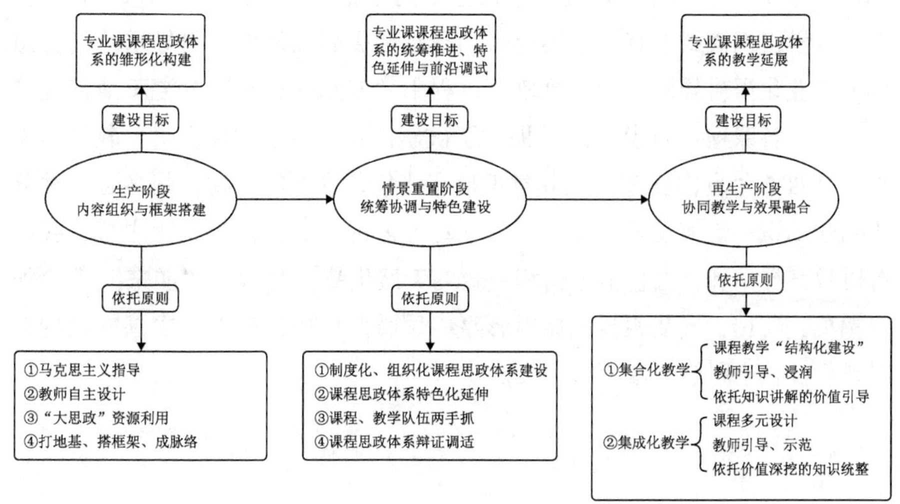

图1　专业课课程思政系统化建设路线

由于上述三个维度皆出自知识（教育）内在逻辑和外在规范相伴相生的同一导向，因而其不仅能在不损害知识内在体系、教师主观能动性和专业课学科特征的基础上形成统一的价值输出脉络，亦能赋予专业课课程思政建设关键环节（如“知识—思政”融合、单一化与组织化教学的统一、思政普遍化与特色化建设的统一、常态化运作与辩证发展调试以及思政效果的协同化生成等）内在一致的起点、落点和发力点。此外，以“教学话语理论”为参照，亦为专业课课程思政体系建设中的部分常见问题提供了解决方案；在知识—价值分配阶段，从教师个体出发的“知识—思政”雏形化构建的目标，不仅充分尊重了教师从事思政教学设计的主体性，带动了大思政资源的有效运用，亦能以“弥补间隙”的形式确保各课程思政方向的大体统一，避免教师投入大量时间精力却反而带来思政力向松散的低效问题；在“情景重置”阶段，统筹协调与特色延伸的目标，奠定了专业课课程思政集体化投入、价值性领航、专业化协同、团队化推进、前沿化调试以及现有资源带动的发展建设格局，解决了课程思政短于引导、缺乏合力、标签化运作、脱离实际盲目效仿的弊端，亦为前者向“大思政课程体系”发展升维提供基础；资源提供了制度化保障；在“再生产”阶段，“集合”“集成”的相互匹配，不仅让不同专业课之间从教学关系、教学程序、教学组织模式上有机衔接起来，也形成了引领浸润—引导示范的思想价值专业化深耕导向，为思政教学过程中“知识—思政”含混不清甚至二元分立、各课程“自说自话”提供了破解之道。从适用性上讲，教学话语理论是西方“自由教育”及其意识形态斗争背景下的产物，其多是一种分析判断知识—价值在教育教学层面互动互嵌的中观方法。相比之下，我国有着教育导向和社会价值导向相一致的天然优势，对这一“舶来”理论加以撷英、善用，定能逐步沉淀出彰显中国特色、中国气派、中国特色的新时代哲学社会科学思政育人方案。

课程与教学

Ke Cheng Yu Jiao Xue

国际视野下商法教学范式的转向与重塑

丁亚琪*

引 言

世界格局的深刻调整和百年未有之大变局的契机相互激荡、同步交织。[1]在经济全球化和新冠疫情的双重裹挟下，劳动力供给和社会生产模式不断转型，数字革命异军突起，世界关联性和整体性增强。随着国际动荡性和不稳定性显著提升，单边主义和保护主义的苏醒，如何打破旧国际秩序、重构全球治理体系，成为我国当下治道变革的关键。[2]国际竞争和治理体系的角逐，很大程度上取决于国家制度、法律和规则的竞争。随着我国进一步深化对外开放，强化与世界经济的深度融合，中国正逐步走向世界舞台的中央。习近平总书记在中央全面依法治国工作会议上强调要“坚持统筹推进国内法治和涉外法治”，便是应此复杂国际局势和我国新发展格局构建的有力论断和科学主张。[3]国际格局的复杂和涉外法治的发展，都需要在法治人培养环节加强国际化

* 丁亚琪，法学博士，中国政法大学法律硕士学院讲师。

〔1〕 习近平：《习近平谈治国理政》（第3卷），外文出版社2020年版，第428页。

〔2〕 黄进、鲁洋：《习近平法治思想的国际法治意涵》，载《政法论坛》2021年第3期。

〔3〕 习近平：《坚定不移走中国特色社会主义法治道路 为全面建设社会主义现代化国家提供有力法治保障》，载《求是》2021年第5期。

法治视野、锻造国际化法治素养、培养国际化法治思维。

在此背景下，国际化是法学教育不可动摇的价值方向和先决条件，是世界发展格局和践行习近平涉外法治思想的战略布局。商法作为我国调整市场经济的基本法，是中国特色社会主义市场经济内在运行要求的外在体现，是市场经济健康发展的重要保障和核心法律，[1]商法的教学和研习更应契合此国际化的发展动向。鉴于传统的商法教学的价值理念和教育模式无法应对在此复杂情境下衍生出的价值内涵和时代主旨，故商法教学如何理性定位，打破原有路径依赖，积极探索与创新商法教学发展新范式，落实培育德才兼备的高素质法治人才的教学实践，是有待研究的重要问题面向。

一、国际视野培养的动因与价值

（一）国际视野培养是习近平涉外法治思想的要求和落实

习近平总书记在博鳌亚洲论坛上指出，“百年变局和世纪疫情交织叠加，世界进入动荡变革期，不稳定性不确定性显著上升”，[2]如何因应动荡性的国际局势、升级性的贸易摩擦和差异性的利益诉求，是关涉我国经济行稳致远发展的重要议题，习近平涉外法治思想的阐述便是对此议题强有力的回应，展现了习近平总书记高屋建瓴的宏大战略高度和运筹帷幄的高超治理能力。涉外法治工作的战略布局事关国际法治的引进来和本土法治的走出去，是习近平法治思想在涉外领域的展现。[3]涉外法治是“法治的思想、理念、文化、实践在涉外工作和生活各领域、方面、环节中的展开，体现为涉外工作确立并实施明确的实体法律标准、形成并坚持妥当法律程序的体系和进程。”[4]涉外法治是关涉私法、公法等多个层面的内涵

---

〔1〕 朱晓娟、赵旭东：《商法作为法学核心课程的必要性研究》，载《中国政法大学教育文选》2018 年第 1 期。

〔2〕 习近平：《同舟共济克时艰，命运与共创未来——在博鳌亚洲论坛 2021 年年会开幕式上的视频主旨演讲》，载《人民日报》2021 年 4 月 21 日，第 2 版。

〔3〕 何志鹏、崔鹏：《涉外法治：应对海外投资法律风险的良方》，载《国际经济法学学刊》2022 年第 3 期。

〔4〕 何志鹏：《涉外法治：开放发展的规范导向》，载《政法论坛》2021 年第 5 期。

丰富的概念体系，涉外法治的落实离不开国际化视野的培育和拓展。

从习近平涉外法治的核心意涵来看，涉外法治思想是一种立足于中国和世界两个层面国家利益本位和人类命运共同体的价值观。[1]习近平总书记强调在涉外法治建设中“要推动全球治理变革，推动构建人类命运共同体”，[2]国际发展从来不是零和博弈的竞争与厮杀，是互利合作、协商共赢的伙伴关系，国际社会日趋紧密连接、休戚与共，自足国家的论断已经被历史的发展所证伪，[3]在此背景下，通过中国特色的前瞻性理论设计，建构对话协商、共建共享、合作共赢、交流互鉴的治理观，[4]树立整体利益观，从而践行全球治理和国际法治。从习近平涉外法治的性质来看，涉外法治是国内法治的延伸和拓展，是进一步扩大推进改革开放和深化法治进程二者融合交互的产物，是涉外的经济、政治、文化的关系法治化的体现。[5]舍此之外，随着我国企业在投融资领域国际化趋势的不断增强，通过培养合格的国际视野涉外法律人才，切实维护我国企业的合法权益，减少相关贸易摩擦，为我国经济保驾护航，也是法学教育的应有之义。习近平涉外法治思想的落实需要法治人才具有综合素质，比如通晓相关法域法律制度和基本诉讼程序；具备从事相关非诉业务的实务能力和素养；熟悉国际仲裁、诉讼等业务流程；进行法律检索、撰写法律文书；解决法律实务问题的能力等。因此涉外法律人才必须具备国际化的视野框架，国际化的知识体系和国际化的思维模式，[6]而这一切都仰赖于国际化视野的培育。

(二) 国际视野是商法自身特性和色彩的呈现

商法是市场经济内在运行要求的外在体现，更是市场经济健康发展的

---

〔1〕 郭雳：《新时代国际法律风险应对与全球治理推进》，载《中外法学》2021 年第 4 期。

〔2〕 习近平：《坚定不移走中国特色社会主义法治道路 为全面建设社会主义现代化国家提供有力法治保障》，载《人民日报》2020 年 11 月 18 日，第 4 版。

〔3〕 张胜军：《当代国际社会的法治基础》，载《中国社会科学》2007 年第 2 期。

〔4〕 习近平：《共同构建人类命运共同体——在联合国日内瓦总部的演讲》，载《人民日报》2017 年 1 月 20 日，第 2 版。

〔5〕 曾令良：《国际法治与中国法治建设》，载《中国社会科学》2015 年第 10 期。

〔6〕 王祥修、赵永鹏：《“一带一路”倡议下中国涉外法治人才培养目标及方案》，载《法学教育研究》2021 年第 3 期。

重要保障和核心法律，是涵摄了市场交易和金融行为的学科。[1]作为市场经济条件下的重要法律，商法通过规范和保护商主体及商行为，极大活跃了商事投资和商事交易行为，[2]通过自身小逻辑服务、服从整个社会经济发展的大逻辑，其本身就具有国际性的特征和色彩。

从宏观层面视之，商法关涉我国的营商环境和对外贸易，此二者均需要强大的国际视野作为发展的根基。习近平法治思想中的营商环境法治观也需要我们强化商法科学中的国际视野和国际格局。[3]运行17年的世界银行营商环境报告，作为赋能全球国际贸易投资和营商环境改善的影响力巨大的全球性公益产品，于今年被宜商环境评估体系（Business Enabling Environment，BEE）所取代。在保持原有数据量化性和衡量比较性的优势的同时，宜商环境评估体系克服原报告内生局限性，除改良原有的十项一级指标外，增设环境可持续这一跨领域指标，置入全部指标领域进行考察。作为赋能全球国际贸易投资和营商环境改善的影响力巨大的全球性公益产品，我国对此高度重视，北京市常委会审议通过《关于开展北京市营商环境创新试点工作的实施方案》，从保护市场主体、维护公平竞争、行政审批、监管执法、外资外贸等12个方面切入，力图构建服务首都高质量发展的国际一流营商环境高地。我国营商环境的全球排名提升的背后，不仅是我国政府基于国际视野进行营商环境改善举措的成果显现，更是具有国际视野下商法不断改良和改革的成果。

从微观层面视之，我国商法体系包罗万象，公司、证券、票据、信托、保险、破产、电子商务等都属于商法的涵摄范围。商法体系中的涉外规则和国际规则，甚至部分本土规则，都是借鉴和舶来的产物。比如经济合作与发展组织所公布的OECD公司治理准则，是由36个市场经济国家组成的政府间国际经济组织所提纯的公司法元素中的最大共识，在当下公司治理全球化滥觞的情境下，对于一国的公司治理无疑具有重大的借鉴作

[1] 朱晓娟、赵旭东：《商法作为法学核心课程的必要性研究》，载《中国政法大学教育文选》2018年第1期。

[2] 范健、王建文：《商法的价值、源流及本体》，中国人民大学出版社2004年版，第64页。

[3] 李建伟：《习近平法治思想中的营商环境法治观》，载《法学论坛》2022年第3期。

用。再比如我国的很多证券法规则，既是本国证券市场的应对和反馈，也是国际证券监管和金融市场发展的体现。不同商法法系的立法技术、体系结构和规范内容可能存在差异，但其国际化的倾向却是大势所趋。回溯商法历史源流，不论是中世纪欧洲的商法，抑或是《美国统一商法典》的制定，商法本身就具有消除地区隔阂障碍，促进交流合作的功能。随着商业交易的发展，商法在各个国家的商事实践中逐步发展完善，为不同国家之间商事规则的融合奠定了基础。随着世界一体化的进程，国际经济区域内部，抑或跨区域国家化合作等国际性商事合作与立法方兴未艾，商法的国际化倾向不断增强。商法国际化主要体现在三个层面：其一，本国商事规则的制定固然是本国政治制度、意识形态、经济形态等因素的体现，但同时也是国际惯例和外国商事制度的移植与借鉴。比如我国在历次公司法与证券法的修订中，都吸收了大量的英美法系国家发展经验。其二，通过国家间、国际经济区域间的贸易协定和贸易政策，协调各国商法，从而达致商法的统一性。其三，通过国际组织制定的商事实体法和程序法，推动商法的国际化进程。〔1〕由此可见，商法自身的色彩和特征决定了商法的国际化倾向是其发展的必然方向和路径，重视国际化趋势，推动本土商事规则的变革与创新，对于处在世界经济大循环中的我们具有重要意义。

二、国际视野下商法教学方法的融合

商法教育的问题本质可追溯到商法学研究，商法的研究进路决定了商法的教学方法和教学角度。商法的法教义学作为一种“以实证法（即实在法规范）为研究客体，以通过法律语句阐述法律意蕴为使命的一种法律技术方法”，〔2〕是用规范性解释方式和法律推理来维护规范要素，从而构建稳定可预期的社会秩序的研究方法。尽管法教义学作为商法教学主要方法的核心地位不可撼动，但其由于自身性质和方法论上的局限和困境，有待于其他方法论的补充和完善。与此同时，随着国际化趋势的加强，商法也

〔1〕 范健、王建文：《商法的价值、源流及本体》，中国人民大学出版社2004年版，第64页。

〔2〕 蒋大兴：《商法：如何面对实践？——走向/改造“商法教义学”的立场》，载《法学家》2010年第4期。

随之充实和创新，商法的教学方法也亟待吸纳新的元素，以拓展教学的边界，提升教学的效果。

（一）比较法进路

经济的全球化带来了法律的全球化，能否了解国际社会的法律规范，将影响一国在国际社会中的国家利益。[1]商法作为经济发展基础性和核心性的法律，也在经历着全球化的变革，各经济体均致力于完善和改良本国商法，以期助力本国经济发展。对先进制度的借鉴和学习是知彼知己、为我所用的战略发展方式，有效、得当的比较法研究进路，是决定法律移植成活率的关键。是“他山之石，可以攻玉”，抑或是“淮南为橘，淮北为枳”，均取决于比较法研究进路开展的有效与否。

从理论层面而言，比较法作为一门科学，其根本意涵在于获得待研究主体的法律规则和法律制度的普遍性知识。[2]这是比较法研究的根本性定位和理论性本质。故比较法的研究对象不仅是作为规则的法，更是作为文化的法。基于本国情境，考量本国文化，感受法律文明的多样性和丰富性，是从多元的、比较的角度来研究法律文化在时间和空间上的分布及规律。[3]从实践层面而言，茨威格特和克茨在其巨著中指出，功能性原则是比较法方法论的基本原则，“任何比较法研究作为出发点的问题必须从纯粹功能的角度提出，应探讨的问题在表述时必须不受本国法律制度体系上的各种概念所拘束。”[4]易言之，剥离概念环境的束缚，摆脱本国理论的自限，抽象所处情境的共性，提纯研究对象的价值，审视法律需求的功能，方能在一定程度上有利于确定假定的相似性，也即“脱离环境性”。[5]在功能主义的影响之下，尽管从系统整体角度来看，任何法律秩序均有着不同的

---

〔1〕 米健：《比较法学与世界法律文化》，载《法学》2004年第10期。

〔2〕 Radolfo Sacco, “Legal Formats: A Dynamic Approach to Comparative Law”, *American Journal of Comparative Law*, Vol. 39, 1991, pp. 4-6.

〔3〕 黄文艺：《比较法：批判与重构》，载《法制与社会发展》2002年第1期。

〔4〕 ［德］K. 茨威格特、H. 克茨：《比较法总论》，潘汉典等译，法律出版社2004年版，第47页。

〔5〕 Russell A. Miller, “Comparative Law and Germany's Militant Democracy”, *US National Security, Intelligence and Democracy: From the Church Committee to the War on Terror*, pp. 236-237.

背景信息，但如果用系统整体角度观察，对于那些不受强烈的价值观念评判和道德伦理影响的法律规范疆域，在问题解决层面可能会存在"类似的推定"，即解决方法的同一性或者相似性，〔1〕从而进行比较法研究的开展。比较法可以是宏观上以法律体系为导向的粗线条研究，也可以是微观上以法律制度为导向的精细化研究。〔2〕从商法角度而言，从清末法制变革颁布的《公司律》《商人通律》《破产律》等近现代意义上的真正商法，到中华人民共和国成立后基于苏联模式建立的"完全的计划经济"，再到改革开放后为解决市场主体缺位和市场行为失范所颁布的一系列商事组织法和商事行为法，直到现如今的《公司法》《证券法》的修订等，都体现了浓厚的比较法色彩，比较法的研究进路滋养了中国商法的发展，也滋养了商法教学的发展。在商法的教学中，需要运用科学的比较法研究进路，将特定制度在其他法域的制度本旨和制度实效予以阐明，并结合分析我国特定的制度背景和制度体系，进而分析此制度的适用价值。宏大的比较视野能够使学生不仅可以有高度地俯瞰制度全貌，也可以有深度地理解制度本质，通过比较法进路的学习，培养商法学科中的国际视野。

（二）法经济学的研究进路

法经济学作为一种强有力的分析和解释工具，从其二十世纪诞生以来，通过运用经济学的理论和方法分析各种法律问题，不断积累智识，缔造了"法律经济学方法论上的帝国主义"。〔3〕法经济学的研究范式在各部门法领域攻城略地，并尝试用其成本收益的分析方法来解构法律现象。尽管以德沃金为代表的法学家从法律制度的价值多维等角度进行反抗和批判，但法经济学仍为我们提供了一种崭新的观察视角、研究取向和思维方式。尽管法经济学的效率分析方法难以适用于婚姻家庭和刑事司法等注重情感和正义的法律疆域，也难以用成本收益比去衡量每一种法律行为和法

〔1〕［德］K. 茨威格特、H. 克茨：《比较法总论》，潘汉典等译，法律出版社 2004 年版，第 55 页。

〔2〕［德］米歇尔·马丁内克：《比较法学可以提供给我们什么？》，王夏昊译，载《中德法学论坛》2016 年第 13 辑。

〔3〕罗培新：《公司法的法律经济学进路：正当性及其限度》，载《法学研究》2013 年第 6 期。

律规则的正当性，但法经济学效率导向的思维模式与商法效率最大化的目标完美耦合，理性经济人的假设使得法经济学的研究范式得以抽离出情感伦理、公平正义等要素的束缚，专注于单一核心的目标，故法经济学为商法的研究注入了新的活力和色彩。舍此之外，在新古典学派的视角看来，企业尽管是经济活动中重要的组织机构，但此组织机构被视为同质化的“黑箱”，此黑箱中的组成要素构成是无关紧要的，重要的是黑箱在利润最大化原则的驱使下进行着生产函数产出和资本的增殖。但此研究范式忽略了组织结构内部的协调和激励，对于生产函数背后的公司治理模式和组织机构等关注不足，法经济学开始致力于打开黑箱，为我们认识企业的本质和生产函数的产出贡献了方法论。

在国际化的趋势下，商法的法经济学研究更显必要。中国框架式立法不仅缺少对于经济、社会和环境等因素的评估，而且行政主导的倾向被强化。在深化改革开放和不断走向社会主义市场经济深水区的今天，利用市场导向的成本效益分析作为立法、执法和司法的原则、方法和程序，提升法律的技术性和操作性，可达致良法善治的诉求。〔1〕在公司法和证券法规则逐渐融合和趋同的背景下，利用法经济学思维，可以帮我们有效甄别和选择适合我国商事环境的制度，实现法律的应然效力与实然效力的统一。弗里德曼曾指出，“从一个共同的目的出发，法律经济学提供了一种评价法律规则的确定的方法。”〔2〕尽管法律经济学的方法仍然不同程度地遭受诘难，但运用法经济学思维处理商法问题的研究进路被中国学者广泛运用，比如宏观层面从法经济学角度分析商事登记制度，分析资本制度改革，从微观角度用法经济学视角分析有权责任公司股权转让、对赌协议等内容。正如波斯纳所言，“在一个目的共同的场合，将一个法律的问题转化为一个社会科学的问题，可以使法律问题变得确定起来，并因此可以推

〔1〕 席涛：《我们所知道的法律和不知道的法律——法律经济学一个分析框架》，载《政法论坛》2010年第1期。

〔2〕 [美] 大卫·D. 弗里德曼：《经济学语境下的法律规则》，杨欣欣译，法律出版社2004年版，第2页。

进有效的边沁式工程，即把法律建立在一种更为科学的基础上。”[1]

（三）社科法学的研究进路

社科法学是将法律作为一种社会现象，运用社会学科的研究方法对法律问题的范式或者方法加以分析的研究进路。社科法学将各种社会科学的成果和方法与法学相互碰撞，在强调价值中立和价值无涉的基础上，将社会科学的理论和研究方法运用到法学问题之上，[2]为中国特色法学建设贡献了自己的智识。

相较于传统法教义学的研究范式，社科法学提供了一种多元的视角，将规范赖以生成的法秩序纳入研究框架，[3]采纳外部的立场来对法律进行研究。[4]从我国商法的角度来看，商法的理念选择和制度变迁一直受特定的经济、政治和社会背景的影响和约束。马克思指出，“社会不是以法律为基础的。那是法学家的幻想。相反地，法律应该以社会为基础。法律应该是社会共同的，由一定物质生产方式所产生的利益和需要的表现，而不是单个的个人肆意横行。”[5]所以一国商法都是该国特定政治经济和法律文化背景的产物，是以特定基础制度为服务目标的法律体系。西方学者的商法研究已经拓展到了更具有综合性的政治经济学领域，开始研究深层次的政治、经济与文化制度等制度环境对于法律的影响。回到中国的实践，我国商法从诞生之初便与中国政治经济的大政方针和整体转型紧密相关，政治因素在中国资本市场运行和发展中有着巨大的影响力，商法是嵌入在一个由政治、经济、文化等各种关系维度所形成的社会性网络之中。正如苏力所言，“法律人不能沉湎于纯粹由概念和规则所编织出来的天国，而应当在实践中慎重考虑社会后果，善于运用各种社会、政治的知识与经

---

〔1〕［美］理查德·A. 波斯纳：《法理学问题》，苏力译，中国政法大学出版社 2002 年版，第 485 页。

〔2〕陈瑞华：《从经验到理论的法学研究方法》，载《中国法律评论》2019 年第 2 期。

〔3〕孙海波：《法教义学与社科法学之争的方法论反省——以法学与司法的互动关系为重点》，载《东方法学》2015 年第 4 期。

〔4〕［德］托马斯·莱塞尔：《法社会学基本问题》，王亚飞译，法律出版社 2014 年版，第 97 页。

〔5〕《马克思恩格斯全集》（第 6 卷），人民出版社 1990 年版，第 291 页。

验，最终作出恰当的判断和行为。”[1]故社科法学可以更好地在法学研究中植入本土化色彩，提炼出具有一般意义的理论，而且解决社会中复杂的、难以被法教义学涵摄的问题，增强法律对于社会中新问题的回应。舍此之外，社科法学的教育，可以培养法律人多元化的思维，更加深刻地理解我国的制度格局和国际环境，培养从法学视角之外理解法律问题的能力和素养。[2]

三、国际视野下商法教学手段的变革

除教学方法的变革外，商法教学手段的转向与重塑也是国际化视野下商法变革的关键。在传统的教学手段之外，因应商法的部门法色彩和特征而运用多元化的教学手段，将案例教学、诊所教学和线上教学等多样化模式耦合至传统商法教学体系中，从而创生出商法教学新的内涵价值和弹性空间。

（一）案例教学

商法具有较强的实践性特征，马克思有过经典的论述：“先有交易，后来才由交易发展为法制……这种通过交换和在交换中才产生的实际关系，后来获得了契约这样的法的形式。”[3]因此，商法必须要紧密结合商事交易，秉持坚持商法的技能性和实践性，故商法教学中的案例研习便格外重要。舍此之外，在英美判例法系中，司法判例支撑了商法制度的构建和运作。我国通过指导性案例的颁布，培育和发展了具有典型参考价值的案例，对于深化理论的认知，拓展法律的适用和重塑思维的判断都具有重要的意义。因此，除强调传统的理论教学外，将个性化的案例融入教学中，管窥案例及其裁判理由背后的法律思维方式和法律价值选择，是深化商法教学的路径之一。

对于案例教学的定义、案例教学的实践或者理论属性、案例教学的工具价值等问题都尚存争议。案例教学作为理论教学的工具方式，是用一种

〔1〕 苏力：《法律人思维?》，载《北大法律评论》2013 年第 2 期。
〔2〕 李晟：《实践视角下的社科法学：以法教义学为对照》，载《法商研究》2014 年第 5 期。
〔3〕 《马克思恩格斯全集》（第 19 卷），人民出版社 1990 年版，第 423 页。

真正的常见性的法律理论性教育代替了传统的训练。[1] 案例教学的制度价值在于通过科学性和理论性的探讨，旨在确定理论对于实践的支配作用。易言之，案例教学目的在于通过实务材料的运用，训练学生的理论发现能力和理论思维能力，是验证理性判断的手段，更是解释法律规范的正当性、内容的合理性以及效果的实效性的重要法学教育工具。有学者指出，在现阶段的商法教学尚未进入以案例为中心的案例式教学，而是停留在运用了案例的理论教学阶段。[2]所以案例教学是以问题为起点，以案例为手段，以讨论为方式，通过彼此的对话和碰撞，从实践中生成相应的观点和方法，进而构建起有关此问题的相关知识体系。因此，在案例教学中，要将学生定位为一个积极主动的知识探寻者和自主发现者，通过与案例和外部环境的交互，来实现有关知识体系的建构和补充。教师则应把自己定位为被动者、推动者和指导者，服务并从属于学生主动探寻的过程。在案例教学实践中，要结合商法发展的走向和教学目标，通过营造真实的法律应用场景，利用小组讨论、情景教学等多元的教学方式，提升学生对商法理论应用的理解和运用能力，领会商法的应用性和国际性色彩，同时提高学生自身的分析能力、推理能力、概括能力和自主能力。

（二）诊所教学

与案例教学不同，诊所教学通过呈现真实世界而非抽象知识进而达到实践技能、方法和技巧的训练。[3]诊所教学反应除了法学教育中内生性的二重性，即法学教育的学术研究性和职业技能培训性。此内生二重性并非绝对对立，而是相互依存，互利互益之统一体。[4]诊所教学作为对于传统

---

〔1〕 Mark Spiegel：《法学教育中的理论及实践：一篇关于诊所教育的文章》，载李傲、Pamela N. Phan 编：《实践型法律人才的培养——诊所式法律教育的经验》，法律出版社 2005 年版，第 24 页、第 28 页。

〔2〕 蒋大兴：《商法：如何面对实践？——走向/改造“商法教义学”的立场》，载《法学家》2010 年第 4 期。

〔3〕 Mark Spiegel：《法学教育中的理论及实践：一篇关于诊所教育的文章》，载李傲、Pamela N. Phan 编：《实践型法律人才的培养——诊所式法律教育的经验》，法律出版社 2005 年版，第 37 页。

〔4〕 王晨光：《法学教育的宗旨——兼论案例教学模式和实践性法律教学模式在法学教育中的地位、作用和关系》，载《法制与社会发展》2002 年第 6 期。

法学教育的反思、改良和补充，通过教学方法的创新，强化法学教育的职业性。把学生置于职业角色当中是职业教育的基本组成部分，诊所教育一般可以分为三种不同情形，即与律所合作的校外诊所，面对真实当事人的校内诊所和模拟诊所。不论何种模式，其本质都是体验式教学，通过问题式教学的理念，培养学生的职业技能和价值观，填平理论与实践的沟壑，提升法学教育的教学质量，实现诊所课程与传统课程的相互辅助和促进。与案例教学相若，学生亦为诊所教育教学的主体，在诊所教学中具有自主的参与权，其体验和认知是课程设置的首要考量因素，教师则处于督导的地位，帮助学生学习和反思。教学可以采用灵活方式，比如小组合作，角色扮演和模拟，头脑风暴等。通过提出事实，发现问题，进行推理和得出结论四个步骤，充分发挥学生的主观能动性解决现实问题。

诊所课程的设置需要探索符合我国国情，以中国政法大学法律硕士培养为例，在完成强化系列课程先导课的全部学习后，学生可选择从若干方向的强化系列课程法律诊所中择一进行。此强化系列课程法律诊所是法律硕士学院与校外授课教师所在机构合作开设，借助合作机构的运行平台为法律诊所课程提供真实的案件及法律实践环境，校外授课教师监督指导学生参与办理案件，组织案件研讨，配合校内授课教师的课堂互动式教学及组织其他形式的讨论。通过法律诊所的学习，能够使学生理解和掌握强化系列课程中的理论知识，而且通过接触并参与真实案件，从实践中掌握律师事业的基本法律实践技能、方法和技巧等基本技能和素质，体会并培养法律职业人的良好法律职业伦理、事业心、公益心和使命感，并对我国相应法律部门实务的行业现状及法治发展建立全面了解。所以诊所课程的设置要实现法律职业者必备技巧和素质的获取，不仅体现在文书起草、证据分析收集、解释和适用规则，更体现在法庭辩论技巧，人际沟通能力和职业道德的遵循等层面。通过科学的课程设置和内容安排，诊所教育可以更好地服务商法国际化的教学和研习。

（三）线上教学

现代教育技术带来了教育资源共享这一必然结果。[1]疫情常态化局势的持续，加大了对于数字技术的呼唤。人工智能、机器学习、大数据的发展，基于网络的在线学习方式异军突起，传统的较之理念和教育模式慢慢瓦解。旨在重塑高等教育的理念和实践的第三届联合国教科文组织世界高等教育大会汇集各路利益相关方，着眼当下高等教育面临的挑战和冲击，为未来发展制定了路线图。其中一项重要议题为增进全球高等教育的“全球共同利益”，即高等教育作为面向人类的普世性福祉和利益，是以人类的共同努力和紧密团结为基础，以尊重不同群体和文化间的差异性为内生性要求，旨在制定规范性目标以促进国家和地区之间的交流与合作，承担共同利益体之下的责任和使命。[2]全球教育互动性增强的背景下，线上教学无疑是实现教育交流与合作，促进商法学的日常教学和国际学术进行的新形态。技术赋能高效的教学与研究，推动跨学科、超学科的开放与交流，为学生提供更全面的学习体验。

在传统的教学模式下，学生在特定的空间和时间完成线性的学习任务，但个体的多样性和自我性无法得到体现，线上教学实现了个性化和能动性的非线性学习，克服了学生因结构化课程的束缚而能动性不足的窘境，建立起了基于自我导向和好奇指引的非结构的学习模式。[3]双线混融教学中，教师与学生都是认知的主体，教师的主导作用和学生的主体地位相互交互，对传统的教学思想、教学内容、教学方法、教学理念乃至教学质量的评估，都产生了相应的冲击。线上教育也意味着国际资源的共享和获得，越来越多的国际课程通过线上教育的方式传授，学生可以通过此契机学习域外商法，获得一手文献和知识，从而拓展自己的知识边界。有学者指出，信息技术在“改变知识传播途径和方式的同时，也在改变着教育

---

〔1〕 薛成龙、郭瀛霞：《高校线上教学改革转向及应对策略》，载《华东师范大学学报（教育科学版）》2020年第7期。

〔2〕 载联合国教科文组织官方网站：https://www.unesco.org/zh/articles/shijiegaodengjiaoyudahuijijiangzaibasailuonazhaokaisuzaoquanqiugaojiaoweilai，最后访问日期：2022年8月8日。

〔3〕 薛成龙、郭瀛霞：《高校线上教学改革转向及应对策略》，载《华东师范大学学报（教育科学版）》2020年第7期。

实践活动及在此基础上形成的教育理论和教育原则，而业已形成的教育理论或教育原则又反过来促进和引导人们对于教育技术手段的利用。”〔1〕因此，要充分利用创新性的教学模式，完善线上教学的教学模式和方式的转变，引导学生在全新的状态和模式下实现学习路径依赖的转变。线上教育也意味着国际资源的共享和获得，越来越多的国际课程通过线上教育的方式传授，学生可以通过此契机学习域外商法，获得一手文献和知识，从而拓展自己的知识边界。

四、结语

拉德布鲁赫曾言：“欧洲大陆的商人法并非只是历史的残余物，而具有其他法律领域难以匹敌的更新能力和应变能力，不断为生活反复充实，进而丰富了整个私法秩序。至少在个人主义的法律时代，商法总在不断扮演一般私法的开拓者和急先锋的角色。”持续不断的新冠疫情和日益深化的全球化趋势凸显了全球个体间的依存性和关联性，也凸显了教育教学变革和转型的必要性和紧迫性，商法教学也需要与时俱进，随着外界因素而不断地更新和改良。周虽旧邦，其命维新。商法教学应当始终保持开放态度，兼收并蓄才能百花齐放，博采众长才能百家争鸣，通过商法教学方法和教学手段的革故鼎新，以自身的灵活性和多元性创生出商法教学新的内涵价值和弹性空间，积极面对和拥抱国际化趋势给商法教学带来的未知和挑战。

---

〔1〕 邬大光：《教育技术演进的回顾与思考——基于新冠肺炎疫情背景下高校在线教学的视角》，载《中国高教研究》2020年第4期。

基于生态课堂的体验商务英语课程教学实践

杜洁敏*

长期以来大学英语教学一直难以摆脱抛开语言环境而进行的枯燥语言讲授和操练，这不仅忽视了学习者的学习感受和英语交际能力的培养，也背离了英语作为一门学科应做到的人文性和工具性的统一的原则。2020 年教育部颁布的《大学英语教学指南》提出，教学要体现以教师为主导，学生为主体的教学理念，使教学活动实现由“教”到“学”的转变，形成以教师引导和启发、学生积极主动参与为主要特征的教学常态，促使学生从“被动学习”到“主动学习”转变。[1]体验式教学模式在搭建真实或接近真实的语言环境的基础上，通过生生、生师之间的交流充分调动学习者的情感、认知来完成任务，同时整合各种信息资源，使学习者通过积极参与交际任务，收获愉悦的情感体验，达到主动学习的效果。

体验式教学的前提是为学生提供尽量真实的语言环境，生态课堂与真实的社会环境更为接近，能为学生适应社会提供更加贴近真实的操练氛围。教师提供资源，设计活动，学生则利用资源和活动完成任务。因此，如何把生态语言教学融入体验式课堂，

---

* 杜洁敏，中国政法大学外国语学院副教授。

〔1〕《大学英语教学指南（教育部最新版）》，载百度文库：https://wenku.baidu.com/view/566222801937f111f18583d049649b6648d70916.html?_=&_wkts_=1678170824343。

使其成为自主性、互动性和个性化融为一体的生态化体验式课堂是值得教师探讨的课题。

一、生态课堂理论

国外对生态课堂研究的重视始于20世纪90年代，研究者们认为，如同自然界的动物，人类要更好地生存，就需要了解学习环境、利用资源。[1][2]与自然生态一样，教育同样是一个由多种因子有机互连的生态系统，各个生态因子对教育的发展起着或抑或扬的作用。生态课堂背景下的课堂组织、教学方法、师生关系、学生的心理特点等领域得到了越来越多的关注。[3]

国内对生态课堂的关注始于2000年以后，围绕生态课堂，研究者们的研究视角包括同伴支架、教师支架、大学英语课堂生态环境的现状分析、生态化任务型教学、学习环境给养研究等。

从生态学的观点来看，课堂就是一个微观的教育系统，教师、学生、教学环境作为生态因子相互作用、相互影响。生态语言教学将教学视为一个有机、整体、能动的生态系统，把传统的静态语言教学转化为动态教学，关注教学的生态环境，重视语境对语言习得的重要作用。微观系统中的学生因子处于整个教育生态系统的核心，凸显了学生中心这一理念。同时，"学生生态位的扩充需要大量给养作为学习资源"，而教师和环境因子正是这些给养的提供者。[4]然而，面对海量的学习资源，学生大都会因为无法甄别资源的质量或不知如何选择适合自己的资源而困惑。此时，教师的引导尤为重要，"教师不仅是知识的生产者，还是学生学习的指导者、学习过程的设计者和学生发展的规划者，因此教师的职责也转变为激励、

---

〔1〕 Van Lier, L., "From Input to Affordance: Social-Interactive Learning from an Ecological Perspective", in J. Lantolf (ed.), *Sociocultural Theory and Second Language Learning*, Oxford: Oxford University Press, 2000.

〔2〕 Van Lier, L., *The Ecology and Semiotics of Language Learning: A Sociocultural Perspective*, Boston: Kluwer Academic, 2004.

〔3〕 Wilkins, J., "The Development of a Scale to Explore the Multidimensional Components of Good Student-Teacher Relationships", *Education Research and Perspectives*, 2014 (1), pp. 147-172.

〔4〕 李晨、陈坚林：《大学英语教学生态系统中学生生态位研究》，载《外语电化教学》2017年第5期。

促进、辅助、倾听和了解”。[1]环境因子除了传统的物理课堂环境外，还包括人文环境，如情感、态度、价值观等。[2]生生、生师之间的互动交流以及积极学习氛围的营造是人文环境的主要内涵。有效的教学是学生、教师与环境之间连续不断交互作用的结果，教师应注重教学整体性把握，充分考虑各种因素的整体效应和协同作用，关注学生主体作用的发挥，侧重能带来积极体验的语言学习人文环境的设计。

基于生态教学系统的整体关联性和各个因子之间动态平衡的特点，在教学设计中，其一，要充分考虑教学要素间的互动关系以及环境对教学的影响，既要注重学习者外部生态环境的构建，也要关心其内在感情状态的平衡，建立平等、民主、互动、共生的生师关系。积极整合和优化教学资源，营造一个和谐、开放的教学环境，降低学习者的焦虑度，使他们能在一个宽松的课堂氛围中乐于分享和探究。其二，关注学习主体能动性的发挥和学习的过程体验。自主学习能力的培养和个性化学习是生态教学的重要特征，作为教学活动的组织者和制定者，教师要尊重学习者的主体地位和个性化学习方法，鼓励他们通过独立分析、协作、探索、实践、反思、创新来实现学习目标。这样不仅可以提高学习者自主能动性，而且能够让他们根据自身的情况进行个性化的学习，培养其自主学习能力。其三，要注重多样化的教学组织形式设计，充分利用各种优秀的资源，营造一个更加贴近真实环境的语言学习环境，有助于知识的习得和迁移。其四，实施生态化教学评价，注重评价主体、内容及策略的多元化。

二、体验式教学理论

20世纪上半叶由 John Dewey 为代表的一批学者提出了体验学习的概念，认为学习的发生基于人们的直接经验、行为以及反思。[3]体验式学习的主要倡导者 David Kolb 将学习定义为“经验转换以及经验的获得和转换

〔1〕 雷丹：《大学英语教师人际生态位的偏离和矫正》，载《外语电化教学》2016年第3期。

〔2〕 王翠英等：《大学英语生态课堂与生态教学模式构建研究》，西安交通大学出版社2017年版，第112页。

〔3〕 John Dewey, *Experience and Education*, New York: Collier Macmillan Publishers, 1938.

结合中产生知识的过程”。[1]坚信学习是通过经验转换创造知识的过程，体验教育家主张引导学习者对学习内容建立一种能产生直接后果的经验，鼓励学习者的亲自实践和体验。体验式学习关注的是从体验到经验的过程，强调学习者的主体地位，强调通过在具体环境中的亲身体验获得知识，强调在实践中验证知识。因此，经验成为学习的核心要素，而不仅仅是一种简单的外在刺激源。David Kolb 将体验式学习的主要特点总结为：①学习应该被理解为一个过程，而非结果；②学习是一个基于体验的不断延续的过程；③学习的过程即处理主体与客体、具体体验与抽象概念等矛盾统一体之间关系的过程；④学习是一个全身心适应世界的过程；⑤学习是一个学习者与环境交互的过程；⑥学习是一个创造知识的过程。[2]

具体到英语学习，体验式学习就是学习者参与真实场景或模拟英语学习环境中的具体活动，获得语言体验和感受，并通过与其他学习者的交流、互动，反思、总结，最终获取知识。参照以往研究者的研究，[3][4]本文认为体验式英语教学的主要特点有如下几点：其一，以学习者为中心。在教师、学生、外部环境的关系中，学生处于中心地位。体验学习的主体是学习者，学习是学习者主动体验并获得经验的过程，是将思考式观察的对象变成经验知识，并将获得的经验知识和理论观点运用到具体实践中去的过程。教师的作用不仅仅是传授知识，更多的是扮演规划者、引导者、组织者、指导者和评价者的角色。其二，“做中学”（learning by doing）是体验式英语教学的基本原则，在整个学习过程中，通过积极参与和完成任务，学习者收获愉悦的情感体验，从而提升语言能力，达到预设的学习效果。体验式英语教学不能局限于语言结构和知识的讲解，而应将语言形式与内容融合起来，使学习者可以通过大量真实或模拟的学习任务和活动获得语言体验的知识建构。任务中获得的体验不仅可以巩固学习者已有的

---

[1] 程琪龙：《体验式外语学习的认知功能探究》，载《中国外语》2009 年第 5 期。

[2] 王海啸：《体验式外语学习的教学原则——从理论到实践》，载《中国外语》2010 年第 1 期。

[3] 王立非等：《体验式英语学习的二语习得理论基础》，载《中国外语》2009 年第 5 期。

[4] 王海啸：《体验式外语学习的教学原则——从理论到实践》，载《中国外语》2010 年第 1 期。

知识和经验，而且通过归纳和内化可以重组和完善自身的知识结构。其三，环境的创设是体验学习的前提，要充分利用现代信息技术的便利，为体验学习提供支持性学习环境（文字、图形，声音、影像等），增大可理解的语言输入，培养学习者语言获取、处理和信息交流的能力，满足学习者个性化的学习需求。其四，体验不仅包括对活动环境本身的体验，也包含学习者的情感体验。以任务为导向的体验式教学注重生生、生师之间的积极、正面的情感交流和互动。在任务设计时，本着由浅入深的原则，降低学生英语学习的焦虑，营造积极、愉悦的学习氛围，激发学生的学习兴趣，增强自信心，提升学习成就感。其五，自主学习能力和合作学习能力的培养并重。体验式教学的任务决定学习的方式——小组合作或独立学习。学习者的学习主体地位意味着需要培养他们自我监督、管理、反馈的自主学习能力，同时，教师需要引导学生发现、解决问题，选择适合的学习方式。团队协作能促进学习者的相互交流，创造语言互动的机会，他们彼此可以取长补短，每个人的积极性都能充分调动起来。其六，注重评价和反思。体验的过程也是反思的过程，体验要经过反思才能内化成经验。因此，要合理运用各种测试和评估手段使学习者适时了解自己的进步和存在的问题，学习者对自身提高的积极认识也是促进内在动机的一个有效途径。

三、基于生态课堂的体验商务英语课程教学设计与实践

一个真实或模拟环境的成功搭建是体验式教学的前提条件。教学环境对于学习者的语言习得和情感发展起着至关重要的作用，有效的教学是个人与环境之间不断交互作用的结果。因此，能否成功构建良好的语言学习生态环境，为学习者提供充足的给养是开展体验式语言教学的关键。由此可见，把生态语言教学融入体验式课堂，使体验式语言课堂成为交互性和个性化融为一体的生态化体验式课堂具有重要意义。

（一）基于生态课堂的教学设计框架

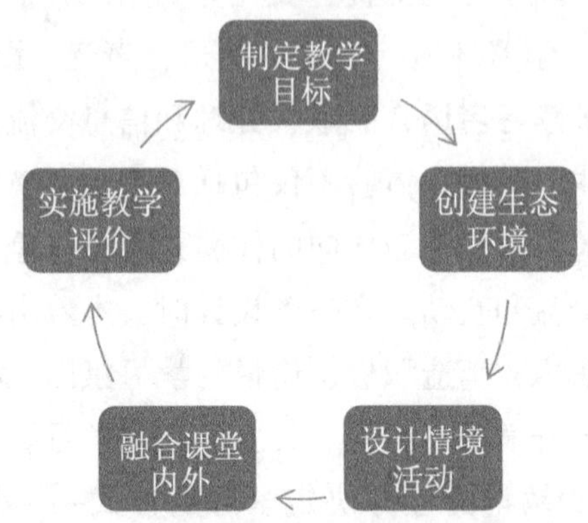

图1　基于生态课堂的体验式教学设计框架

1. 制定教学目标

教学目标的制定应是多维度的，不仅包括语言知识目标（如学生需要学习掌握的语言知识和策略等），还包括语言能力目标（如是否能在可理解输入的基础上进行语言产出和知识迁移）和文化意识目标（如学生对目的语文化的敏感性，是否能意识到两种文化间的差异并选择与之相适应的方式交流等）。

2. 创建生态环境

教学生态环境既包括外部生态环境（如资源和工具的可获得性、物理教学环境等）也涵盖学生心理环境的创建（如学习氛围、生师关系等）。丰富可及的课程资源是教学的物理前提，教材、教辅、影音材料可以为学生提供语言范例，便于学生习得规范的语言表达方式和语用规则。既可以充分利用现代信息网络技术为外语教学所提供的便利条件搭建教学情境，将教学内容进行形象化的展示，在课堂上形成足够的可理解输入，还可以利用互联网搭建虚拟学习环境，实现学习资料和相关信息的共享和师生在线交流沟通，同时满足学生个性化学习需求，这在当前疫情和后疫情时代具有特别意义。生生、生师交往的精神环境直接影响学生的学习状态和效果，教师要在民主、平等的基础上降低学生的课堂焦虑度，营造轻松和谐的课堂氛围和宽松的生态教学环境。采用灵活多变的语言教学模式，生生互动，生师互动，有利于营造紧张与愉悦并存的课堂氛围，激发学生的学习兴趣，增强自信心，提升其学习过程的情感体验。在生态课堂上学生的主观能动性和创造性能够得以充分地发挥和展示，学习成就感获得极大满足。

3. 设计情境活动

情境化教学活动的设计要充分考虑学习任务和现实交际的相关性，将教学活动置于真实或模拟情境中有助于学生更好地感知语言、获得语言交流能力。通过情境的创设，使学生有机会去体验语言的运用，有助于新知识的内化、迁移。注重情境化教学内容的输入，例如，教师可以根据教学内容进行多模态的背景信息输入，用生动的形式让相关主题的背景知识显性化，避免因背景知识的缺失而带来理解偏差；用音视频提供交流语境，让学生感悟在真实环境中目的语的表达特点和风格，了解语言运用规则和社会交际规范，加深对语言的感知和对语用的体悟。此外，还要注重情境化学习活动的运用，利用情境，创造语言互动的机会。学生通过对学习过程的体验来发现语言和语言使用的规则，并在情境中将规则运用于语言实践，达到语言能力的提升，大量有意义的交际实践有助于学生知识的内化。

4. 融合课堂内外

语言的使用没有课内外之分，生态化的体验式教学设计既要顾及学生在课堂上的学习过程，更要考虑将课外的学习和活动融合进来。作为体验学习的主体，学生是意义和知识的主动建构者，而不是外部刺激的被动接受者和被灌输的对象，因而精心设计贯通课内外的任务活动有利于他们发挥主动性与积极性。面对任务，学生们需要去主动收集和分析有关的信息资料，要把面临的问题和自己已有的知识相关联，要作出假设并进行验证，还需要把自己的观点与同伴讨论和辩论，相互协商。在任务小组活动中，因为能从同伴那里获得帮助、关爱和信任，学生的焦虑感大大降低。这样的设计既有助于学生自主学习能力的培养，又能促进合作式学。

5. 实施教学评价

生态化的教学评价应当以促进课程和师生发展为目的，对教学的过程和结果进行检验，以衡量教学任务的完成情况和教学目标的达成度，评价需要师生的共同参与并合理运用形成性评估和终结性评估。学生的课堂参与度、学习态度、作业完成情况、口头报告的质量、阶段性小测等都可以成为学生形成性评价的基础。评价促动反思，在课程实施过程中，教师一方面根据评价动态引导学生主动监控学习过程，反思个人的学习行为和结果，另一方面需要不断审视和评估自己的教学设计方案，反思教学行为，以做进一步的修正，促进教学目标的达成。这也是对教学质量的自我检验、过程监督、实践反思和完善提高的良性循环。

（二）基于生态课堂的体验商务英语课程教学设计和实践

作为本校大学英语分科教学的一部分，体验商务英语面向大学二年级修完文化模块课程的非英语专业的本科生开设。该课程的教学目标是全面培养学生的英语综合运用能力，强化对学生听说和交际能力的培养，掌握商务英语的基本词汇和语言形式，使学生在掌握语言技能的同时，了解国际商务的现状，以达到在体验商务中学习语言、提高商务交际能力的目的。

笔者以第五单元“工作满意感”（Job Satisfaction）为例，依照生态化的体验式教学框架设计了这个单元的教学流程，如下表1所示。

表1　基于生态课堂的体验商务英语课程教学设计和实践

	1~2课时	3~4课时
教学目标	(1) 学生了解企业管理中工作满意感的概念；了解并能谈论影响工作满意感的因素以及企业如何提升员工的工作满意度（语言能力目标+文化意识目标）。 (2) 掌握与动机和工作满意感相关的词汇以及可替代的近义词；掌握与动机和工作满	(1) 学生了解当今企业管理的新概念：灵活工作制（语言能力目标+文化意识目标）。 (2) 掌握交际技巧：电话推销（语言能力目标）。 (3) 案例分析：暧昧关系（学生学习解决一家公司内部由于员工之间的暧昧关系而影响企业运营的问题，学习“行为准则”的书写模式（语言能力目标+文化意识目标）。

续表

	1~2 课时	3~4 课时
教学目标	意感相关词汇的词形变化(语言知识目标)。 (3) 掌握如何用英文去描述图表里的数据(语言知识目标+语言能力目标)。	
生态环境	(1) 用多媒体播放油管(Youtube)英文短片“最能影响工作满意度的五个因素”;教师介绍工作满意度的相关理论(保健因子、激励因子理论);PPT呈现;播放听力练习材料“员工激励”;课文1阅读(万豪国际酒店);用多媒体播放Youtube英文短片“让员工快乐工作的秘诀”。 (2) 教材词汇练习。 (3) 课文1阅读(万豪国际酒店);PPT讲解如何描述图表里的数据(英文中有关“上升”、“下降”的表达;百分比的表达)。	(1) 用多媒体播放Youtube英文短片“灵活工作制”;课文2阅读(不同的工作方法);PPT讲解。 (2) PPT呈现;交际技巧听力练习。 (3) 学生在学期初自由组成4~5人小组,每个案例由两组同学分别完成;准备工作需要小组协作,线上、线下查找资料,PPT制作和口头报告展示,角色扮演彩排。
情境活动	(1) PPT呈现15个可能影响工作满意度的因素,学生观看短片后组对讨论——“你认为哪两个因素最能激励员工努力工作?为什么?”学生在听力练习、课文讲解、短片观看之后小组讨论——“在万豪酒店采取的所有措施中,你认为哪一项最为让人印象深刻,使万豪成为一个让求职者趋之若鹜的公司?” (2) 学生词汇练习后,利用习得的词汇,组对讨论教材所列的有关工作满意感的7种说法——“你认为哪种说法对或是不对?谈谈你的看	(1) 学生在短片观看、课文讲解后,用习得的相关词汇和表达方式组对讨论——“文中Lee的经历告诉我们灵活工作制在西方已成为一种有效的员工激励机制,你认为在中国也有这种趋势吗?灵活工作制的优缺点是什么呢?” (2) 教师介绍“猎头”(Headhunter)这个词,学生组对讨论——“你认为要成为一名成功的猎头需要哪些素质和技巧?”在此基础上,教师引入掌握“电话推销”技巧的必要性;学生课堂完成“电话推销”的技巧听力练习(一位猎头给潜在的客户打电话推销工作岗位),教师引导学生关注电话录音中的交际技巧(自我介绍、试

续表

	1~2 课时	3~4 课时
情境活动	法。” (3) PPT 呈现《经济学人》刊登的有关美国 2020 年房屋租赁价格走势图，学生组对讨论如何用英文描述。	探意象、劝说考虑、应对反对、展示兴趣)；学生在习得相关交际技巧的基础上组对角色扮演（一家传媒公司正在寻找一位负责商业节目的电视制作人，公司已经聘请了猎头公司为这项工作寻找合适的人选，学生组对分饰猎头公司和潜在制作人的角色）。 (3) 两组学生分别在课堂展示案例分析的成果（每组 18 分钟），按照规定，学生的口头展示分为角色扮演和案例分析口头报告两部分；学生根据教材案例设计一个小情境以简短舞台剧的形式导入，然后学生作为人力资源部的成员对案例中所涉部分问题进行一个简短的讨论，按照要求，学生在角色扮演环节需要融入本单元的交际技巧（电话推销）；学生进行案例分析口头报告（对案例所涉问题进行分析、寻求解决途径）；台下学生对展示小组的表现打分；教师对两组展示进行点评，介绍“行为准则”的作用和书写模式。
课堂内外	课前布置学生预习本单元，要求学生网上查询有关工作满意感的文章，完成教材词汇练习、听力练习、课文 1（万豪国际酒店）的阅读并完成相关练习，把遇到的问题和难点记录下来；教师利用部分课堂时间核对答案、讲解难点、答疑解惑，而大部分时间用在搭建语境，帮助学生完成书面、口语的交际任务。	(1) 课前布置学生预习课文 2（不同的工作方法）的阅读并完成相关练习，把遇到的问题和难点记录下来。 (2) 课前布置学生预习并完成交际技巧听力练习。 (3) 课前布置所有学生预习本单元案例分析并完成听力练习和视频观看；在本单元做展示的小组需要提前准备彩排，并就准备过程中遇到的问题与教师沟通；本单元结束前，教师要求学生按照课堂介绍的“行为准则”书写模式完成一篇商务写作——“作为人事部的一员，请就公司内部人员关系草拟一份行为准则供下一次董事会讨论。”

续表

	1~2 课时	3~4 课时
教学评价	课程采用形成性评价和终结性评价相结合的形式，总评成绩包括平时成绩（占总评成绩 25%）、案例学习（占总评成绩的 15%）、期末成绩（占总评成绩的 60%）；平时成绩由出勤（5%）、课堂表现（5%）、作业（5%）以及小测验（10%）四部分组成；学生的课堂讨论和发言教师均有记录；案例学习的评价采用学生评价和教师评价相结合的形式（学生评价 5%，教师评价 10%），培养学生探索解决问题和研究性学习的能力以及合作和相互学习的意识。	

课程教材的选材大部分来自《金融时报》（*Financial Times*），配套录音、视频（著名企业家、商学院教授访谈）均是商务世界的真实发生，教师补充的短视频来自 Youtube。这些输入作为环境给养为教学提供了大量真实、生动的素材，使学生在掌握语言技能的同时，了解国际商务的现状。讨论、角色扮演、案例分析等活动以学生为中心，借助模拟的语言情境使学生达到在体验中学习语言、提高商业交际能力的目的。

四、结语

跳出传统英语教学对语言点详尽解析的依赖，生态化体验式教学通过营造丰富的生态环境，用文字、声音、图像、视频等多模态符号资源创设教学情境，让学生有机会在更大的空间去面向现实世界的问题，在学习体验、完成任务的过程中去习得语言和交际技巧。生态化的教学是“以人为本”的，利用先进技术带来的优质资源，在良好的生师互动和生生互动环境中开展活动，更有助于建立新型的师生关系，营造宽松和谐的教学生态环境，让学生们在享受学习带来的愉悦时能同时培养批判思维和探究式学习能力。

后疫情时代的多模态德语教学

郭晓爽*

一、背景

新冠疫情的大规模传播，不同行业均受到影响，除了在线医疗、新零售、远程办公等行业，疫情也对外语教育产生了深远的影响。后疫情时代，互联网辅助教学成为线下课堂的重要组成部分，充分利用互联网资源、融合文本、图像、视频等多种形式的多模态教学方式，取代了传统的、以单一模态为主的“教材讲解+PPT”教学模式，成为外语教育发展的新方向。教师在疫情期间精心准备的线上学习资源也可以沿用到线下课堂中。

“一带一路”的新时代背景为德语专业发展带来新发展，同时也对外语教师提出了更高的期望和要求，结合后疫情时代的挑战，本文认为多模态教学将成为教育新常态。在课堂上如何调用学生多种感官模态，提升教学效果，是高等外语教学改革的关键问题。〔1〕本研究通过分析2021年外研社多语种“教学之星”大学德语组全国总决赛视频，探索德语课堂不同环节中多模态教学方法的应用，以此对大学德语课程提出有针对性的建议。

---

* 郭晓爽，中国政法大学外国语学院讲师。

〔1〕 参见黄立鹤：《多模态范式与后疫情时代的外语教学》，载《当代外语研究》2021年第1期。

本文一共分为四个部分，首先结合国内外的相关研究对多模态和多模态教学的定义进行了梳理，确定了研究范畴。其次对外研社多语种“教学之星”大学德语组比赛中模态使用情况进行了实证分析，并结合自身经验，探索多模态教学在大学德语课堂的应用。最后展望了多模态教学在外语课程中的发展。

二、多模态外语教学模式

（一）多模态和多模态教学的定义

用单个感官进行互动的叫单模态，涉及多种感官的则称为多模态。日常生活中，我们的交流活动几乎都是多模态的。多模态即指综合运用视觉、听觉、触觉等，通过文字、音频、图片等不同符号资源进行交际。[1]

根据学者们对模态的定义，本文将多模态话语分为语言模态和非语言模态两大类，并对这两类模态进行了细分。语言模态的类型包含口语、书面语、声调、斜体、粗体、颜色体。非语言模态为视觉模态（图像、文字、动画、颜色等）、听觉模态（音乐、音频、节拍、歌唱）和体势模态（手势、身体动作、头部动作、表情、眼神）以及触觉模态，如下图1所示。

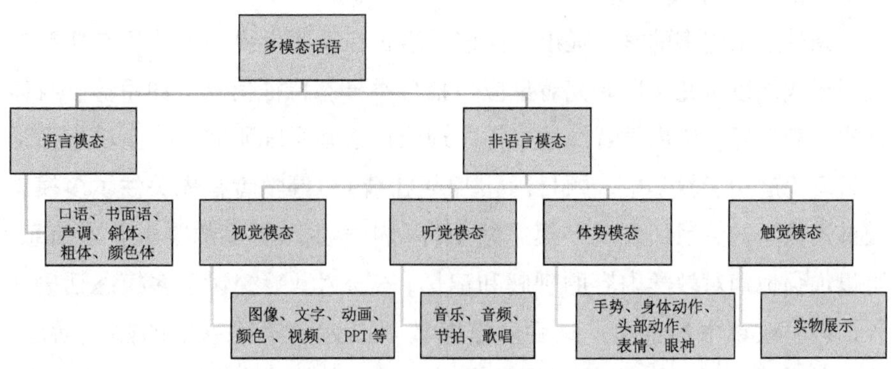

图1 多模态的定义和其在教学实践中的形式

多模态教学即指教师在熟知不同模态的优点的情况下，有意识地选择

〔1〕 张德禄：《多模态话语分析综合理论框架探索》，载《中国外语》2009年第1期。

多种模态资源，通过感官与外界环境互动的方式开展教学活动。除了主模态口语外，充分考虑到学生兴趣、交际和需求等目的，综合利用各种模态资源，形成以学生为主的教育环境。篇目所限，本文不详尽阐述多模态教学法的整个理论体系，而是从教学实践者的角度出发，关注多模态教学方式在大学德语课堂中的应用，探讨后疫情时代外语教学新的需求。

大学德语课程不属于专业知识课，是开设给非德语专业的通选课。学生没有德语基础。于学生而言，分配给德语课程的时间是有限的，他们却要面对词形变化发达、语法意义种类多（名词有阴、阳、中三性和四个不同的格位、阳性弱变化、单复数词尾等规则）和英语不同的语法规则，自然会产生畏难情绪。于教师而言，往往面临着学生被动、课时不足等不利条件。如何将大学德语课程和多模态教学方式有效结合，突破以往的、以教师为主体的传统教学模式，削弱英语对德语的负迁移，高效地向学生传授德语知识，培养出符合社会需求的人才，是亟待解决的重要问题。多模态教学综合利用图片、视频、音频等手段调动学生的多种感官，提高学生的参与度，培养其多元识读能力和输出能力，与我国德语教学改革的指导思想相符。

（二）多模态教学理论

国外越来越多的学者提出，应该对语言在真实世界中的使用与实践的表现形式加以研究，即研究对象应包括各类模态特征信息，如手势、身体动作、表情等。国内学者经过多年的理论探索和实践研究，把多模态话语分析理论运用于教学中。顾日国、[1]胡壮麟[2]等学者首先关注了多模态与外语教学的关系，发现多模态教学有利于学生从更多的渠道获取信息，可以加强他们对教学内容的理解和记忆。朱永生[3]探讨了多模态话语在外语教学改革中的意义，此后多模态教学成为教学改革中的热点话题，这一教学模式具有较强的适用性和复制性。外语课程教学的多模态化，

[1] 顾日国：《多媒体、多模态学习剖析》，载《外语电化教学》2007年第2期。

[2] 胡壮麟、董佳：《意义的多模态构建——对一次PPT演示竞赛的语篇分析》，载《外语电化教学》2006年第3期。

[3] 朱永生：《多模态话语分析的理论基础与研究方法》，载《外语学刊》2007年第5期。

使教师不再是课本内容的灌输者，而更多的是教学活动的引导者，学生在多种感官的协调作用下，快速有效、轻松地接收各种话题素材，并将其内化。

学者们多对英语教学展开了相关探索，德语教学和英语教学的情况有所差异，从事德语教学的人数较少，对这方面研究相对不足。虽然同为外语学习，和大学英语课程不同，大学德语初级阶段单词量大、语法规则复杂、学生多为零基础，因此教师需要充分激发学生的兴趣。多模态教学能够调动学生积极性，提高学习能效。此外，以往研究多从宏观的整体课程设计出发，对多模态教学模式在不同教学环节中的应用关注相对不足。本研究从微观角度出发，结合各个不同的课程环节，以外研社多语种“教学之星”总决赛的课程设计为研究对象，探讨多模态教学在大学德语课堂中的实践。

三、基于大学德语课程多模态教学模式的实证分析

本文基于2021年外研社多语种“教学之星”比赛（以下简称“比赛”）分析多模态教学方法在大学德语课程不同教学环节的应用和模态间的协同关系，探讨多模态教学如何提高大学德语课堂的教学效果。之所以选取该比赛，因为它是面向全国高等学校、具有顶尖影响力的大型赛事，可以跟踪教学前沿的发展趋势，更新教师的教学理念。本文以定性的方法，对比赛中使用的话语模态进行标注，着重回答以下研究问题：

（1）大学德语课程中使用了哪些话语模态？各个模态在教学环节中如何分布？

（2）多模态教学模式的效果如何？哪些教学策略可以加以推广？

（一）研究方法

本文选取大学德语组2021年决赛的教学展示视频做分析，授课学生均为非德语专业一年级、二年级的学生，德语水平为A1，该水平级别可以理解简单的短语，满足即时沟通需求。视频片段包含10分钟关键教学。比赛虽然在线上举行，但教学片段为线下提前录制，和真实环境的教学相同，教师和学生可以看到对方的面部表情、身势语等，依托不同模态间的信息

完成充分的沟通。笔者对视频进行收集、整理和标注，选用五位选手的线上教学展示来分析。

参赛教师选用《新一代大学德语》第一册第九课进行授课，主题为生日礼物。教学目标是掌握关于生日的词汇、表达和形容词词尾变化等语法点，使学生能够应用相关词汇、句型描述生日场景。在此基础上，教师们对比中、德生日文化的相似性和差异性，培养学生的跨文化交际能力和人文情怀。

多模态教学不同于以往传统的教学模式，教师不是严谨地按照词汇语法讲解、语法练习和应用三个步骤来安排课堂。本研究结合了 Smith 和 Ragan[1]对课堂教学事件的划分，将展示课堂分为六个教学环节，按照线上预习、导入、课文讲解、小组活动、总结和作业、线上评测的教学阶段。其中，线上预习和线上评测这两个教学事件，为本文根据混合式教学在比赛中应用而新增的环节，这两个环节具有极大的现实意义。

（二）结果分析

五位参赛教师都对课本内容进行了透彻的分析和创新的转译，将教学内容从单一模态扩展到多模态，以生动有趣的设计突出教学重点，并在授课内容注入自身的教学理念和知识结构。多模态课程的设计需要符合认知规律，遵循一定的原则。根据不同教学阶段和内容的需要，按照主次顺序、灵活选用不同的符号模态表达。表 1 统计了不同话语模态在各个教学环节中的分布情况。

表 1 一号至五号参赛教师的话语模态在教学环节中的分布

教学环节	一号	二号	三号	四号	五号
线上预习	视频、PPT（文字、图片）	未提到	文字、音频	文字、图片、视频	文字、视频

〔1〕 See Smith, Patricia L./Ragan, Tillman. J., *Instructional Design*, (3rd ed), New York: John Wiley & Sons, 2005, p. 272.

续表

教学环节	一号	二号	三号	四号	五号
导入	口语、体势、PPT（文字）	口语、体势、PPT（图片、文字）	口语、体势、PPT（图片、文字）	口语、体势、图片、文字、PPT（图片、文字）	口语、体势、PPT（图片、文字）
课文讲解	口语、体势、文字、图片	口语、体势、PPT（文字、图片）	口语、体势、PPT（文字、图片、颜色）	口语、体势、PPT（图片、文字）	口语、体势、PPT（文字）
小组活动	口语、体势、PPT（文字、图片）	口语、触觉、体势、PPT（文字、图片）	口语、体势、PPT（文字、图片）	口语、体势、PPT（图片、文字）、视频	口语、PPT（图片、文字）
总结和作业	口语、PPT（文字、表情符号）	口语、体势、PPT（文字、图片）	口语、体势、PPT（文字、图片）	口语、体势、视频、PPT（图片、文字）	口语、PPT（文字、颜色）
线上评测	文字	文字	文字	文字	文字

口语、体势、文字、图片是教师们在授课过程中主要使用的模态，其中，口语是控制课程进程的主模态，教师通过肢体、眼神、表情等运用，对学生的输出进行鼓励及评价。从上述结果可以看出，在课程内容一致的情况下，教师对教学内容和模态的选择有所不同，不同的教师会灵活选择不同模态进行组合。课堂可选用的模态远远多于课本，比如课本以文字语言为主，而课堂可以综合运用多种非语言模态，教师会根据模态的特征和其交际目的来变换模态，诸如听觉模态、视觉模态以及体势模态（目光、手势、表情）等。教师将单一的文字模态进行充分的分解和转换，输出多模态的课堂。例如，在引入生日这一主题时，相比于课本，教师会增加相关图片在投影屏上，或者用一首生日歌或视频引入，使教学更具有趣味性，这就引起了模态数量的增加。

历年教学实践证明，多模态教学模式具有现实意义，教师综合利用多种模态并辅以不同的教学方法，如案例分析法、角色扮演法、课堂讨论法等推进教学环节。教师们在培养学生语言应用能力的同时，注重思政培育，通过投影仪、打印材料、智能辅助黑板等媒介，将课堂教学与社会时事热点结合。这对于德语初学者而言，可以激发学习兴趣和提高学习能效。除了媒介上的改变，参赛教师也注重转变传统的课堂结构和学习者地位，教师不再是课堂唯一的核心，在此基础上形成的翻转课堂在比赛中也有体现。

网络授课期间，教师为了改善学生的被动地位，克服学生脱离学习环境、主动性不高、互动体验差等不利条件，在 PPT 课件中加入多种符号资源。这一模式也沿用到线下课堂中。教师们均使用了多模态 PPT 课件，对原本的文字重新设计，将字体、颜色、字号等重新排版，使重点更加突出、教学内容生动形象。

图 2　线上预习环节

不同模态间存在互补关系，即一种模态不足以完整表达意思，会通过其他模态补充表达。张德禄[1]将模态间的关系进一步细分为互补和非互补关系。从上表 1 可以看出，图片和文字以及口语和体势的相互关联程度很高，它们多以互补关系支撑。比如，在导入环节，教师除了口语模态的调用，还会用目光扫视全班并配合相应的手势。本文涉及 PPT 中的图文模态关系也以互补为主，图片对文字进行补充或优化。值得注意的是，随着教学中学习活动复杂度的提高，学生的学习绩效会降低，这也要求教师必须充分考虑不同模态的关系和它们对学生认知负荷的影响，合理使用相关

[1] 张德禄：《多模态话语分析综合理论框架探索》，载《中国外语》2009 年第 1 期。

模态。

选手们的教学融合了课堂面授和在线学习的特点，如上图 2 所示，课前教师借助在线平台、学习软件、微信群等，结合教学大纲发布课程资源，学生可以自行查看学习资料、完成预习。课堂任务的提前发放，可以降低学生的语言焦虑，激发其在课堂的口语输出。在课后，五位教师均准备了线上课后练习或检测试题，以此巩固面授的教学成果。从中可以发现，后疫情时代的面授课程充分结合线上线下二者的优点，教师可以在面授课程中对线上预习的重难点内容进行总结和回顾，之后的教学也以多模态互动形式展开，学生通过小组讨论、头脑风暴、作品展示等方式展示任务成果。多位教师都强调了不同在线学习平台的应用，如雨课堂、Quizlet、学习通等，并通过社交媒体如微信、QQ 等与同学互动，进行答疑或检测，以线上问题评测学生的学习质量，掌握学习进度，确保学生的学习投入。线上线下相结合的混合式多模态教学，是当前高校提高教学效果的重要手段，教师可以灵活应用线上资源发布教学任务，引导学生自学，并将对自学成果的检测融入课堂环节中。

（三）多模态教学模式的实际应用

根据以上发现，笔者将多模态教学理论应用到实际教学中，来激发学生对大学德语课程的兴趣。我国开设德语专业的院校众多，如何在大学德语的课程中体现校本特色，凸显校本优势是贯穿在教学过程中的问题。在中国政法大学，德语于法科生有着独特的意义。改革开放以来，中国法科生留德数量不断增加。[1]而语言是阻碍中国法学专业学生留德的一大因素。中国政法大学作为教育部“一精多会”“一专多能”公共外语教学改革示范高校，将专业与语言结合、培养复合型人才是大学德语课程的客观要求。

2021 年 10 月 31 日，大学外语教学指导委员会副主任委员、德语组组长赵劲教授在第十一期教育部高等学校大学外语教学指导委员会专题培训

〔1〕 卜元石：《中国法科学生留学德国四十年的回顾与展望——基于博士学位论文的考察》，载《法学研究》2019 年第 2 期。

作了题为《大学德语教学指南》解读的主旨报告，指出要将语言课与文化课融合，注重语言交际能力培养，促进大学生能力的协调发展。[1]学生需要按照一定的交际策略，掌握不同语境中的德语运用，并在此过程中发展高层次思维，从以“理解和记忆”为主的机械式运用到以“研判和创新”为主的创造性思维。多模态教学方法与我国德语教学改革的指导思想一致，均以“内容为导向而非以技能训练为主”，[2]可以在激发学生学习的主动性和提高跨文化交际能力方面起到积极作用。

以 2022—2023 秋冬学期中国政法大学的德语课程为例，笔者充分利用多模态教学方法，将体势、图片、视频等模态资源，以漫画、电影、辩论等形式融入课堂教学中，提高教学效率。在前文研究的基础上，笔者充分借鉴参赛教师们的课堂教学模式。在《新编大学德语》第五单元“饮食”（Essen）的教学中，笔者课前在学习通上传相关课程信息、视频、案例等大量语言资源，创设一定的语言环境，来引导学生完成课前自习。充分的输入是有效输出的前提，课上学生可以参照这些语言材料和课文内容与其他同学交流。这些材料由不同模态的符号资源构成（如视频、音频、图片等）充分激发学生学习兴趣，令其从被动输入状态转为主动产出状态，提供的个性学习材料，也让学生在常用语和固定句型之外，习得地道的表达。

同时，结合学校行业背景和特色，笔者补充介绍了德国食品安全的法规，以此来弥补通用教材特色不足的缺点，丰富课堂内容，更好地满足学生个性化的需求。学生可以登录学习通，浏览相关课程资源完成课前预习，形成自主学习的氛围。教师通过微信答疑和课后测试及时掌握学生的学习状况，对学生的学习成果予以反馈。每个单元的课后评测能形成一系列过程性评价，较为客观地体现学生平时学习的积极性。

笔者借助多模态课件创设真实情景，使学生身临其境，宛如置身在德

[1] 赵劲、张雄：《公共外语教学改革背景下〈大学德语教学指南〉的解读》，载《外语界》2020 年第 5 期。

[2] 刘齐生：《〈德语专业本科教学指南〉与德语专业的学科转向》，载《外语学刊》2020 年第 5 期。

国的餐厅，使学生充分熟悉话题和体验交际情景，激发其口语表达的欲望，同时也可以培养学生的多元阅读能力，增强其语言调动能力，融知识性、趣味性和互动性一体。在创设的德国餐厅情境中，直观地让学生感受到德国的饮食文化，激发学生想象力。比如，在描述德国饮食文化、用餐习惯之余，笔者在课堂上对比中德饮食文化，并介绍背后的社会文化原因，以此来分析中德文化的相似性和差异性。除了口语模态为主的讲解，笔者通过刘杨的画册《东西相遇》（*Ost trifft West*）展示两国文化的差异。中德地理、气候、历史等的差异使得他们形成了迥异的饮食体系，在一日三餐中，德国人的早餐与晚餐一般是冷餐，而中国人三餐都是热餐。对于德国人而言，“Iss morgens wie ein König, mittags wie ein Bauer und abends wie ein Bettler”（早餐要吃得像国王，午餐要吃的像个平民，晚餐要吃的像个乞丐）。这种模式具有较强的适用性和可移植性，这一模式可以应用到不同单元的教学中。该授课方式充分利用了模态间的协同机制，即不同模态在同一时间维度的相互作用，增加了课堂乐趣，调动学生不同感官，满足学生语言学习的需要，如下图 3 所示。

图 3 中、德三餐对比〔1〕

在思政层面，引导学生从个人情感出发，理解课文的内涵从而帮助学

〔1〕 Liu Yang, *Ost trifft West*, (4. Aufl.), Mainz: Verlag Hermann Schmidt, 2008, S. 26.

生树立正确的世界观、价值观和人生观。比如，在这一单元笔者还在课堂上引入了中德茶文化的对比，茶源自中国，承载了中华民族的文化与历史，而在千里之外的德国西北部的东弗里斯兰地区，也有着自己独特的茶文化。和国内淡雅的茶汤不同，德国东弗里斯兰地区的茶水需混合奶油和糖。[1]教师通过理解、挖掘教材中的文化内容，可以培养学生的文化交际能力。

多模态教学能突出学生的主体地位，激发学生的主动性和积极性，学生在不同教学任务的指引下有了更大的学习自由度。教师在引导学生专题讨论时，可采用启发式、讨论式和参与式等教学方式，有利于培养学生的自主学习能力和独立思考能力。

四、结语

“一带一路”和全球化背景下，我国与德国交流日益密切，现有的德语人才无法满足持续上涨的市场需求，如何促进大学德语课堂教学质量的提升成为亟待关注的问题。后疫情时代，外语教学呈现新的形态，对外语教师也提出了新要求。多模态教学理论与我国德语教学改革的指导思想相符。

本研究对教学理念、教学方法上具有引领作用的外研社多语种“教学之星”比赛中优秀教师的课堂进行实证分析，结合多模态教学方法，阐述了该课程教学的多模态策略，为大学德语课堂教学的模态调用提供参考和借鉴。研究结果得出：①大学德语课堂的主模态包括了教师语言、PPT（文字、图片）、体势三种模态，是其他模态强化或补充的对象；②视频和音频模态可以突出强调核心内容，学生在接收到更为丰富的可理解输出时，不仅让他们加深了对语言学习的兴趣，也有助于学生掌握要点，更为主动地参与到教学活动中；③教师可根据授课内容，选取合适的模态，处理好多模态与教学设计的关系，更好地刺激学生的听觉、视觉、触觉等多种感官，激发学生兴趣，提高学生的多元读写和多模态语篇的分析能力。

---

〔1〕 郭晓爽：《东弗里斯兰的茶香》，载《人民日报》2020年3月30日，第17版。

相比其他课程，大学德语课程具有教法灵活、教学内容繁杂、初始语法困难、学生被动等特征，凸显了教学的难度，而多模态教学方法可以让学生更多地参与进新知识的构建过程中，实现多模态信息处理和解码，有助于解决上述问题。此外，教师可充分利用微课视频、网络资源、线上互动、线上测试等资源，以学生为主体推动外语教学改革，达到最优的教学效果。

本研究考虑到线上线下结合的混合型教学模式是当前教学的主要手段，将线上学习纳入研究范畴。但未针对慕课等线上课程展开研究，对比线上、线下课程的多模态教学方法。此外，本研究主要以质性分析手段为主，对模态调用效果的研究以分析为主，后续研究可考虑丰富研究方法，将量化方法应用到对多模态调用的考察中，可将每个教学阶段的教学视频转写，构建集合文本、视频、图像等的多模态语料库，对多模态语料进行编码整理，形成编码参考点，确定不同模态资源在各个环节中的分布比例及模态间的关系，今后的研究可将质性解释和量化数理统计结合起来，增加对学生和教师的访谈，从不同视角对多模态教学方法进行评价和总结。

随着信息技术和外语课程的融合创新，教育理念的不断更新，多模态教学方法也会呈现新的变化和发展，教育信息化大背景下，虚拟化、数据化、智能化三种方向将和多模态教学更加紧密地结合。虚拟现实可同时实现外语教学中的触觉、味觉、嗅觉等的模拟，更加接近外界真实环境，使得非母语外语学习者获得接近母语者的语言习得方式；数据和智能化则要求教师利用数据模型，将语言学习过程量化，学生在学习中的认知过程，将以量化模型的方式清晰展现，比如AI智能课堂将学生的抬头、视线等体势模态纳入课堂表现中。外语教育工作者通过这些新手段推动外语教学改革，这些新理念、新技术目的在于让外语学习者获得最优的学习效果。这方面的研究也会推动外语教育资源的进一步整合。

基于行动学习的《人力资源开发与管理》课程教学模式研究

刘 晔*

一、引言

从传统汽车到无人驾驶汽车，从功能手机到智能手机，从 PC 电脑到云端服务，数字化技术给各行各业带来了根本性的变化，致使价值的创造、竞争的要素和行业的边界都在被重新定义，这是个充满不确定性（Uncertainty）、速变性（Volatility）、复杂性（Complexity）和模糊性（Ambiguity）的 UVCA 时代。在这个充满变化的 UVCA 时代，数字化技术持续为组织赋能，并在人力资源管理领域催生了大量的新实践，这些实践对组织与员工之间的关系带来了深刻影响。例如，数字化技术在人力资源管理中造成的去人性化的管控手段，日益失衡的组织—员工权力对比，以及数字化技术带来的组织与员工之间的数字距离。[1]总之，数字化技术对未来管理者的实践能力和适应能力提出了更高要求，也给高校管理人才培养的有效性带来了严峻的挑战。在此形势下，如何能够让大学毕业生适应急剧变化的管理现实成为高校教学培养中亟须解决的问题。

---

* 刘晔，中国政法大学社会学院副教授。

〔1〕 谢小云等：《数字化时代的人力资源管理：基于人与技术交互的视角》，载《管理世界》2021 年第 1 期。

人力资源管理是现代管理理论的重要组成部分，具有很强的实践性和应用性。课程主要围绕人力资源管理理念、方法和技术以及国内外人力资源管理的实践展开教学，内容涵盖人力资源战略与规划、工作分析与岗位评价、人员招聘与配置、绩效管理、薪酬与福利、培训与开发、劳动关系管理等方面。人力资源管理是科学与艺术的融合，它既要基于数据与事实，需要专业工具与方法，更需要洞悉人性，有阅人的充足智慧与丰富经验。故该课程所涉及的知识多为难以被结构化表达的隐性知识，这类知识无法仅通过课堂讲授或书面阅读的方式习得，还需要在实际的问题情境下对自身的知识体系和能力进行建构。[1]

要培养适应管理现实的人力资源管理者就要求在教学训练中要注重提升学生的协作能力、自我学习能力以及环境适应等软技能。然而，目前的人力资源管理教学模式仍采用以教师为主的讲授式教学。尽管这种教学方式能够系统完整地将理论知识讲授给学生，但却容易打压学生学习的积极性和自主性，也不利于学生实践能力的培养和锻炼。[2]行动学习是一种以学习者为中心，以问题为导向，强调反思和行动，以提出问题解决方案、促进个人和组织发展为目标的新型学习模式。[3]行动学习改变了传统的学习模式，让学习者参与探究过程，用体验式的方法来学习，有助于实现知行合一的目标。因此，在人力资源管理教学过程中引入行动学习将是促进缄默知识显性化的有效措施。

二、人力资源管理教学过程存在的问题

（一）讲授式教学不利于实践能力的培养

讲授式的课堂教学注重理论知识的传递和接收，却忽视了学生实践能力的培养。在这个快速变化的时代，企业的商业模式、经营方式与人力资

〔1〕 苏敬勤、高昕：《案例行动学习法——效率与效果的兼顾》，载《管理世界》2020 年第 3 期。

〔2〕 汪涛等：《行动学习视域下的 MBA 教育教学质量改进路径研究》，载《济南大学学报（社会科学版）》2021 年第 6 期。

〔3〕 谢雅萍、梁素蓉：《行动学习：研究现状与未来展望》，载《技术经济》2016 年第 1 期。

源管理活动都在不断创新，而教师讲授的理论知识多来源于教材或案例集，内容更新相对缓慢，不能及时反映当前市场环境中人力资源活动的新兴管理实践，容易导致理论与实践脱节，学生发现问题、分析能力和解决问题的能力偏弱。同时，这种教学模式忽视了学生质疑和反思能力的培养，限制了学生的思维张力和创造力，无法有效应对急剧变化的外部环境。

（二）讲授式教学不利于发挥学生主动性

现存的人力资源管理教学主要采用讲授法，处于主导地位的教师通过系统性的讲述将知识传授给学生。这种教学模式利于学生获得完整的相关理论和方法的输入，可以让学生能够更好地掌握教学内容。此外，讲授式教学的班组授课模式可以节约教学成本、提高教学效率。然而，在这种传统的讲授模式下，学生长期处于被动接收信息的状态，他们在学习过程中无法有效表达自己的困惑和展示自己的才华，容易使他们的学习热情和参与热情遭到打击，进而逐渐失去主动探寻知识的动力。

（三）对学生软技能的培养存在缺失

面向本科生的人力资源管理教学强调学生对专业理论和分析技能的学习，致使学生在发现和解决问题的能力以及执行力方面还有所欠缺。这种教学模式培养出来的学生可能会孤立地看待和分析管理实践中遇到的问题，缺乏整体全局系统思维。并且在现有的课堂教学中，多数学生只注重上课修学分，社会互动环节的缺失也让学生应具备的人际技能、领导力以及管理智慧没有得到锻炼，学生的综合素质往往无法得到全面提升。

三、行动学习的内涵、理论发展与实践应用

（一）行动学习的内涵

行动学习法，又称为“干中学”，是一种以解决管理实践中出现的重要问题为目标，在解决问题的同时促使个人发展和组织变革的工具。[1]行动学习的基本理念为没有学习就没有行动，没有行动也不会发生学习。其

---

〔1〕 Pedler M., *Action Learning in Practice*, London: Gower, 1997.

理念最初可表述为著名的行动学习方程“L（学习）= P（结构化知识）+Q（质疑性见解）”，[1]而后该公式得到了进一步的发展，并增加了新的要素，即“AL(行动学习) = P(结构化知识) +Q(洞见性问题) +R(深刻反思) +I(执行应用)”。[2]参与者、问题以及团队构成了行动学习三要素，基于问题的行动既解决问题，又改变着解决问题的人。在开展行动学习的过程中，参与其中的团队成员围绕没有明确答案的实践问题，学习解决问题所需要的知识，反思自己的经验，相互交流和学习，形成创造性问题解决的方案，并在实践中逐步地优化和完善。因此，行动学习强调解决问题、分享经验、获得知识和实际应用的不断循环，使参与其中的小组成员在问题解决过程中达到思维和行动上的融合，并发展新的管理心智模式。

作为一种以实操为主的情境教学模式，行动学习具有以下特点：其一，行动学习以问题或任务为学习媒介，让每位参与者体验真实情境下的发现问题、分析问题和解决问题，在未知中探索，在实践中反思修正，达成“输入—探索—实践—反思”的循环，并在这个循环往复的过程中完成知识的螺旋式上升。[3]其二，行动学习依靠的并非成员的个人智慧而是团队成员的交互作用，行动学习过程中个人的想法、知识、经历会在团队层面得以重新审视和互相碰撞，通过成员间的批判反思与群策群力，进而碰撞出更多的思想火花、实现智慧的交融、带来更多的创新点子，这有助于创造性地解决问题。[4]其三，行动学习全程贯穿反馈与评价，需要学员及时调整思路，从而更好地实现学习目标。相较于传统教学静态的分析框架，行动学习的过程体现了持续性和动态性，同时，削弱了教师的主导作用，更多体现为引导者与催化师的角色，负责理论知识的精练展现和课堂

---

〔1〕 Revans R. W., *Action Learning: New Techniques for Management*, London: Blond and Briggs Ltd, 1980.

〔2〕 Marquardt M. J., *Action Learning in Action: Transforming Problems and People for World-class Organizational Learning*, Palo Alto: Davis-Black Publishing, 1999.

〔3〕 汪涛等：《行动学习视域下的 MBA 教育教学质量改进路径研究》，载《济南大学学报（社会科学版）》2021 年第 6 期。

〔4〕 谢雅萍、梁素蓉：《行动学习：研究现状与未来展望》，载《技术经济》2016 年第 1 期。

的组织引导。[1]

（二）行动学习的理论发展

行动学习源自大卫·库伯的经验学习圈理论，该理论认为学习始于经验的获得，通过对经验的观察反思后，其内容就会被学习者上升为内化的知识，并用新知识指导下一步的行动，继而在新一轮的实际经验中进行知识与行动的转化，如此循环往复，学习者的知识得以螺旋式上升。因而，每个学员的学习过程皆可看作是属于自己的一个“学习圈”循环运转的过程，整个过程分为四个适应性学习阶段，经由具体经验—反思性观察—抽象概念化—主动实践—具体经验的环形循环来实现。经验视角下的行动学习观点不仅得到了后来学者的支持，成为影响最大的体验式学习的经典理论，还成为全球拓展训练、主题式冒险等实践活动的指导思想。[2]新近的研究指出经验学习并不是独立个体的学习，还需要与组织情境相联系。也就是说行动学习是在群体人际冲突、情绪动态、固有的权力关系和组织政治的背景下行动的。[3]

由于组织内未经检验的信念、态度和情感可能会扭曲个人对于问题和情境的理解与判断，因此需要通过深刻的反思来检查自身的观点，挖掘问题背后的信息，进而改变解决问题的视角，从而使行动学习更有效和更具针对性。因此，批判反思学派基于此背景提出行动学习需要注重批判性的反思，质疑行动学习中出现的问题和结果，从多个视角看待和思考问题。[4]由于自身解决问题的方式和想法可能是有瑕疵的，通过批判性反思能够帮助学员跳出固有的社会或者组织情境改变视角以寻求更好的变革方案。这种批判性反思受到智力的驱使，需要专家型引导师的指导，要求他们同时具备专业和过程引导知识，确保学习圈的有效运转。综上，批判行

〔1〕 庄晖等：《以行动学习为核心的“三位一体”MBA 培养模式中教师角色的转换》，载《上海管理科学》2012 年第 5 期。

〔2〕 Marquardt M. J. , et al. , *Action Learning for Development Leaders and Organizations: Principles, Strategies, and Cases*, Washington: American Psychological Association, 2009.

〔3〕 Trehan K. , and Rigg C. , “Enacting Critical Learning: Power, Politics and Emotions at Work”, *Studies in Higher Education* 40, 2015, pp. 791-805.

〔4〕 谢雅萍、梁素蓉：《行动学习：研究现状与未来展望》，载《技术经济》2016 年第 1 期。

动学习将经验、行动和反思相结合，强调批判性质疑并对现有权力关系提出挑战，是行动学习的一种发展。

（三）行动学习的实践应用

行动学习法由英国瑞文斯（Rveans）教授首先提出来的，初期主要应用于企业高级管理者培训。20 世纪 80 年代至 90 年代，GE 公司推出了基于行动学习的业务管理课程（BMC）以及群策群力（Workout），进一步促进了行动学习模式在管理发展项目或者内部培训中的应用。该方法后续成功运用于花旗银行、壳牌石油公司、霍尼韦尔、强生公司等国际一流企业，提高了整个社会的接受程度，并使得行动学习焕发出新的生机。20 世纪 90 年代，国内企业以及政府事业单位也将行动学习引入公务员培训、大型企业（如华润、中粮、中化、中国移动、腾讯、李宁等）的组织变革和学习型组织建设中。[1]

值得关注的是，近年来行动学习理论慢慢被引入教育领域，并逐步成为管理类人才培养的主导教学模式，在管理教育领域中采用行动学习项目在一定程度上几乎达到了一种新正统地位的状态。[2]在国际顶尖商学院（如哈佛大学、麻省理工学院、斯坦福大学、以色列理工学院、莱斯大学等），行动学习已经成为多种课程的教学模式；在我国很多院校的商学院开始应用行动学习模式，但在实际使用过程中也受到了诸多因素影响，如教师与企业建立长期合作关系存在难度、行动学习的实施流程相对繁杂、投入成本高、知识点对应性低等，这些问题造成行动学习在我国高等教育课程中的可操作性及可推广性仍需进一步探索。因而，行动学习在管理课程中的进一步推广和普及，一方面需要打破旧有的教学理念与评价标准，鼓励教师转变角色，同时也要进一步思考基于国内教学资源现状，在坚持行动学习模式基本原则的前提下，如何对其实施流程、组织形式等方面进

〔1〕 汪金爱、吴柏均：《MBA 情境化教育的新思路——行动学习的发展及国内外典型应用案例分析》，载《管理案例研究与评论》2014 年第 6 期。

〔2〕 庄晖等：《以行动学习为核心的“三位一体”MBA 培养模式中教师角色的转换》，载《上海管理科学》2012 年第 5 期；汪金爱、吴柏均：《MBA 情境化教育的新思路——行动学习的发展及国内外典型应用案例分析》，载《管理案例研究与评论》2014 年第 6 期。

行调整。[1]

四、基于行动学习的《人力资源开发与管理》教学模式设计

《人力资源开发与管理》的教学目标可以概括为三个方面：一是通过系统的讲授人力资源开发与管理的基础理论、工作思路与方法，使学生树立人本管理的思想，掌握科学的人力资源管理的方式、方法、程序与实务；二是使学生在洞悉人力资源开发与管理精髓的基础上，能够理论联系实际，分析和解决职位分析、招聘、培训、绩效管理、薪酬管理等实际业务问题；三是促进学生发展新的管理心智模式，培养学生站在组织战略全局的角度思考人力资源开发与管理的决策取向，为组织战略管理体系的构建提供重要支撑。

在《人力资源开发与管理》的教学活动中，学生掌握的人力资源管理理念并不必然转化为解决管理实践问题的能力。只有把所学知识应用于选人、用人、育人、留人等各项实践活动，使学生亲身经历、积极参与管理问题的解决，才能促进理念向实际能力的转变。作为一种以实操为主的情境教学模式，行动学习能够促成这种转变。行动学习强调了学生的核心地位，即鼓励学生通过团队学习、问题导向型学习，批判和反思过程以及学习与行动并重对自身的知识体系和能力进行建构，从而实现自我发展。根据《人力资源开发与管理》的教学目标，本研究创新性地提出以行动学习为基础的情境教学模式。该教学模式主要包含线上线下融合教学、实践项目团队共创、中国本土案例采编。《人力资源开发与管理》课程行动学习式课堂教学模式的主要内容，如下图 1 所示。

（一）线上线下融合教学

基于行动学习的实践导向教学需要教师和学生在课前进行充分的准备，帮助学生初步建构知识框架。后疫情时代，线上教学资源的发展使“翻转课堂”（flipped classroom）的教学模式成为可能。学生可以通过观

---

[1] 苏敬勤、高昕：《案例行动学习法——效率与效果的兼顾》，载《管理世界》2020 年第 3 期。

看教学视频、微课、PPT 等资料完成线上预习，在课堂上有更充裕的时间对教学内容进行讨论，达到最优的教学效果，故本研究将理论知识建构阶段设计为线上线下融合教学。课前，教师布置学习任务单，并整合网络上的教学资源，使学生一方面掌握行动学习的理论与实践，另一方面习得人力资源管理的各种理论与管理策略，为开展基于行动学习的人力资源管理实践项目做好观念、知识和心理准备。课中，教师按照行动学习的要求重构《人力资源开发与管理》的课程模块，有针对性地串讲人力资源开发与管理活动中的重点、难点，并通过真实管理情境引导学生在特定的情境下对组织的管理问题进行分析和决策，由此激发学生的学习兴趣。

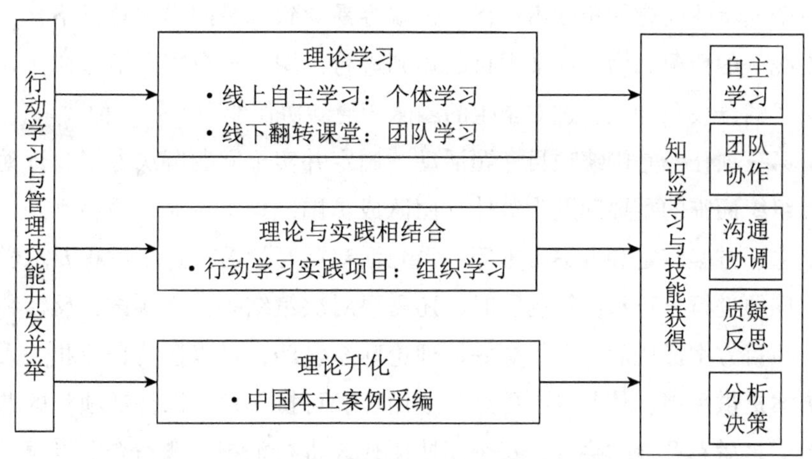

图 1　基于行动学习的《人力资源开发与管理》课程教学模式

（二）实践项目团队共创

行动学习的核心观念是在实践的基础上反思并获取经验从而有效地解决问题，可以通过设置实践项目来践行这一理念。行动学习项目的立项与方案制定主要完成以下三项任务。

第一项任务是选择项目专题，即选定一个组织实际所面临的且急需解决的问题作为团队项目。选定项目专题是影响行动学习效果的重要环节，因而在项目选择上应遵循挑战性的原则，使得项目和问题本身成为学习的推动者，驱动学生走出舒适区去学习新的知识和技能，有效地锻炼学生的自主学习能力。[1]在开课初期，教师就要明确项目选题的基本标准，例如，项目需要基于真实的亟待解决的企业问题；项目周期最好限制在三至五个月，或能在课程学习期限内完成；要有可以量化的结论或结果；要能够利用学生现有资源和权限完成；要具有挑战性等。

第二项任务是组建学习团队，加强小组成员间的交流和互动。学习团队是行动学习的重要组织形式，这种形式对促进学员的管理素质的发展具有重要价值。团队组建需要遵循“组间同质、组内异质”的原则，组间同质主要是为了平衡各团队之间的差距，组内异质主要是考虑小组成员多样化的知识背景，以便在讨论过程中发生思想碰撞，互相学习。[2]同时，由于每个人看待问题的角度不一样，这就容易导致成员间出现意见不合，观点不统一的情况。为了保证项目的顺利进行，团队成员需要学习如何处理成员间的分歧和冲突，这对学生的团队沟通和协作能力也是一种锻炼。

第三项任务是围绕项目专题活动，制定并实施问题解决方案。行动学习以组织面临的重要问题为载体，团队成员围绕现场调研、原因判别、搜集信息、方案制定和方案实施等一系列活动展开学习，这个过程要求学生在对问题进行分析和决策的同时，还需要对决策结果做出测试、反馈和评估。项目方案形成后，为了更好地理论联系实践，可以邀请企业相关人士为方案提供反馈，使其具有更好的适用性和可操作性，以保证项目的顺利进行。之后召开评估会议，每个团队派代表进行汇报。邀请企业专家、其他教师参加，听取学生汇报，并进行现场点评和打分。在这个过程中，根据老师和企业方的引导，学生所学的知识和技能会被充分调动，在发现、分析、解决问题中形成知行闭环，实现理论与实践的连接。[3]

（三）中国本土案例采编

由于行动学习项目的问题设置一般具有较高的难度和挑战性，对这类

---

〔1〕 汪涛等：《行动学习视域下的 MBA 教育教学质量改进路径研究》，载《济南大学学报（社会科学版）》2021 年第 6 期。

〔2〕 谢雅萍、梁素蓉：《行动学习：研究现状与未来展望》，载《技术经济》2016 年第 1 期。

〔3〕 汪金爱、吴柏均：《MBA 情境化教育的新思路——行动学习的发展及国内外典型应用案例分析》，载《管理案例研究与评论》2014 年第 6 期。

项目进行调查、研究、分析、概括和总结有可能是中国本土管理理论的重要契机。随着中国经济的发展，中国企业中源源不断地涌现出大量独具特点的人力资源管理实践，通过引导学生依托行动学习项目进行探索性案例研究，扎根本土研究样本，讲述中国企业自己的故事，这为构建具有中国本土特色的人力资源管理理论提供了一条可行的路径。因此，各学习团队完成项目之后，仍需结合项目实施过程进行针对性的反思，撰写一篇案例研究型论文，以体系化的形式对项目的动态过程与研究成果进行表述。这就为形成新的管理理论奠定了基础，以便为下一轮的行动提供指导。此外，学生在论文写作过程需要充分运用书面表达能力、系统思考能力以及归纳演绎能力等，这也是在行动学习的过程中持续提高的重要技能。

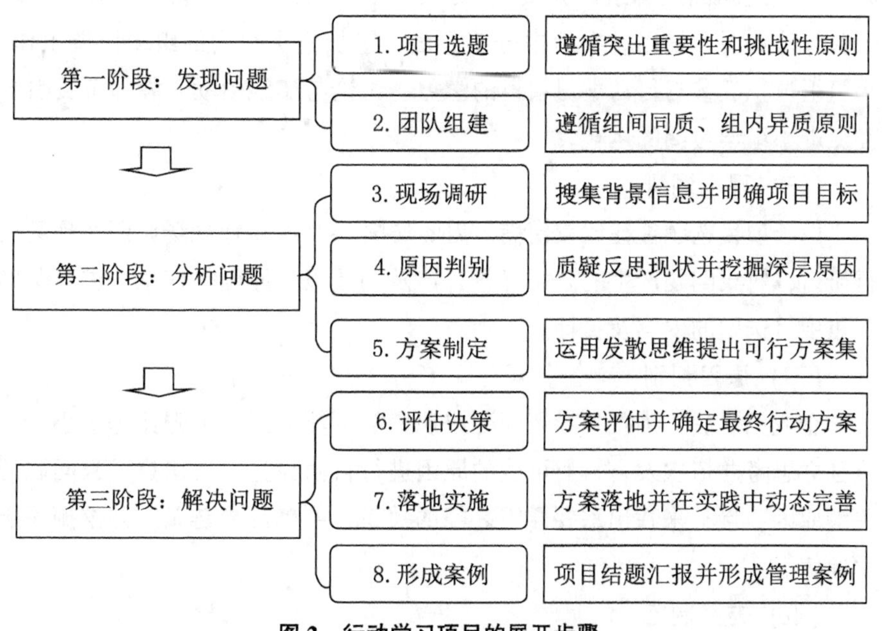

图 2　行动学习项目的展开步骤

五、行动学习项目在《人力资源开发与管理》课程中的实施步骤

行动学习式教学要求教师将重心放在真实情境的项目构建和对学生学习过程的引导上，组织学生以团队的方式进行行动、反思和循环学习，体

现了学生在教学过程中的中心地位。因此，《人力资源开发与管理》课程中行动学习项目的实施方案应围绕上述特点来进行构思、设计，具体实施方案，如上图 2 所示。

（一）项目选题

行动学习项目应基于组织实际所面临的疑难问题，遵循突出重要性原则和挑战性的要求。首先由教师对行动学习的基本概念、理论基础及操作流程进行介绍，学员完成简单的行动学习研讨并提出项目选题。教师负责提出项目要求，并进行一定的筛选。

（二）团队组建

任课教师在开课初期要组建学习小组，每个小组以 5~7 人为宜，组建原则为“组间同质、组内异质”，可根据学生的性别、年龄、专业、管理经验等特点混合编组。在组内分工方面，组长负责组内的组织协调工作，小组组员积极参与行动学习项目的学习、讨论与实践活动，教师负责引导和促进小组学习圈的运转。

（三）现场调研

由于项目选题往往比较模糊，需要安排 1~2 次企业现场调研并现场进行研讨，收集问题产生的公司背景、涉及的政策、原则等信息，进而明确聚焦项目选题的内容及目标。

（四）原因判别

企业调研后，为找到导致问题或现象的可能原因，可先让每个小组成员独立思考并依次发言，对可能的原因进行自由讨论，再聚焦导致问题的关键原因；接下来找出重要原因之间的关系，明确因果链条，并挖掘深层次原因。

（五）方案制定

由学习小组根据获取的有关信息和已学过的专业知识、经验，制定解决问题的步骤和可行方案集，并邀请企业方代表、教师与学员等提前进行内部的质疑与反思。

（六）评估决策

运用聚合思维，对制定的可行方案集进行分析比较，根据这些方案的优缺点，选择最有效的解决方案，即达成目标的最好方案。

（七）落地实施

根据确定的方案付诸行动，并在行动中进行过程控制，对方案不断进行调整与优化，使其落实到后续的实施之中，最终达到解决问题的目标。

（八）形成案例

学习小组以研究型案例的形式对实践活动中产生的经验进行理论性的总结，遵循发现、分析、解决问题的流程来形成项目方案报告或案例研究论文。通过案例写作能够激发学生的概念技能，拓展思维空间，帮助学生将理论和实践有机地结合起来。

根据上图2所示的行动学习项目展开步骤，行动学习是一个行动与学习并重，在动态过程中展开解决问题和学习知识的一系列活动。归纳起来，这些步骤过程包含如下要素：提问、探寻、讨论、反思、执行、优化、总结。可见，行动学习并不仅仅强调在行动中获取新的知识和技能，更重视对问题的反思和总结，促进个人管理技能的发展。

六、建构多维考评体系

根据课程教学设置的实务行动属性，应引入多元具有行动色彩的考核评价模式，使学生在学习中的行动与反思可以被真实地呈现出来。行动学习成果的呈现应是过程与问题双重解决的，因此行动学习式教学也必须构建一个注重过程评价和综合能力评价的课堂教学评价机制。[1]过程评价对学生参与学习活动的积极程度进行考核，主要包括学生自评、同学互评和教师评价。学生自评、同学互评和教师评价融合于每个管理技能专题中，以便对学生的学习情况做出全面、客观和综合的评价；对综合能力的评价要求学生对行动学习项目的全部内容进行归纳总结，以此深化学生对理论知识的理解和掌握。在行动学习中这些能力综合体现在案例研究论文中，根据每个团队的研究型案例报告，从是否进行了独立思考、形成方案、落

〔1〕 徐广东：《“行动学习”：“行动—反思”模式在大学教学中的应用》，载《中国大学教学》2020年第5期。

实行动、发现问题、反思方案、解决问题等各方面进行考核。

七、结语

由于《人力资源开发与管理》课程的主要内容多为难以被结构化表达的隐性知识，这一类知识无法仅通过课堂讲授等输入的方式习得，还需要在实践中获得体验性感悟。因此，在《人力资源开发与管理》教学中需要通过行动学习项目引导学生主动进行知识与能力建构。基于行动学习的教学模式的核心在于解决实际的商业问题，强调团队成员间相互合作与学习，并要求成员在学习过程中不断地质疑和反思，将实际经验上升为解决问题的程序化知识，用新程序化知识指导下一阶段的行动，在集反思、行动、再反思和再行动为一体的循环程中实现实践能力的提升。通过在教学中实施行动学习，引导本科生走出去和进入企业中去观察、关注和参与当代中国的人力资源管理实践，鼓励学生运用归纳和演绎的方法为一个令人费解而重要的管理问题探寻一个新答案，可以促进中国本土管理理论的发展，推动研究型案例库建设，提升中国特色管理课程建设水平。

M-Learning 技术在高校教学中的应用反思

郑红丽*

一、引言

提升教学水平是高校永恒的追求目标，而在教学中使用新技术则一直被认为是其提升的动力来源。[1]因为技术在现代社会至关重要，几乎每个现代人都无法否认——技术的使用给个人以及公共领域带来了巨大的好处，[2]其中包括教育领域。专业人士、教育者，乃至学习者本人都会自觉地、不断地思考利用当时最新的技术来重新设计或更新教育方式。所以教育领域中的新技术一代代发展，而目前最流行的技术当属 M-Learning。

M-Learning 是 Mobile Learning 的简称，在国内通常被翻译成移动学习。它的兴起得益于当今互联网技术的高速发展，以及移动设备的普及。[3]由家庭或单位的 Wi-Fi 网络，以及通信运营商

---

* 郑红丽，中国政法大学社会学院副教授。

〔1〕 Chernov, V., Klas, S., and Furman Shaharabani, Y., "Incorporating Kahoot! In Core Engineering Courses: Student Engagement and Performance", *Journal of Technology and Science Education*, 2021, 11 (2), 486-497.

〔2〕 Yadegaridehkordi, E., et al., "Success Factors Influencing the Adoption of M-Learning", *International Journal of Continuing Engineering Education and Life Long Learning*, 2013, 23 (2), 167-178.

〔3〕 Pardo, H., and Balestrini, M., "Prototipos de Mobile Open Education: Una Breve Selección de Casos", IEEE-RITA, 2010, 5 (4), 125-131.

提供的3G、4G或5G蜂窝网络，构成了一个相对普及的无线网络环境。同时，拥有移动设备（如智能手机、平板电脑等）的用户不断增加。统计数据表明，现在全世界有超过51.5亿人拥有移动设备，也就是全球66.77%的人口拥有移动设备。数据还表明，全球有35亿智能手机用户，这意味着当今世界上有45.12%的人口拥有可以随时上网的手机。[1]移动技术彻底改变了我们的通讯、娱乐，乃至整个生活方式。我们用手机支付，已经很久不用现金了；用微信和别人联络，几乎不再写信。而教育也是一个被带来巨大变化的领域。

此外，由于疫情的原因，从2020年春季学期开始，包括高校在内的很多学校都停止了传统教学活动，教师和学生不得不借助移动技术来让课程照常进行，这其实就是所谓的M-Learning。而高等教育则成为应用M-Learning最主要的场所。不过，与一般人所认为的不同，M-Learning其实并不是一个非常新的概念，更不是疫情时代“强制”发展出来的一种全新教学方式。

二、M-Learning的由来与界定

按照吉卡斯（Gikas）和格兰特（Grant）的说法，M-Learning这一概念在智能手机发展之前就已经出现了。[2]传统教育以课堂为主，由教师在课堂上向学生展示知识材料，并加以讲解。虽然这种形式具有明显的优势，即可以让教育者和学习者之间直接交流，并获得实时反馈。但也有许多缺点。例如，如果学习者因为各种原因无法亲自到课堂，那么他/她将无法学习此课程，甚至失掉整个受教育的机会。所以一些教育者致力于寻找更有包容性的教育方式，其中就包括艾伦·凯（Alan Kay）于1960年提出了M-Learning概念。

与M-Learning相关的还有两个概念，分别为D-Learning与E-Learning，

---

[1] BankMyCell, "How Many Smartphones are in World?" https://www.bankmycell.com/blog/how-many-phones-are-in-the-world, 202.9.1.

[2] Gikas, J., and Grant, M. M., "Mobile Computing Devices in Higher Education: Student Perspectives on Learning with Cellphones, Smartphones & Social Media", *The Internet and Higher Education*, 2013, 19, 18-26.

也就是远程学习（Distance Learning）和电子化学习（Electronic Learning）。对于这两个概念，我们可能要更为熟悉一些。我们很多人知道的所谓远程教学、函授大学或者电大课程，都是 D-Learning 与 E-Learning 的一些具体形式。对很多曾经的大学生来说，通过广播向远在海外的主持人（或教师）学习英语是最深刻的学习经历，这其实就是典型的 D-Learning。从历史上看，D-Learning 已有一百多年的经验和传统。在当时，教育不均衡，通讯和交通都不发达，这导致一些偏远地区的学习者无法获得教育或优质教育的机会。D-Learning 其实就是一种解决以上问题的工具，它让偏远地区的学生也可以"进入"高质量的大学学习（如接受北京大学的函授教育），或者向一位不在教室的高素质教师学习。只是在最初的时候，这种学习可能是通过书信来往的形式进行的，而随着科学技术的进步，特别是随着电子产品的普及，D-Learning 开始使用电子设备，这就是 E-Learning。这些电子设备包括录像带/录音带、CD-ROM/DVD、电视频道，等等。

"E-Learning 以更低的成本提供更快捷的学习，增加学习的机会"。[1]而按照加里森（Garrison）的说法，E-Learning 一词的真正兴起是 20 世纪 90 年代中期，是源于当时互联网的开始兴起。[2]网络技术的发展让 E-Learning 所依赖的电子设备进一步扩大，包括了国际互联网（Internets）或局域网（Intranets）等。所以，E-Learning 被认为是一种基于计算机和网络技术的远程教育。从本质上讲，E-Learning 是 D-Learning 发展到一定阶段所出现的一种新形式。在 E-Learning 兴起的同时，其他形式的 D-Learning 仍然存在，如基于卫星的 D-Learning。哈里曼（Harriman）的研究发现，E-Learning 包括了不同的类型，即在线学习、远程学习、混合学习、移动学习。[3]其中的移动学习也就是 M-Learning，指的是其使用的电

---

〔1〕 Papanis E.，"Traditional Teaching Versus E-Learning Experimental Approach"，*Statistical Review*，2005，1（1）：19-35.

〔2〕 Garrison DR.，*E-Learning in the 21st Century：A Framework for Research and Practice.* 2nd ed. New York：Routledge，2011.

〔3〕 Harriman.，V.，"The Effect of Multiple Intelligences Teaching Strategies to Achievement in Reading and Mathematics Scores"，*Dissertation Abstracts International Section A：Humanities and Social Sciences 71*，2010.

子设备主要是一些可手持的，比如掌上电脑（Personal Digital Assistant，PDA）等。只是当时的这些电子设备功能不佳，此外更重要的是当时的网络速度有限，和现在相比显得很原始，使得 M-Learning 并没有马上脱颖而出。但随着智能手机等移动设备的出现，人们逐渐对 M-Learning 表达出了积极的态度。正如莫蒂瓦拉（Motiwalla）在他的研究中分析的那样，智能手机（即带有小屏幕且能够访问互联网的手机）的使用促进了 M-Learning。[1]所以，M-Learning 是 E-Learning 的子集，而 E-Learning 是一个更宏观概念，"M-Learning 是通过移动设备（如掌上电脑、智能手机）进行的 E-Learning"。[2]而从 E-Learning 到 M-Learning 的转变则是高等教育融合先进技术的一个重要的表现。

可见，就像绝大多数研究者所认同的那样，M-Learning 是 E-Learning 发展的自然结果，或者说是 D-Learning 和 E-Learning 的一个新阶段。里马尔（Rimale）等人用图 1 直观地说明了这一观点，即 M-Learning 是 E-Learning 的一部分，而 E-Learning 则是 D-Learning 的一部分。[3]

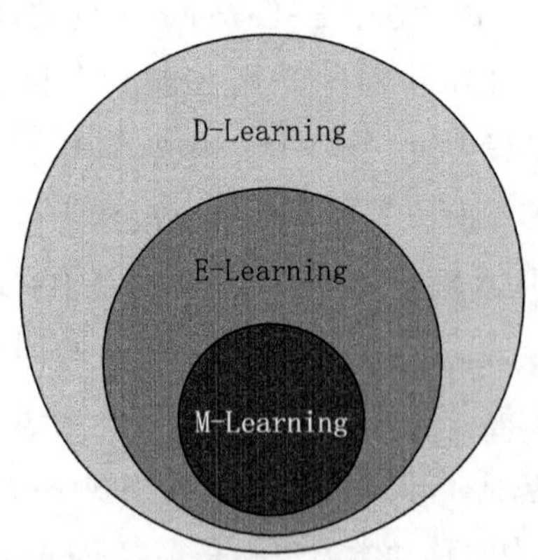

图 1 M-Learning 是 E-Learning 和 D-Learning 的一部分

---

〔1〕 Motiwalla, L. F., "Mobile Learning: A Framework and Evaluation", *Computers & Education*, 2007, 49 (3), 581-596.

〔2〕 Quinn C., M-Learning: Mobile, Wireless, In-Your-Pocket Learning Line Zine, 2006, 1-2.

〔3〕 Rimale, Z., El Habib, B. L., and Tragha, A., "A Brief Survey and Comparison of M-Learning and E-Learning", *International Journal of Computer Networks and Communications Security*, 2016, 4 (4), 89.

基于以上认知，M-Learning 可以被简单定义为是 E-Learning 的扩展，学习者使用他们的移动设备让学习比以往更容易、更方便。[1]不过，不同的文献中对 M-Learning 的定义仍有不同。库库尔斯卡·休姆（Kukulska-Hulme）将 M-Learning 定义为“与学习者的移动性相关的学习，他/她可以在不受时间和地点限制的情况下参与学习过程”。帕克（Park）等人的定义是“任何将手持或掌上型设备作为唯一或主导地位技术支持的教育形式”。阿布艾什（Abu-Al-Aish）等人的定义则为“通过智能手机、掌上电脑和平板电脑等无线移动设备进行的任何学习，这些设备能够与学习者一起移动从而实现随时随地学习”。优素福扎伊（Yousafzai）等人将其定义为一个学习过程，在这个过程中，学习者不限于在一个固定的地方，他/她可以通过智能手机设备获得教育资源。阿德约（Adejo）等人则将其定义为一种学习方法，其中学习所需的项目和内容使用移动设备提交，因此任何人都可以从任何地方轻松访问它们。赵（Chao）也将其定义为学习者使用智能移动设备随时随地获取学习数据的一种学习方法。阿尔玛亚（Almaiah）和阿利斯梅尔（Alismaiel）认为 M-Learning 是一种新的学习技术，通过使用移动设备轻松访问学习材料（讲座、课程、作业、测验和考试），学习者可以轻松地进行教育活动。

从以上种种定义，我们不难发现，M-Learning 最主要的特点是能够给学习者提供随时随地学习的机会。为此，它需要使用移动、便携的设备，例如智能手机、掌上电脑、平板电脑或其他的便携式计算机。此外，学习者要能够轻松访问自己想要的教育资源，所以这些设备还需要能连接到其他的设备上（如教师的计算机），这就需要有网络，特别是无须永久物理连接的无线网络。所以，M-Learning 其实就是一种基于移动技术的学习方式。它除了可以让学习者在常规课堂上使用移动设备，也可以在课堂外的任何时间学习，因此它也被称为“随时随地”（anywhere anytime）、“此地此刻”（here and now）或者“无处不在”（ubiquitous）。

---

[1] Pedro, L. F. M. G. et al., “A Critical Review of Mobile Learning Integration in Formal Educational Contexts”, *International Journal of Educational Technology in Higher Education*, 2018, 15 (1), 1-15.

三、M-Learning 的优势

因为使用了移动技术，M-Learning 为学习者提供了灵活、有弹性的学习机会。特别是在疫情期间高校全面停止了面对面教学时，M-Learning 几乎成为唯一的解决方案。正如库库尔斯卡·休姆所指出的，“当学习具有包容性时，它对所有人开放，而移动技术是向所有可能处于学习边缘的人开放学习的有力手段。”[1]与传统教育相比，采用 M-Learning 可以获得更多优势，而移动性则被认为是其中最强大的特征。

（一）移动性

M-Learning 的移动性，意味着它可以让学习者随时随地学习，或者说在移动中学习。学习者借助便携性的笔记本电脑或智能手机，通过无线网络随时随地获取和使用所需的信息与服务，从而创建了一个灵活的学习环境。例如学习者因为疫情政策无法回到校园，但他/她可以借助 M-Learning 技术与其他同学一起实时上课、完成作业，并与教师保持如常的联系，克服了时间和空间的限制。而当学习者可以返校时，为了不错过课程，还可以在火车上通过比台式计算机更小、更轻的智能手机上课，实现“名副其实”的“移动”学习。可见，M-Learning 所具有的移动性这一独特的功能，为学习者在时间、地点、速度和空间等方面提供了灵活性。

（二）设备相对廉价易得

当教育活动引入高新技术时，往往需要学习者付出相当的成本去购买所需要的设备。例如在 E-Learning 的早期阶段，学习者可能需要拥有自己的个人计算机，这是一项不菲的费用支出。而 M-Learning 所需的移动设备大多价格较低，例如新一代便携式设备——智能手机或平板电脑，价格一般都低于台式计算机或笔记本电脑。阿利（Ally）和齐纳科斯（Tsinakos）研究发现，在许多发展中国家，智能手机已被迅速普及，人们非常喜欢使用它们，而且他们中的很多人此前没有用过笔记本电脑或台式计

---

〔1〕 Kukulska-Hulme, A., “Mobile Learning as a Catalyst for Change”, Open Learning: *The Journal of Open and Distance Learning*, 2010, 25 (3), 181-185.

算机。[1]通过使用智能手机，人们几乎可以一直与互联网保持联系，从而能够随时随地与他人通讯、交流，掌握最新资讯以及娱乐。不过在 2005 年以前，人们很少将智能手机用于教育的目的。[2]只是随着移动技术越来越成熟，M-Learning 的理念逐渐兴起。而到如今，因为疫情不得不转到线上学习之时，绝大部分学习者发现，他们不需要购买新的设备，手中已有的智能手机或平板电脑就可以满足 M-Learning 的需要。

（三）确保更多的学习者参与学习

借助移动性和设备相对廉价易得，M-Learning 为学习者创建一个灵活的学习环境，大大提高了学习的可用性。长期以来，有一些学习者因为地理位置不佳（如处于偏远山村）、基础设施差等原因而失去了受教育或者优质教育的机会。而 M-Learning 则可以较好地克服上述问题，允许更多的学习者参与学习。可以说，M-Learning 为学习者提供了新的、创新性的学习机会。[3]

（四）提高课堂出勤率和参与率

M-Learning 另一个潜在的优势是允许学习者保留匿名性。与传统课堂的面对面不同，M-Learning 是借助设备所带的摄像头和麦克风来进行课堂交流。在大多数情况下，为了保证课堂质量，学习者的摄像头或麦克风是保持关闭状态的。这就让学习者有了匿名或"隐身"的可能性。有时候，学习者不能保证全程都留在课堂上，例如需要临时出门办事。如果是传统课堂，他/她将不得不请假。但在 M-Learning 模式下，则很可能不需要缺勤。此外，这种匿名性降低了某些学习者的焦虑。众所周知，任何课堂上都会有一些学习者不愿意公开发言，不喜欢在课堂上被提问，甚至可能会由此引发焦虑情绪。M-Learning 的匿名性可以降低这部分学生对课堂的焦虑程度，从而提高他们对课堂的参与程度。因为他/她可以用键盘打字或

---

〔1〕 Ally M., Tsinakos A., Increasing Access through Mobile Learning Commonwealth of Learning & Athabasca University, 2016.

〔2〕 Peters K., "M-Learning: Positioning Educators for a Mobile, Connected Future", *International Review of Research in Open & Distance Learning*, 2007, 8 (2): 1-17.

〔3〕 Jeng, Y.-L. et al., "The Add-on Impact of Mobile Applications in Learning Strategies: A Review Study", *Educational Technology & Society*, 2010, 13 (3), 3-11.

者鼠标点击的形式，无须抛头露面就完成课堂任务。

（五）实时连接性

借助移动技术，M-Learning 可以让学习者将自己的智能手机与服务器、数据库乃至整个国际互联网连接起来，从而获得一个强大的网络。它允许学习者在远离正常学习环境的地方与他们的学习资源进行交互，学习者可以轻松购买或免费获得电子书并下载到他们的设备上。此外，M-Learning 还可以帮助学习者与他人交换资源，并获得一些额外的信息或知识。当然，学习者也可以将自己的资料分享出去。需要特别指出的是，很多情况下 M-Learning 是允许所有人免费访问或访问价格低廉。所以，相比传统教育，这是更为经济、方便和优越的学习环境。除了随时随地可以访问自己需要的学习资料，M-Learning 还可以让学习者与自己的同学和教师保持连接性，而且只要时间合适，这种连接是实时的，也就是马上就能得到对方的反馈，极大地提高了交互性。

（六）交互性

如前所述，移动技术优势在日常生活中最主要的体现就是社交互动，借助智能手机上的社交软件（如微信、QQ），人们可以给自己的亲友发送消息、进行互动。而将这类移动技术应用于教育领域，则有助于创建交互式教育环境，学习者可以非常方便地与同伴合作学习，以及与导师交流。与传统的、面对面的课堂互动的教学环境相比，因为 M-Learning 所具有的随时随地、实时连接等优势，不仅增加了学习者之间、学习者与教师之间互动的新维度，而且也提高了互动的效率与水平。例如在课堂上进行的小测验，学习者几乎可以实时获得自己的成绩以及教师的反馈结果和指导，甚至还能了解到其他学习者的回答情况。又如，当教学计划临时改变时，教师可以实时通知到学生。除了师生之间的互动交流，M-Learning 也可以方便学习者随时随地与其他学习者互动。他们之间可以分享想法，协作完成学习任务，更容易形成合作学习的氛围与环境。

（七）趣味性

一般认为，使用电子技术的教育方式最主要的特点之一就是趣味性更强。M-Learning 也同样具有这样的优势。它通常以多媒体的形式作为内容交付，包括使用文本、图片、音频或视频。近年来，更有一些人尝试着基于游戏形式开发学习内容。因为研究者认为，与非基于游戏的学习系统相比，基于游戏的系统能有效地增强学生对课程的参与度，并降低了考试期间的焦虑水平。[1]

（八）在日常生活中学习

M-Learning 不受时空限制的特性，可以让学习者在各种的环境中学习。换句话说，学习者的知识建构不一定非要在课堂之内。M-Learning 的设备，特别是智能手机非常容易随身携带，包括洗手间在内的任何地方都可以让学习者快速获取学习内容。例如在乘车时，学习者突然对某一知识点有想法，他/她可以当场与同学或教师进行探讨。或者在刷他人的社交动态时，学习到了一些新的知识。可见，使用手持设备和移动技术，通过社交和内容交互，学习者可以在日常生活进行学习。

（九）使用 GPS 技术，提供位置、时间等信息

M-Learning 设备几乎都具备 GPS 功能。所谓全球定位系统（Global Positioning System，GPS）是一种以人造地球卫星为基础的高精度无线定位系统，可以在全球任何地方以及近地空间提供准确的地理位置、时间等信息。因此通过移动设备上的 GPS 系统，M-Learning 可以提供学习者当前学习时的地理位置、具体时间，以及环境所特有的数据。如果有了这些数据，教育就会超越传统的框架，而成为更广泛时间和空间中进行的活动。比如，针对特定学习者所处的当前地理位置制定学习内容，也就是所谓的个性化定制。

（十）个性化

M-Learning 非常独特的优势之一就是个性化，也就是它可以让每一个学习者定制自己的学习内容。前面提到的很多例子，其实也属于个性化学习的例子。如根据所处的地理位置或者学习环境来定制自己的学习内容，又如学习者在乘车时与他人交流学习内容等，这些其实就是个性化的学习。可见，

---

〔1〕 Turan，Z.，and Meral，E.，“Game-Based Versus to Non-Game-Based: The Impact of Student Response Systems on Students' Achievements，Engagements and Test Anxieties”，*Informatics in Education*，2018，17（1），105-116.

这些新技术允许学习者根据他们当下自身的具体情况，选择最适合他们学习速度和需求的设备、地点和时间，从而产生了个性化的 M-Learning。〔1〕

总之，M-Learning 减少了时间和空间方面的学习限制，让学习变得有弹性、可移动、无拘无束，改变了学习模式，使知识建设能够在各种不同的环境中进行。而它所表现出来的多重优势让人们对这项新的教育技术充满了期待。〔2〕在过去的 10 年，有许多研究报告提到了 M-Learning 的巨大潜力。〔3〕但很少有研究去评估它的实际应用情况。因为我们普遍存在一种崇尚高度技术化的文化，而移动技术作为一种高新技术，我们往往自然而然地相信，当它用于教育目的时肯定是成效卓越的。

四、M-Learning 成功应用的限制因素

从 2020 年初开始，几乎所有的高校师生都曾使用过或正在使用 M-Learning。但从目前的反馈来看，学习者对这一教育技术的学习体验都较为负面。其中一个最直观的体现就是，学习者对主流的 M-Learning 的应用程序（Application，APP）都纷纷打出了最低评分（1 星）。按照 2022 年 7 月 20 日的实时数据，主流 APP 学习通共收到了 15 多万评分，而平均评分只有 1.3 星。M-Learning 领域的研究人员也已经注意到：尽管潜力巨大，M-Learning 的成功应用仍存在技术和非技术的限制。〔4〕从目前现有的文献来看，主要有以下限制因素。

（一）设备

M-Learning 的实现离不开移动设备。到目前为止，M-Learning 所使用

---

〔1〕 Claudia，D. W.，“New Forms of Learning for Vocational Education：Mobile Learning-Social Learninggame-Based Learning”，*Berufsbildung in Wissenschaft und Praxis-BWP BWP Special Edition*，2013，27-30.

〔2〕 Brown，T. H.，and Mbati，L. S.，“Mobile Learning：Moving Past the Myths and Embracing the Opportunities”，*The International Review of Research in Open and Distributed Learning*，2015，16（2）.

〔3〕 Matzavela，V.，and Alepis，E.，“A Survey for the Evolution of Adaptive Learning in Mobile and Electronic Devices”，paper represented at 2017 8th International Conference on Information，Intelligence，Systems & Applications（IISA），2017，1-5.

〔4〕 Alrasheedi，M.，and Capretz，L. F.，“Determination of Critical Success Factors Affecting Mobile Learning：A Meta-Analysis Approach”，*Turkish Online Journal of Educational Technology*，2018，14（2），41-51.

的主要移动设备包括笔记本电脑、掌上电脑、平板电脑以及智能手机。

最早是笔记本电脑，它们一方面具有个人台式计算机的性能，另一方面体积较小并支持无线网络，适合移动使用。不过一直以来，笔记本电脑的价格都较高。而且它们虽然体积较小，但这是针对台式计算机而言的，事实上笔记本电脑的体积并不适合随身使用。于是更小巧的电脑出现了，这就是掌上电脑。

掌上电脑在保持一定性能的前提下，尺寸更小。但遗憾的是，其价格更高，而且在性能上也有所下降，运行速度较慢。所以，无论是笔记本电脑，还是掌上电脑，其普及率并不是很高，这也导致 M-Learning 在很长一段时间内都只是一种理念。这种情况一直持续到廉价的智能手机的出现。

早期的手机性能有限，主要被用于语音通讯，以及短信的发送和接收。此外，它们内存容量低、数据传输率也低。所以当时极少会用来学习，几乎与教育技术无关。然而，随着新一代手机——智能手机的出现，带来了革命性的变化。智能手机是一种结合了传统手机和掌上电脑功能的混合设备。它们的尺寸比掌上电脑小，比传统手机大。更重要的是，从 3G 技术开始，智能手机除了依赖 Wi-Fi 网络，还可以以蜂窝数据的形式高速访问互联网。这就是意味着，通过智能手机上网几乎像用它们拨打电话一样方便、高效。不过，早期的智能手机价格昂贵，即使到今日，一些智能手机的价格仍高于笔记本电脑。但从整体上看，智能手机的价格在不断下降，越来越低廉。加之手机同时也是重要的通信设备，可以说是现代社会的必需品。所以现在即使是在发展中国家，智能手机的普及率也相当高。根据信息技术与咨询公司高德纳（Gartner）的数据，从 2009 年开始，国际智能手机的销量就已经超过了笔记本电脑。2020 年的统计数据还表明，与 2019 年相比，78%的用户使用智能手机的次数增加，而只有 42%的使用笔记本电脑/台式计算机的次数增加。[1]智能手机的无线移动功能让学习

〔1〕 Kontogianni, A., and Alepis, E., "Smartphone Crowdsourcing and Data Sharing Towards Advancing User Experience and Mobile Services", *International Journal of Interactive Mobile Technologies*, 2020, 14 (03), 38-53.

者有意愿尝试使用 M-Learning。[1]但智能手机有个很大的问题，就是屏幕过小。此外，虽然有虚拟键盘和识别手写文本的功能，但一般都没有实体键盘，这使得它们并不能完全和笔记本电脑一样使用。

为了克服屏幕过小问题，人们又开发出了新的移动设备——平板电脑。它们比手机大，但又比笔记本电脑轻，还具有个人计算机相当的性能。除了具有识别手写文本功能外，它们还可以配上外置的实体键盘。不过它们价格相对昂贵，在性能上也无法与真正的电脑完全一致。

总之，M-Learning 的各种设备在性能、大小和价格等方面差异巨大。虽然智能手机似乎最具优势，[2]但到目前为止，还没有出现可以完美体验 M-Learning 技术的设备。所以，当学习者在使用一段时间后，最常见的感慨就是："果然还是笔记本电脑（或台式计算机）更好用啊!"

（二）网络

M-Learning 设备虽然差异巨大，但它们具有共同的性能，即可以通过无线技术接入互联网。一项针对学习者的调查显示，47.7%的被调查者使用智能手机上网，31.5%的使用笔记本电脑从互联网获取信息，约 20%的使用其他类型的设备。[3]不过，在实际使用 M-Learning 技术时，学习者发现了一些与网络相关的限制。

首先，为了获得最佳的 M-Learning 体验，需要高速接入互联网，并且最好是一直在线。蜂窝数据价格高昂，Wi-Fi 网络虽然相对低廉，但是它一般由家庭或学校提供，当离家或离校后则无法使用。

其次，即使学习者不在乎上网费用，但也很可能无法上网。因为在相当多的国家或地区，因为缺乏基础设施建设，高速的蜂窝数据或 Wi-Fi 网

---

[1] Yadegaridehkordi, E., and Iahad, N. A., "Influences of Demographic Information as Moderating Factors in Adoption of M-Learning", *International Journal of Technology Diffusion* (*IJTD*), 2012, 3 (1), 8-21.

[2] Althunibat, A., "Determining the Factors Influencing Students'Intention to Use M-Learning in Jordan Higher Education", *Computers in Human Behavior*, 2015, 52, 65-71.

[3] Sarrab, M., Al Shibli, I. and Badursha, N., "An Empirical Study of Factors Driving the Adoption of Mobile Learning in Omani Higher Education", *International Review of Research in Open and Distributed Learning*, 2016, 17 (4), 331-349.

络并不普及。即使是在 4G 信号覆盖率很高的我国，在一些偏远地区也存在着网络覆盖不足的问题。例如疫情期间就时有新闻报道学生为了能上网课不得不爬山或骑马，去离家很远的地方找高速网络信号。

可见，正如夏尔马（Sharma）等人在他们的研究中所指出的，互联网连接是改善 M-Learning 的主要关注领域。[1]但是一些利益相关方因为经济成本等因素的考量，使得一些学习者因为网络限制而无法实现 M-Learning。作为远程教育的新形式，M-Learning 最初是为了让偏远地区的学习者获得同样的教育资源，但网络限制似乎让这个问题并没有得到真正的解决。

（三）应用程序（APP）

无论是设备还是网络都属于 M-Learning 的硬件技术问题，但它们最后都需要通过软件形式体现出来。M-Learning 可以借助各种软硬件技术集成到多媒体 APP 中，从而促进以游戏、短信、测验和多媒体内容等不同形式传达教育内容。[2]也就是学习者需要借助一定的 APP（如学习通、微信、钉钉等）来真正使用 M-Learning。

在使用中，学习者最常遇到的问题就是 APP 与操作系统不兼容。一般来说，不同的设备都有着自己的操作系统。到目前为止，各种 M-Learning 设备包括的操作系统有：Symbian、Palm、Windows、Windows Mobile、Microsoft Pocket PC、macOS、iOS、安卓系统，等等。这意味着，一个满足所有学习者需求的 APP 需要具有 Windows、macOS、iOS、安卓系统等各种版本。此外，APP 是由不同的公司开发，有时候它们对资料有着自己的文件格式要求，与其他的 APP 不兼容，这也增加了学习者的使用困难。

除了兼容性，APP 还有一个就是“过时”问题。[3]无论是电脑还是手机，作为 3C 产品，其更新换代的速度非常快。所以，相应的 APP 也需要随之加快更新，否则很快就会因为过时而无法使用。

---

〔1〕 Sharma, P. et al., “Unmasking the Impact of M-Learning on Medical Undergraduates”, *International Journal of Academic Medicine*, 2021, 7 (1), 10.

〔2〕 Mohanna M., “Using Knowledge Engineering for Modeling Mobile Learning Systems”, *Doctoral Dissertation*, 2015.

〔3〕 Mehdipour, Y., and Hamideh. Z., “Mobile Learning for Education: Benefits and Challenges”, *International Journal of Computational Engineering Research*, 2013, 3 (6), 93-101.

（四）数字鸿沟

从以上关于软硬件问题的讨论中，不难发现，并不是所有的人都有条件、有能力熟悉它们，并能熟练使用。阿尔·埃姆兰（Al-Emran）等人研究发现，在世界范围内 M-learning 的主要应用场所为高等教育。[1]也就是说，目前 M-learning 的应用都集中在大学生身上。因为相对完善的校园环境以及大学生对软硬件的熟悉度，使得 M-learning 在高等教育环境中比在其他教育水平更活跃、更具体验性。这其实是数字鸿沟问题的体现。

所谓数字鸿沟（Digital Divide），按照美国商务部的界定为："在所有的国家，总有一些人拥有社会提供的最好的信息技术。他们有最强大的计算机、最好的电话服务、最快的网络服务，也受到了这方面的最好的教育。另外有一部分人，他们出于各种原因不能接入最新的或最好的计算机、最可靠的电话服务或最快最方便的网络服务。这两部分人之间的差别，就是所谓的'数字鸿沟'。处于这一鸿沟的不幸一边，就意味着他们很少有机遇参与到我们的以信息为基础的新经济当中，也很少有机遇参与到在线的教育、培训、购物、娱乐和交往当中。"各种研究也证明，数字鸿沟在农村或贫困地区更明显，与社会经济地位变量（经济因素）息息相关。[2]从这一角度看，M-learning 似乎对于贫穷学生更不公平。

（五）使用意愿

乍（Cha）曾指出，对于 M-Learning，我们应该问一个问题，即如果定期使用它，课堂上的积极性是否会持续增加，是否会真的高于传统教学方法？[3]因为无论 M-Learning 有多高科技，最终决定它是否成功地传递学术和教学知识的先决条件还在于学生对它的接受程度。[4]换句话说，驱动

---

〔1〕 Al-Emran, M. et al., "Investigating Attitudes Towards the Use of Mobile Learning in Higher Education", *Computers in Human Behavior*, 2016, 56, 93-102.

〔2〕 Shameem, et al., "M-Learning Systems Usage: A Perspective From Students of Higher Educational Institutions in Sri Lanka", *The Journal of Asian Finance, Economics and Business*, 2021, 8 (8), 637-645.

〔3〕 Cha, Y., "Using a Student Response System (Socrative) as a Prereading Method in an EFL Reading Environment", *STEM Journal*, 2018, 19 (2), 95-119.

〔4〕 Huang, R. T. et al., "Exploring the Moderating Role of Perceived Flexibility Advantages in Mobile Learning Continuance Intention (MLCI)", *The International Review of Research in Open and Distributed Learning*, 2014, 15 (3), 140-157.

M-Learning 发展的关键因素是学习者对使用 M-Learning 的看法和意愿。所以，研究人员非常重视分析影响学习者使用意愿的因素，[1]并进行了深入的研究。其中，最被广泛接受的理论就是技术接受模型（Technology Acceptance Model，TAM）。TAM 最初由戴维斯（Davis）于 1989 年提出，认为影响学习者对科技使用意愿的关键因素有两个，即“感知有用性”和“感知易用性”，而其他因素则通过对二者的中介效应来影响学习者的使用意愿或实际使用。[2]

所谓感知有用性，戴维斯将其定义为“个体认为使用特定系统会提高他/她的工作绩效的程度”。当用户认为使用某项技术会对他们的生活产生积极影响时，使用它的意愿就会增加。而在 M-Learning 中，感知有用性被定义为“学习者认为该学习活动对实现某些未来目标有用程度”。[3]也就是学习者自己感觉 M-Learning 对自己的学习是否有效。众多研究也证实了感知有用性的作用。如 2020 年阿尔·埃姆兰等人对学生进行调查，了解让他们愿意继续使用 M-learning 的影响因素。研究结果表明，感知有用性对满意度有很大的积极影响。也就是，如果学生发现 M-learning 系统提高了他们的成绩，他们就会对 M-learning 系统表现出高度的满意度。[4]埃克尔斯（Eccles）和维格菲尔德（Wigfield）更进一步指出，学习者之所以可能会采用某学习活动，是因为它有助于实现重要的未来目标，即使他们对该学习活动不感兴趣。[5]但从目前的 M-learning 应用情况看，似乎并没有比传统教学方式更有效，即使是在最被看好的社交功能上。研究者曾认为，M-learning 优势之一就是交互性，对于加强师生之间的互动特别有用。但

---

[1] Cheon, J. et al., “An Investigation of Mobile Learning Readiness in Higher Education Based on the Theory of Planned Behavior”, *Computers & Education*, 2012, 59 (3), 1054-1064.

[2] Davis, F. D., “Perceived Usefulness, Perceived Ease of Use, and User Acceptance of Information Technology, Management Information Systems Quarterly, 1989, 319-340.

[3] Cole, J. S. et al., “Predicting Student Achievement for Low Stakes Tests with Effort and Task Value”, *Contemporary Educational Psychology*, 2008, 33 (4), 609-624.

[4] Al-Emran, et al., “An Empirical Examination of Continuous Intention to Use M-Learning: An Integrated Model”, *Education and Information Technologies*, 2020, 1-20.

[5] Eccles, J. S., and Wigfield, A., “Motivational Beliefs, Values, and Goals”, *Annual Review of Psychology*, 2002, 53 (1), 109-132.

事实是，出于各种原因（如怕打扰对方），无论是教师还是学生，对于使用这一功能都比较谨慎，只是在必要时才会使用。

而感知易用性是影响学习者使用 M-learning 意愿的另一个关键因素。戴维斯将其定义为“使用系统时，个体所感受到的不费力的程度。”它是在感知有用性的基础上提出的概念，反映了潜在用户在使用某种技术时认为使用其能达到某项目标的难易程度或者付出的努力程度。如果学习者觉得使用 M-learning 这一新技术越容易，那么他们对它的态度就会越往正向发展，也越容易接受并继续使用该技术。M-learning 又被称为“随时随地”，所以它的感知易用性，简言之就是“易于使用移动设备随时随地访问学习内容”。其实我们前面提到的软硬件问题就会影响学习者的感知易用性。如果缺乏 IT 基础设施和有效的管理，M-learning 就无法有效运行，这是影响学习者易用性感知的一个基本障碍。也就是说，如果网速慢且经常掉线，任何学习者都会放弃使用 M-learning。此外，学习者对 M-learning 易用性的感知最直接的来源就是所使用的 APP。实际应用中发现，主流 APP 都存在功能不全、兼容性差、用户界面复杂（User Interface，UI）、高峰时宕机等问题。更重要的是，当出现问题时往往很难找到客服人员获得立即的解决。这些体验都让学习者对 M-learning 易用性的感知出现了负面的印象。

五、对未来研究的展望

因为疫情，近年来 M-Learning 迅速崛起。特别是在高等教育中，M-Learning 是在疫情封锁期间必不可少的工具。不少研究都认为 M-Learning 是高等教育融合先进技术的重要体现，声称无论是在发达国家还是在发展中国家，它都具有革命性的发展潜力，是未来教育的发展方向。[1]不过当 M-Learning 真正被大规模应用后，却收到了不少负面的评价。研究人员已经意识到这一现象，开始展开研究了解它的限制性因素。不过因为是近几

---

〔1〕 Alharbi, O., et al., “Instructor Acceptance of Mobile Learning in Saudi Arabia: A Case Study of Hail University”, *International Journal of Business and Management*, 2017, 12 (5), 27.

年的事，所以目前相关的研究仍然短缺，至少还有以下方面缺乏深入的研究和讨论。

第一，社会大环境因素的影响。在以往的研究中，对于 M-learning 几乎是一面倒地表达积极的态度。这些研究认为 M-learning 对提高学习的积极性和参与度方面有着巨大的潜力，所以大部分教师和学习者本人对 M-learning 都抱着积极、期待的态度。[1]但很少有研究考虑到社会大环境。事实上，至少在中国，因为“网络成瘾”“手机成瘾”现象突出，人们对于青少年使用手机或者上网行为普遍持保守主义，缺乏对手机可以增加积极教育价值的认识。学习者父母常常对 M-learning 抱着消极态度。因为他们担心自己孩子在使用 M-learning 时做其他与学习无关的事情，分散对学习的注意力。此外，因为需要一直使用网络和面对屏幕，也有网络成瘾、视力下降等方面的担忧。这些都是实施 M-learning 遇到的最广泛的阻碍因素。

第二，区分近期与长期的效应。因为 M-learning 真正被应用是最近两三年的事情，目前研究所调查的学习者其实对 M-learning 的使用时间都不长。这就意味着研究所调查的学习者对 M-learning 的感知和看法其实都是短期的。如学习者对 M-learning 技术的有用性或易用性的看法只是基于短期使用后的感知。而我们都知道，人们对于某一事物的态度是会发展变化的。所以，未来的研究要区分学习者对 M-learning 的短期与长期感知或看法，以及对它们对 M-learning 使用意愿的影响是否有差异。

第三，感知到的个性化。按照以往研究的说法，M-learning 一个主要的优势就是个性化。但实际应用后的发现是，M-learning 提供者很少关注学习者的特征和风格，学习者往往会被学校统一要求使用同一种 APP。但事实上，并不是所有的学习者都适合同样的 M-learning 模式。同样的道理，也并不是所有的课程都适合 M-learning 教学方式。此外，目前的 M-learning 教学都是由所依赖的特定 APP 提前规划好模板的，但其中具体的

---

〔1〕 Al-Hunaiyyan, A., Alhajri, R. A., and Al-Sharhan, S., “Perceptions and Challenges of Mobile Learning in Kuwait”, *Journal of King Saud University-Computer and Information Sciences*, 2016, 30 (2), 279-289.

内容都是无组织的和非指导性的。如果要实现高质量的应用，其实是需要学习者自己去精心组织、规划，这其实增加了学习者的成本，很少有人能坚持完成。

第四，教师的作用与培训。目前的研究几乎都是针对学习者的，还没有任何研究专门探讨教师在使用 M-learning 教学中的作用，以及教师们对使用 M-learning 的看法与意愿。教师是应用 M-learning 中最有影响力的群体，但长期以来人们都理所当然地认为教师对此技术肯定是积极的、欢迎的，而且都能熟练使用它们。但事实是，教师群体也会存在“数字鸿沟”问题，且主要由农村地区的教师遇到。[1]因此，在教育系统中实施 M-learning 的关键是提供适当的培训，尤其是对教师的培训，以帮助教师更好地将这项技术融入他们的教学和工作中。而怎样的培训方式是有效的？M-learning 相关的个人技能应该达到什么样的标准？教师培训与学习者取得成绩之间的相关性到底有多大？对这些问题的探讨也是未来研究的方向。

第五，个人信息数据安全。几乎所有的 M-learning 应用程序都由商业公司提供，而且基于各种原因，使用 APP 的学习者和教师都需要实名注册。也就是说，这些商业公司掌握了大量的个人信息数据，包含姓名、手机号、性别、学校、学号、年级、邮箱等信息。今年 6 月，在社交媒体上就曝出某 APP 的数据库信息被黑客在非法渠道售卖，兜售的数据疑似达到 1.7273 亿条。虽然该公司马上回应称并未发现明确的用户信息泄露证据。但这一疑似事件提醒我们个人信息数据安全也是未来研究的重点。

综上所述，基于当前最热门的移动技术，M-Learning 能为学习者提供“随时随地”学习的机会，特别在疫情期间具有巨大的发展潜力。但是在目前阶段它仍存在一些问题和质疑。所以，在真正应用之前，教育决策者需要了解学习者和教育者对 M-Learning 的实际使用感知，以及影响其使用意愿的因素，以便为 M-Learning 系统的开发和实施做出正确的规划。

---

[1] Aditya, D. S., “Embarking Digital Learning Due to COVID-19: Are Teachers Ready?”, *Journal of Technology and Science Education*, 2021, 11 (1), 104-116.

《我国政府新闻发布制度与信息公开法》跨学科课程的学科价值、思政价值与实证价值

——基于中国政法大学研究生的调查问卷分析*

张艳红**

为了细化研究《我国政府新闻发布制度与信息公开法》跨学科课程的学科价值、思政价值与实证价值，笔者 2021 年设计问卷、采用问卷星软件，面对中国政法学各专业的研究生，进行了线上调研。取样范围包括研究生一年级、二年级、三年级和已经毕业的一部分研究生，借由我校研究生课程群、年级群及其认识的毕业生、研究生导师群，涟漪圈式进行。为时两天，收到有效问卷 134 份。为了保证该调查的客观性与科学性，考虑到拟开课为面向各专业的通识课，上述涟漪圈式问卷转发到我校各院各专业、三个年级的研究生。

该问卷由 11 个封闭式问答题和 1 个开放式问答题组成。前者侧重考察受调查者对“政府新闻发布制度与信息公开法”的认知情况、对“是否有必要开设”“如何开设这门通选课”的真实意愿，后者即最后一道开放式问答题侧重获取其真知灼见与良好建议。与此同时，该问卷调查也是提前向研究生简要普及“政府新闻发布制度与信息公开法”核心知识，为这门跨学科、交叉型新

---

* 本文系中国政法大学科研创新项目“全面依法治国战略视域下政府新闻发布制度的实效优化策略及其法律保障研究”(项目编号：10821439)、中央高校基本科研业务费专项资金资助的阶段性学术成果。

** 张艳红，中国政法大学光明新闻学院副教授。

课程“宣传造势打广告”。

一、样本分析与调研报告

（一）受调查者所在年级

如下图1所示，参与填卷的毕业生占14.93%，其余全是在校生，研一、研二、研三分别占比为23.88%、39.55%、21.64%。

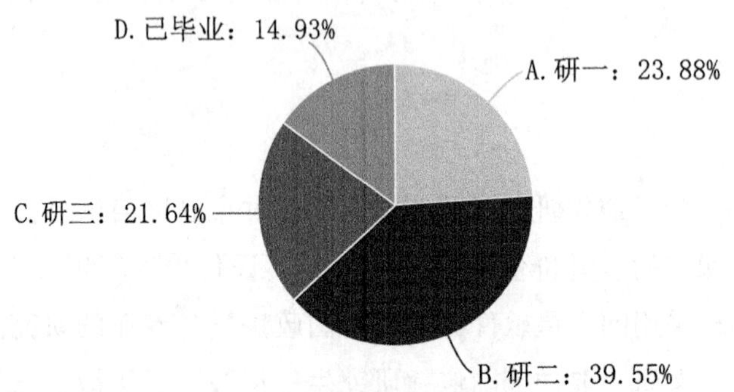

图1 研究生所在年级情况

（二）受调查者所学专业

如下图2所示，参与填卷的研究生涵盖了我校12个专业。其中，与此课程相关度最高的新闻传播学、法学、政治学占比最高，分别为29.85%、26.12%、16.42%，其余9个专业各占若干。

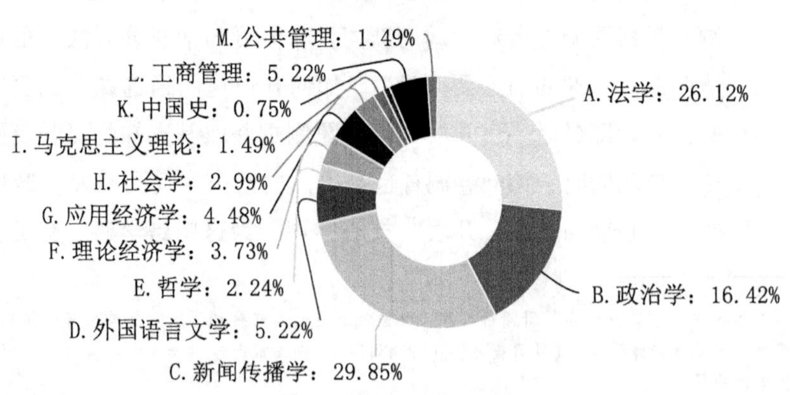

图2 研究生所学专业情况

(三) 受调查者对政府新闻发布制度与信息公开法的认知与了解程度

如下表 1 所示，研究生们对我国各类政府新闻发布会保持了一定程度的关注。首先，对国内重大突发事件、重大公共卫生事件的关注度最高，占比 64. 93%。其次，对我国“两会”期间的政府新闻发布会、对国际重大事件的发布会关注度较高，分别占比为 45. 52%、44. 78%。再次，对外交部在平常时期与非常时期举行的政府新闻发布会保持了一定的关注度，占比为 33. 58%。最后，对以上全部报以关注的占比 22. 39%。这表明我校研究生们具有较高的时政敏感度与资讯意识，政府新闻发布制度已经成为政府信息公开的组成部分与重要形式。

表 1　研究生最为关注的政府新闻发布会内容

选项	小计	比例
A. 针对重大突发事件、重大公共卫生事件而举行的	87	64. 93%
B. 每年“两会”期间举行的	61	45. 52%
C. 针对国际重大事件而举行的	60	44. 78%
D. 外交部在平常时期与非常时期举行的	45	33. 58%
E. 以上都是	30	22. 39%

(四) 关于政府新闻发布会积极作用的认知情况

数据统计及饼状图显示，绝大部分研究生对政府新闻发布会在社会各界，包括政府、社会公共机构、企业、公众人物与新闻媒体、公众之间搭起了一架沟通桥梁，是政府、企业、公共事业性机构等进行信息披露、危机公关、风险应对的有效形式与重要手段。

如下图 3 所示，对政府新闻发布会发挥的桥梁作用，持赞同态度的占比 85. 82%，不全赞同者占比 6. 72%，不赞同者占比 7. 46%。

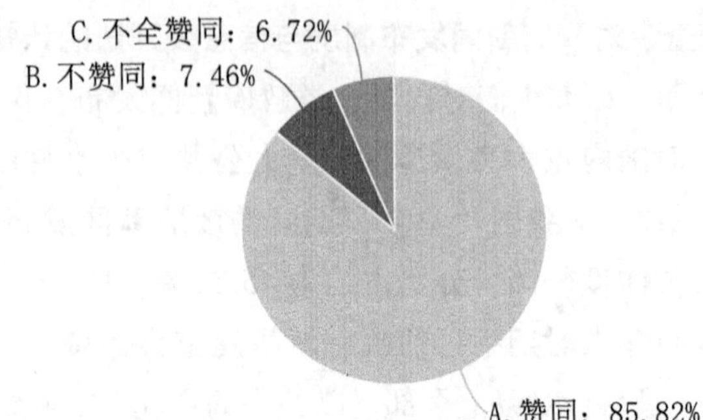

图 3　是否赞同政府新闻发布会对于社会各界的桥梁作用

(五) 是否赞同政府新闻发布会具有一定的风险应对功能

如下图 4 所示，参与填卷的研究生对政府新闻发布会具有一定的风险应对，持赞同态度的占比 89.55%，不赞同者占比 5.97%，不全赞同者占比 4.48%。

风险应对往往是牵涉多维的复杂工程，不仅需要政府新闻发布会的信息披露与预警引导，而且有利于多个相关部门的相互对接碰撞、彼此配合与协作，更离不开新闻媒体发挥的作用。因此，政府新闻发布会对于风险应对具有信息披露、危机公关与风险应对协调作用，但不能包打天下。

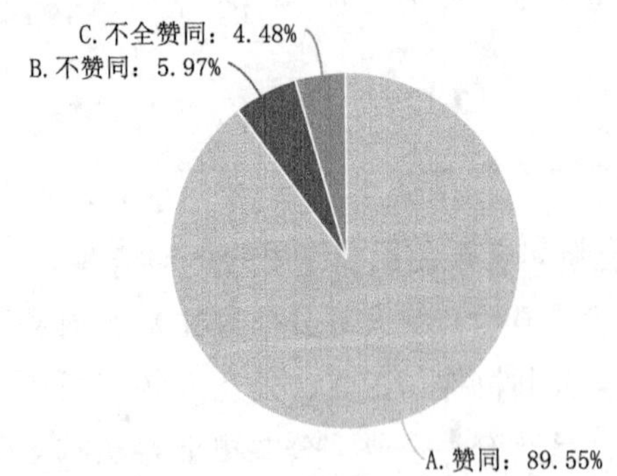

图 4　是否赞同政府新闻发布会具有一定的风险应对功能

(六) 如何评价对我国近年政府新闻发布会的质量和效果

如下图 5 所示，在评价我国近些年政府新闻发布会的质量及效果时，仅有29.85%的受调查者认为我国2021年举行的政府新闻发布会质量较高、效果较好；50.75%的受调查者认为我国政府新闻发布会的质量与水平虽然进步很大、但仍有待进一步提升；19.4%的受调查者持否定态度。这说明，绝大多数受调查者已然认可或基本认可政府新闻发布会在促进信息交流、消除隔阂与误解、捍卫公众知情权方面的积极作用，但对政府新闻发布会的质量与水平提升抱有期待；反之，持否定态度者，既表明我国公众普遍增强的权利意识也显示了“新闻发言人是一种高门槛职业”。

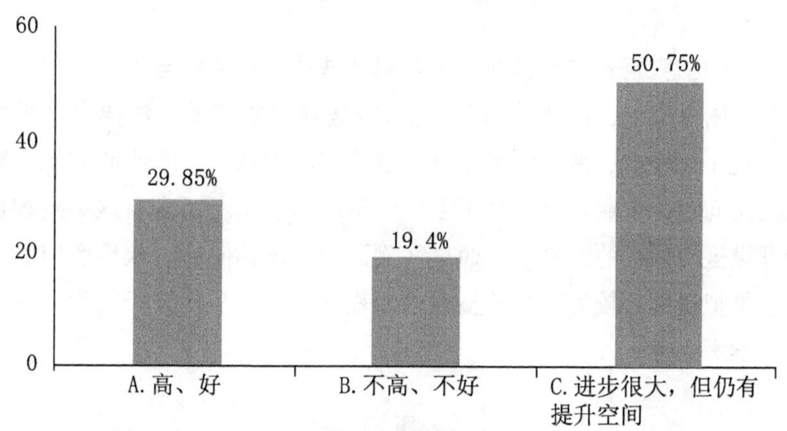

图5 如何评价对我国近年政府新闻发布会的质量和效果

（七）是否有过“申请政府信息公开”经历

如下图6所示，受调查者对依法保障公民知情权、参与权、表达权、监督权即“公民四权”这一概念具有深刻认知，权利意识在研究生们脑海中根深蒂固。对于“是否申请过政府信息公开”这一问题，35.82%的研究生表示自己主动申请过政府信息公开，权利意识与维权意识兼具；64.18%的研究生没有相应经历，存在“有权利意识而无维权行动、无权利意识也无维权行动”两种可能性（问卷设计疏忽了这一层面，以后改进）。

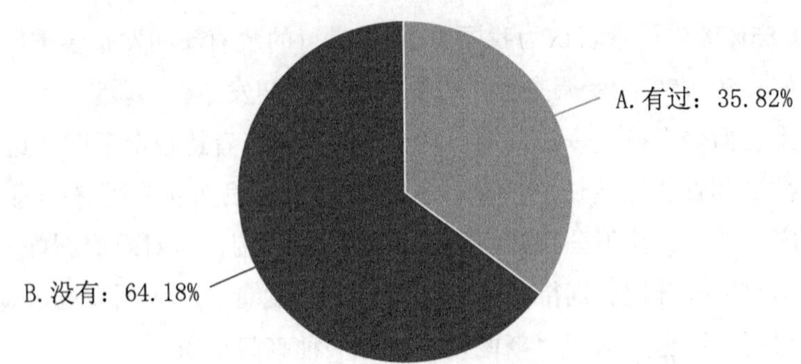

图 6　是否申请过政府信息公开

（八）信息公开法律/法规主要与哪些法律存在关联与冲突

如下图 7 所示，在“信息公开法律/法规主要与哪些法律存在关联与冲突”这个问题上，调查结果呈现出较为混乱的状态，表明研究生们对这个深层次问题的专业知识关注不多、了解不多、思考不多。这一定程度上说明开设这门课程的必要性，通过案例研习、理论阐释、模拟政府新闻发布会、模拟法庭等较为系统的整合的课程学习，逐步提升研究生们的深度认知与学术兴趣。

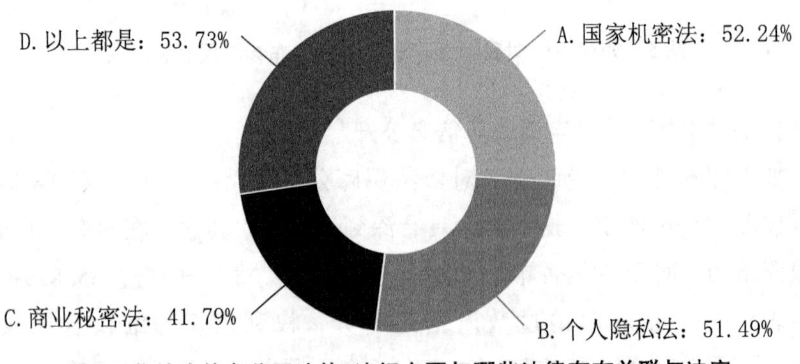

图 7　你认为信息公开法律/法规主要与哪些法律存在关联与冲突

（九）如何解读“依法保障公民的知情权、参与权、表达权、监督权”

如下表 2 所示，对此问题理解较为全面、深入者，占比 40.3%；其余五个方面的理解，各占一定比例。五个选项均是正确的，但合起来才是关于这个问答题的完整“正解”。这一方面表明，相关宣传尚未广泛地深入人心；另一方面表明，相关表述需要深入浅出、译为“老百姓听得懂”的语言，才有可能为其所知所懂、愿知愿懂。受调查者均是“中国最高法学学府的研究生”尚且不能全然知晓、参透五个选项，广大公众更有可能因法言法语与政治话语的硬表述而看不懂而不关注。这表明，面对研究生开设“政府新闻发布制度与信息公开法”通选课很有必要；面对广大公众，深入浅出地开展这方面的普法工作，不仅任重道远而且需要与“权利有限度；权利与权利发生冲突采取的平衡原则；社会公共利益优先、国家利益优先、在不损害他人合法权益的前提下”。

表2 如何解读“依法保障公民的知情权、参与权、表达权、监督权”

选项	小计	比例
A. 围绕完善民主权利保障制度这一主题	47	35.07%
B. 提出推进决策科学化、民主化，深化政务公开	62	46.27%
C. 依法保障公民的知情权、参与权、表达权、监督权	53	39.55%
D. 保障公民“四权”，是建立健全能够全面表达、有效平衡、科学调整社会利益的体制机制的需要	51	38.06%
E. 公民享有、行使“四权”，应当遵循“权利与义务相统一”的原则，享有权利必须同时履行义务，不得损害国家的、社会的、集体的利益和其他公民的合法权利	46	34.33%
F. 上述全部	54	40.3%

综上所述，我校参与调研的研究生们对政府新闻发布会关注程度较高，对政府新闻发布会这一直观、有效、影响面广的信息公开形式具有专业层面、作为普通社会成员层面的双重兴趣，“中国最高法学学府”的研究生普遍具有较强的“权利意识强”。但对如何保障公民知情权、参与权、

表达权、监督权，对政府新闻发布与信息公开等深度问题，我校研究生们虽有天然的敏锐意识，但“玉不琢不成器”，其专业认知有待若干门彼此呼应、相互支撑的通选课对其进行系统化的熏陶与引领。因此，为了完善研究生的知识与学科知识结构、引导其成为“贯彻全面依法治国战略，助力法治国家、法治政府、法治社会一体化建设”主力军与后备队，开设《政府新闻发布制度与信息公开法》通选课不仅必要而且具有一定的可行性。

（十）关于开设这门通选课的真实意愿

如下图 8 数据统计及饼状图显示，参与填卷的绝大部分研究生表示希望能够开设这门课程。其中，希望开设者占比 51.49%，不希望开设者占比 9.7%，希望开设且会选这门课的占比 20.15%，表示有必要开设但不一定会选这门课的占比 18.66%。

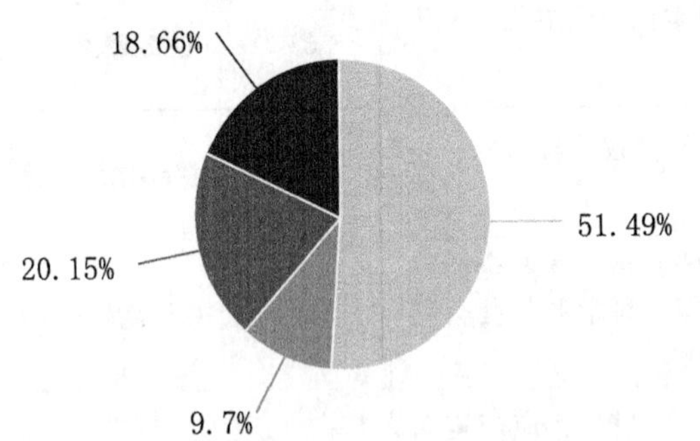

图 8　课程开设意愿征集

（十一）研究生喜爱的课程模式

如下图 9 所示，喜欢案例课的占比 10.45%，喜欢理论阐释课的占比 11.94%，喜欢结合上述两项的占比 47.01%，喜欢模拟政府新闻发布会与模拟法庭的占比 9.7%，希望案例研习、理论阐释、模拟政府新闻发布会、模拟法庭四项各占一定课时的占比 20.9%。这些数据具有一定的参鉴性与差异性，对是否开设、如何开好一门跨学科的新课尤其是一门通选课，具有先期“摸底试水温”的指示标作用。这门课程犹如“摸着石头过河”，不仅需有“顶层设计”，而且需以授课对象的教学体验与真实反馈为重要参鉴，为提高授课对象的抬头率、微笑率、参与率而“择善固执、量身定做”，不断完善教学内容板块、教学方式与课程考查方式。“政府新闻发布制度与信息公开法”这门跨学科课程，既有必要也有条件，见缝插针、细雨润物、做好课程思政。

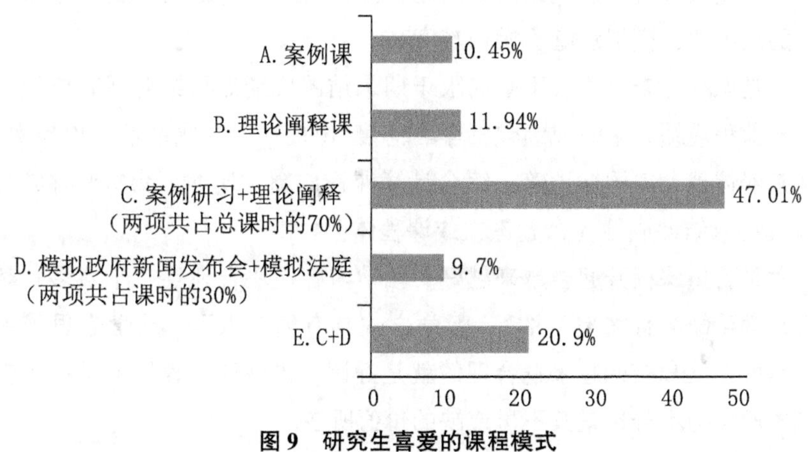

图 9　研究生喜爱的课程模式

（十二）受调查者对开设这门跨学科通选课的建议归类

如下图 10 所示，这是一个开放式问答题。相关建议归结如下：

一是案例尽量充足。新近、重大或古老、经典的案例，涉及国计民生、公共卫生与公众健康的重大突发事件、新冠病毒疫情之类的公共卫生事件的政府新闻发布会，案例源充足、获取路径便捷，具有热度或经典度，不仅是案例教学最好的文本首选也是理论阐释的直观显化与深入浅出，更是模拟政府新闻发布会的示范样本。

二是希望能带来全新的思考。新的教学内容板块设计、新的教学方式包括课程考查方式、新的打通不同学科之间相连通道的交叉体验、新的学术增长点，比如，“政府新闻发布制度与信息公开法之间的关系”“知情权与国家机密、商业秘密、个人隐私之间的关联与冲突”“权利与权利发生冲突，如何衡平？”“政府新闻发布、信息公开与法治政府建设的关系”，等等。

三是争取开成，精进讲好、教学相长、教师主导。“课比天大”，教师发挥好主导作用，是个需要用心、走心、入心的“技术活儿与良心活儿”；学生发挥学习的主体作用，教师需尽心尽力吸引学生学习、学生需“对得起自己的天资天赋、研究生身份与宝贵时光”，“师”与“生”犹如跷跷板，相向而行、各自努力、同心共振，以产生教与学的合力效果。

四是建议多讲一些理论前沿问题，弥补研究生对之的普遍兴趣与捕捉能力的局限性；模拟法庭，操作难度高。

五是课程考查方式。不必局限于期末结课成绩而需结合平时成绩、综合计算课程成绩。平时成绩包括学习态度/出勤率、主题展示、模拟实战、人文素养体现、家国意识等，综合计算课程成绩，比如，40%平时成绩加上60%期末结课成绩（命题论文或课程体会）。

六是希望课程开起、越来越好。教学内容模块合理且“干货多、教的恰好是学生缺的且渴望学的”；教学方式具有创新意识，让学生思维习惯越来越好、认知结构越来越合理的就是好课。讲好课、教好书是一个教师的基本职责与本分也是其不可或缺的价值所在。

七是注重实践。模拟实战与案例研习、理论阐释，相互支撑、彼此滋养，“纸上得来终觉浅，终知此事需躬行”。

八是早开设、早完善。教师思想力与行动力应当保持同步。我校顶层设计包括“跨学科课程/交叉性课程”这一块。既是积极因应也是从善如流、动态调整、永远走在不断完善的路上。

九是实事求是、不夸大不贬低。实事求是是我党的传家宝与制胜法宝。对于一门新课、教师主导与学生主学、教学相长、教学效果与反馈，无不如此。对于“开成一门有价值的课与能否证明其有价值”是两码事，不再执念。

十是希望开成专业选修课。作为“跨学科”课程的教改项目，开成通选课或专业选修课，各有其利弊。

十一是希望参与一次模拟政府新闻发布会。我校新闻学院本科生均有一次参加模拟政府新闻发布会的记忆，研究生也在本人课上有了一次开端。身处公众传播时代，“若不参加一次模拟政府新闻发布会、模拟法庭，将是在中国最高法学学府求学记忆中的缺憾”。学以致用、经世致用与理论求索、理论导引是互相滋养的，缺一不可。

案例充足
希望能带来全新的思考
争取开成、精进开好、教学相长、教师主导
通过具体案例展示实践的可能性
建议多讲一些理论前沿问题，目前对这方面理解不是非常多，模拟法庭有些适应不了
对于课程成绩的构成可以不局限于期末考试
希望越来越好
多加实践
早开设，早完善
实事求是，不跨大，不贬低
希望也能开设成专业课
多方面提高学生素质，很好
希望可以参与一次模拟政府新闻发布会
可以不仅仅是“跨学科”课程吗？如果能作为新闻学的专业选修课，我很乐意选

图 10　研究生对课程内容设置的建议

二、《我国政府新闻发布制度与信息公开法》跨学科课程的学科价值、课程思政价值与实证价值

当今媒体融合时代，突发公共危机事件情境中政府新闻发言人表现“失常、有误”极易衍生负面舆情，暴露政府新闻发言人制度存在的短板。政府可从明晰岗位责任、强化信息管理、狠抓岗前培训、量化能力清单、重视绩效考评、实施竞争上岗等方面对新闻发言人制度予以完善，以改善公共危机情境中政府新闻发布效果、提升政府危机管理水平，促进社会和谐稳定发展。

（一）我国政府新闻发布制度与信息公开法实效后的成绩与不足

我国政府新闻发布制度近三十年的建设与发展，经历了逐步深入的四个时期：以对外宣传为主导的政府新闻发布制度初步建立期，以政府传播与危机公关为主导的政府新闻发布制度全面建设期，以信息公开与危机沟

通为主导的政府新闻制度完善与创新期，以新媒体技术为支撑的政府新闻发布与政民沟通互动模式形成、政府新闻发布信息公开工作全面提升时期。[1]

政府新闻发布是政府信息公开的有效方式，政府信息公开是法治政府建设的微观着眼点。2019 年以来，我国政府新闻发布活动数量大增，成为政治传播的一种常见手段。政府信息公开不仅能够提升政府公信力，同时有利于调动社会公众对社会治理的积极性，是完善国家治理体系和治理能力现代化的重要内容，是其中的重要基础工程。[2]政府新闻发布制度化，从外生性压力开始转向内生性因素，逐渐成为国家治理体系和治理能力现代化的一种助推力量。

新冠疫情暴发以来，政府新闻发布形式多样、重视信息公开，部分地方形成新闻发布常态化模式，同时借助短视频和网络直播发挥舆论引导作用。[3]从制度完善、观念涵化、舆论生态良性转换、政治信任修复、官方信息源受信任程度强化，无不与社会治理有机结合，推促了政府、媒体、公众协同治理社会与共渡难关的良性互动。

但目前我国政府新闻发言人素质依然存在良莠不齐、信息发布不及时、遭网民围攻、政府新闻发布效果评估与保障机制不健全等不足之处。这些不足有多重根源。我国政府新闻发布制度的法律依据“知情权”一词既缺少显化表述也无大众化普及的场域，法律保障《中华人民共和国政府信息公开条例》（以下简称《政府信息公开条例》）对公众知情权救济诉求缺乏具体而细化的可操作性。[4]换言之，政府新闻发布制度化尚未走向法律化，该制度实施效果缺乏硬性的法律强制力。

（二）“政府新闻发布制度与信息公开法”研究的学术价值

互联网时代新的舆论生态下，我国新闻发言人制度的实施效果与法律依据亟待显化、法律保障亟待强化之间存有一定的因果关联。我国网民公

---

〔1〕 侯迎忠：《新媒体时代政府新闻发布制度创新与路径选择》，载《暨南学报（哲学社会科学版）》2017 年第 4 期。

〔2〕 汪建苇：《国家治理视域下的政府信息公开研究》，载《档案学研究》2015 第 6 期。

〔3〕 刘鹏飞等：《新冠肺炎疫情中的新闻发布与舆论引导》，载《青年记者》2020 年第 15 期。

〔4〕 赵春丽、许文：《政府信息公开背景下的公民知情权保障探究》，载《法制与社会》2021 年第 6 期。

众对此早已看破说破。此类研究不算超前、略显滞后。

历经时代打磨的法治，不是停留在字面意义上。从“人治”到“法制”，从“法制”到“法治”，从“法治”到“依法治国”，从“依法治国”到“全面推行依法治国”，这些不同时期的历史名词，不仅体现了不同历史阶段治国理政理念的进步与转换，体现了我国上层建筑的渐进成熟，更体现了我国国家治理理念由模糊到明晰、由感性到理性的渐进发展。换言之，全面依法治国战略已是唱响的当下主旋律，政府新闻发言人制度实效提升与法律保障强化是全面依法治国战略的工作抓手与突破口。此时研究，逢着契合的宏观语境。

作为网络大国，我国面临的多种机遇与压力不言而喻。国内民众的权利意识与表达诉求日渐增强，国外媒体、各路精英、广大网民对我国的成就与问题始终关注，好、坏舆情均易形成舆论风浪。如 2020 年新冠疫情见诸新闻至今，相关部门的新闻发布和信息公开存在诸多问题：前期准备不足，新闻发布会漏洞频出；团队缺乏默契，信息发布口径不一致；信息发布失当，滋生负面舆情；缺乏人文关怀，新闻发言人素养亟待提高等。[1]这些问题都反映出完善政府新闻发布制度的重要性。

2021 年 8 月 12 日，中共中央、国务院印发了《法治政府建设实施纲要（2021—2025 年）》确立了今后五年法治政府建设路线图。与《法治政府建设实施纲要（2015—2020 年）》相比，一个突出内容是健全突发事件应对体系、依法处置应对突发事件、引导规范基层组织与社会力量参与突发事件应对、提高应对突发事件处置水平；法治政府的定义多了“人民满意”“政府失信也将记录在案并且追究责任”。

政府新闻发布制度及其法律保障《政府信息公开条例》是法治政府的重要组成部分与关键切入点。此时研究政府新闻发布制度的实效及其根源、法律依据外化与法律保障强化，既必要又紧迫。

---

〔1〕 蔡文玲、靖鸣：《突发公共事件新闻发布问题与应对策略——以新冠肺炎武汉疫情防控新闻发布为例》，载《新闻爱好者》2020 年第 4 期。

(三)《我国政府新闻发布制度与信息公开法》跨学科课程的学科价值、思政价值、实证价值

1. 学科价值

党的十八届四中全会系统明确了法治政府的理论内涵和建设目标,即,职能科学、权责法定、执法严明、公开公正、廉洁高效、守法诚信。政府信息公开是法治政府的重要组成部分与应有之意,政府新闻发布制度是实现政府信息公开的重要方式与有效途径。[1]

政府信息公开是法治政府建设的微观着眼点,政府新闻发布是政府信息公开的有效方式;政府新闻发布制度化,从外生性压力开始转向内生性因素,已逐渐成为国家治理体系与治理能力现代化的一种助推力量。"政府新闻发布制度与信息公开法"作为教学内容进课堂,既是因应时代之问也是围绕国家战略而行。

我校顶层设计包含诸多内容,"跨学科课程"是其中一维。跨学科课程是具有内在联系的不同学科合并、融合而成的新课程、交叉学科课程。

世界的整体性、复杂性需要跨学科观念与方法、需要学科间的融合与渗透,当今世界尤其如此。跨学科课程着眼于跨学科思维培育与整体性人格培养,化静态为动态、化抽象为具体、化知识为智慧。跨学科课程首先表现为课程内容的这些改变。跨学科课程本质上是学习场景与方式的变革,运用跨学科观念解决真实问题,培养学习者的跨学科理解力,思维探究与跨界是解决真问题、重大问题的起点。

跨学科课程突破了行为主义学习理论、认知学习理论。学习是信息加工、存储与提取的个体认知过程也是发生于具体情境中的社会关联实践,具体且鲜活。跨学科课程具有多维社会关联与交往互动性,本身就是一种解决真实问题的实践活动,具有实践性、情境性、社会性特征。

顶层设计是基层落实的方向标与根本遵循,基层落实是实现顶层设计的基本途径。

---

〔1〕 马怀德:《新时代法治政府建设的意义与要求》,载《中国高校社会科学》2018 年第 5 期。

2. 思政价值

通过课堂内容设计与教学方法创新，吸引学生愿意学、喜欢学，对其进行细雨润物的“引领与主导”，激起学生的家国情怀与社会使命感。

通过案例研习、理论阐释、模拟政府新闻发布会与模拟法庭，“教之有物、启之开悟”，培养学生的“问题意识、问题导向、解决问题”思维，引领其将课堂与国家发展、社会治理等议题对接。

通过讲授政府新闻发布制度的信息披露、危机公关、风险舆情应对功能、实施效果与法律保障，启发学生思考“国之大”“治大国如烹小鲜”“政府新闻发布、信息公开法律保障是手段，齐心协力解决问题是根本”，关心国情、看懂舆情、站稳立场。

通过案例教学、理论阐释、模拟实战，引领学生体悟知情权与国家机密、商业秘密、个人隐私的关联与冲突，体悟“公开为原则、不公开为例外；捍卫知情权不能损害国家利益、社会公共利益和第三方合法权益；任何权利都有限度”。

通过课外阅读《政府信息公开条例》修订版、域外相关法律与经验教训，引领学生将课程学习与“法治国家、法治政府、法治社会一体化建设”对接思考，明白“顶层设计与基层落实、关键少数与广大民众、个人理想与国家发展”的辩证关系，找准理想志向与脚踏实地的平衡之道。

3. 实证价值

中国政法大学134个研究生参与了这次问卷调查。数据统计表明，开设这门跨学科、交叉型新课程是必要的且具有一定的可行性；“法治国家、法治政府、法治社会一体化建设；新闻发布制度是信息公开的重要组成部分与有效形式，也是法治政府建设的工作抓手与具体落实”等内容进课堂，既是培养学生用跨学科思维解决问题的关联性与互动性实践也是积极响应我校诸多顶层设计中“跨学科课程建设”的基层落实与添砖加瓦。

三、《我国政府新闻发布制度与信息公开法》教学内容与逻辑理路

（一）语境逻辑：政府新闻发布制度在全面依法治国战略坐标系中的位置

政府新闻发布制度是媒体和公众推动政府透明，增进政府与公民间联

系，了解政府立场、态度和经济、社会状况的一个关键通道，也是政府调节社会情绪和公共关系的安全阀门。[1]其搭建起了政府与媒体、公众之间的桥梁，是政府进行危机公关与风险社会治理的有效方式。全面依法治国战略的核心是依宪治国、关键是依法执政。基于人民主权、知情权、法治政府[2]的政府新闻发布制度既是政府信息公开的重要形式与组成部分也是全面依法治国战略的工作抓手与突破口。

（二）效果逻辑：政府新闻发布制度的实施效果、多种根源、对策探讨

政府新闻发布制度的实施效果，包括公众与传媒知情权的实现程度、政府危机公关与舆情风险应对的水平与实效。作为政府信息公开的制度性创举，其成绩不容置疑，但专业化程度有待提高，新闻发言人存在不愿说、不敢说、不善说等现象。[3]

多种根源包括官员旧有思维惯性与业务功底、公众容错纠错意识以及官员、新闻记者、公众各自的媒介素养问题、法律保障有待细化与强化。

对策包括法律保障细化与强化、政治责任涵化、业务技巧培训、容错纠错机制，以真正提升政府新闻发布制度的实施效果。新闻发言人要坚守"第一时间黄金原则"、善于借势新媒体；公众要容许新闻发言人犯错纠错；具有奖惩救济机制；今后制定《政府信息公开法》时细化明晰法律依据与法律保障。

（三）法治逻辑：政府新闻发布制度的法律依据外化与法律保障强化

政府新闻发布制度的法律依据是公众与媒体的知情权，源于人民主权理论与民主政治理论。实现公民的知情权、采集权、传播权之前提，是政情和社情的"信息公开"，即破除信息神秘化或信息封锁。[4]政府新闻发布制度的应然与实然总有差距，其实效优化取决于新闻发言人使命意识的

---

〔1〕 杨建国：《透明政府视阈下政府新闻发言人制度建构》，载《东北大学学报（社会科学版）》2010年第1期。

〔2〕 刘颁：《政府信息公开法理分析》，载《人民论坛》2014年第8期。

〔3〕 陈虹、高云微：《关于完善中国新闻发言人制度若干问题的思考》，载《现代传播（中国传媒大学学报）》2014年第1期。

〔4〕 张艳红：《法律依据法律保障的实际状况——中美新闻发言人制度之比较》，载《新闻记者》2004年第9期。

进一步涵化、危机公关与风险社会治理的紧迫感增强、法律保障的细化、明晰与自由裁量权适度。

（四）因果逻辑：政府新闻发布制度的实效优化与强化法律保障的内在关联

政府新闻发布制度是政府借由大众传媒向公众进行信息发布、风险舆情应对与危机公关的有效方式。《政府信息公开条例》为新闻发布制度提供了理念指导框架和法律基础，[1]是政府新闻发布制度目前最直接的行政法规保障文本，具有法的效力。《政府信息公开条例》内容与程序设计、救济机制配套设置、容错与纠错机制的细化程度高、可操作性强、自由裁量范围合理，就能提升政府新闻发布制度的实施效果，反之亦然。

（五）矛盾逻辑：《政府信息公开条例》与其他相关法律的冲突与平衡

2008年5月1日《政府信息公开条例》实施以来，既有成绩也有不足。知情权与国家秘密、商业秘密、个人隐私之间的权利冲突，政府自由裁量过度与公众滥诉，《政府信息公开条例》仅是行政法规、是法而非法律。也就是说，其法律效力低于全国人大常委会制定的《中华人民共和国保守国家秘密法》《中华人民共和国档案法》等法律，实践中因《政府信息公开条例》的层级低而与前述各法可能形成冲突并受制约。[2]从近年的实践情况来看，信息公开领域存在滥用申请权和滥用诉权的现象，如对征地拆迁补偿安置不服而反复申请信息公开、极个别职业申请人提起了某些部门的大部分申请等。[3]要解决这类问题，需秉持“国家与社会公共利益原则；权利平衡原则；法的安定性与与时俱进性”予以综合考量。

（六）问题导向逻辑：《政府信息公开条例》修订版的亮点

2019年开始实行的修订版旨在致力于政府信息公开的程序正义与实体

---

〔1〕 张志安、周嘉琳：《谁来说、说什么、怎么说——新闻发布的制约因素及其保障机制》，载《新闻与写作》2017年第1期。

〔2〕 昇平：《信息公开法值得期待》，载《青年记者》2019年第9期。

〔3〕 耿宝建、周觅：《政府信息公开领域起诉权的滥用和限制——兼谈陆红霞诉南通市发改委政府信息公开案的价值》，载《行政法学研究》2016年第3期。

正义。比如信息公开的例外情形如何细化，程序设计如何更简洁、具有可操作性，公民知情权救济机制如何得到切实保证，如何避免政府自由裁量权过大，如何有效规避公民滥诉或恶意诉讼。

四、《政府新闻发布制度与信息公开法》跨学科课程的着力点

一是培养学生的跨学科思维。拟将致力以跨学科研究方法，寻找新闻传播学、政治学、法学（行政法、宪法、诉讼法）、社会学、心理学、哲学、公关学等学科领域的相关议题群与问题点，融会贯通其内在机理以寻找多学科“殊途同归、九九归一”的学科通道。

二是激发学生全员参与、高度仿真的趣味感与成就感。案例教学的生动直观与核心理论阐释的思维训练、模拟新闻发布会与模拟法庭的高仿真、各专业学生“跨界”合作，令其找到模拟实战的趣味感与成就感。比如在前期70%课时案例研习与理论阐释基础上，后期30%课时用于举办模拟新闻发布会、模拟法庭，教师指导、点评与修正，学生全员参与、分工合作。

三是对学生进行见缝插针、细雨润物的课程思政隐化教育。通过上述课堂内容设计与教学方法创新，吸引学生愿意学、喜欢学，对其进行细雨润物的“引领与主导”，激起学生的家国情怀与社会使命感。

通过案例研习、理论阐释、模拟新闻发布会与模拟法庭，“教之有物、启之开悟”，培养学生的“问题意识、问题导向、解决问题”思维，引领其将课堂与国家发展、社会治理等议题对接。

通过讲授新闻发布制度的信息披露、危机公关、风险舆情应对功能、实施效果与法律保障，启发学生思考“国之大”“治大国如烹小鲜”“政府新闻发布、信息公开法律保障是手段，齐心协力解决问题是根本”，关心国情、看懂舆情、站稳立场。

通过案例教学、理论阐释、模拟实战，引领学生体悟知情权与国家机密、商业秘密、个人隐私的关联与冲突，体悟“公开为原则、不公开为例外；捍卫知情权不能损害国家利益、社会公共利益和第三方合法权益；任何权利都有限度”。

通过课外阅读《政府信息公开条例》修订版、域外相关法律与经验教训，引领学生将课程学习与“法治国家、法治政府、法治社会一体化建设”对接思考，明白“顶层设计与基层落实、关键少数与广大民众、个人理想与国家发展”的辩证关系，找准理想志向与脚踏实地的平衡之道。

四是《问卷调查报告》既是教学相长也是提前“广而告之”。学生的真实意愿与真知灼见是教师所需的珍贵参鉴与信息启示源，教学相长；问卷设计既是普及“新闻发布制度与信息公开法”常识也是为课程开设“打广告。”

神经机器翻译在商务英语教学中的应用分析
——以《商学英语读写》教学为例*

王清然　庞家任**

一、引言

强化“新文科”建设是文科教育的发展趋势，《商务英语》作为新文科建设的核心课程之一，融合了商学、语言学和语言技术三个领域的基础知识，以培养复合型高素质人才为目标，兼具“文+文”和“文+理”两类学科交叉点。

《商学英语读写》是中国政法大学商学院本科生在第一学年的商务英语类通识必修课，其生源来自经济学、金融学、工商管理与国际商务四个专业。《商学英语读写》课程具有跨学科属性，因此，任课教师在教学实践中，会同时注重提升学生的专门用途英语语言能力和商务素养，以期与商学院四个专业的培养目标相一致，即“通过跨学科、跨专业、跨院校、跨国内外的人才培养创新模式，培养社会需要的高素质应用型、创新型、国际通用型和复合型的一流人才”。〔1〕

* 本文系2021年北京市社会科学规划基金项目“跨文化传播与中国话语的全球建构研究”（项目编号：21YYB005）、中国政法大学青年教师科研启动项目“国际贸易、神经机器翻译与语言服务企业绩效”（项目编号：10822335）之阶段性成果。

** 王清然，中国政法大学外国语学院讲师；庞家任，清华大学经济管理学院副教授。

〔1〕《中国政法大学本科培养方案（2020版）》，载http://jwc.cupl.edu.cn/info/1055/7294.htm。

信息技术进步给外语教学与研究带来了新的机遇与挑战。[1]迄今为止，机器翻译（Machine Translation，MT）领域见证了三次主流技术变革：自20世纪80年代后期计算机辅助翻译工具（Computer-assisted Translation Tools，CAT）的广泛使用、20世纪90年代后期统计机器翻译（Statistical Machine Translation，SMT）技术的快速发展以及当前神经机器翻译（Neural Machine Translation，NMT）技术在学术研究和商业用途方面的推广和应用。[2]而自2016年推出以来，神经机器翻译已被证实优于统计机器翻译，并在各种在线机器翻译系统中取代了后者。有鉴于此，笔者将神经机器翻译技术引入《商学英语读写》的教学中，以期能更好地将学生培养成复合型语言服务人才，为提升我国商务语言服务质量作出贡献。

本研究采用语料库分析法，以中国企业官方网站的“关于我们”版块的文本为研究样本，自建了涉及百度翻译、有道翻译和必应翻译（Bing Translator）的教学语料库，借助Coh-Metrix 3.0、Stata 14.0分析软件，实证检验了神经机器翻译技术对商学专业学生的商务译文可读性的影响，并结合译文中的典型案例进行相关分析。本研究可为商学英语课程建设、教学改革提供思路方法，对新文科复合型人才培养具有启迪意义。

二、研究背景

（一）技术进步与商务英语人才培养

截至2021年，全国开设商务英语专业的院校已达414所，[3]在十年中增长五倍有余，表明我国商务英语人才培养已初步形成规模效应。当下，经济全球化使各国对语言服务的需求增加，而信息技术的迅猛发展进一步提升了语言服务的生产效率，这都促使语言服务产业处于蓬勃发展的时期，[4]

---

〔1〕 黄立波：《大数据时代背景下的语言智能与外语教育》，载《中国外语》2022年第1期。

〔2〕 王清然、徐珺：《技术进步视域下机器翻译技术对语言服务行业的影响分析》，载《中国外语》2022年第1期。

〔3〕 根据教育部逐年发布的《普通高等学校本科专业备案和审批结果》统计。

〔4〕 王清然等：《国际贸易与语言服务企业绩效》，载《经济学报》2022年第2期。

然而，商务英语专业的课程设置还处于探索阶段，[1] 其人才培养模式仍沿用传统的外语教学理念与方法，存在需求导向和应用型教育不足的缺陷，[2] 难以跟上行业发展的步伐。刘法公指出，合理有效地进行实践教学是商务英语教育的核心议题。[3] 因为在各类跨国商务活动中，熟练的商务翻译能力是企业对商务英语人才的基本要求，所以商务翻译是商务语言服务的核心内容。[4]

自20世纪90年代开始，翻译技术与教学的有机融合一直是翻译教学研究者们最为关注的议题。[5]学者们相继指出并论证了在翻译人才培养方案中增设机器翻译或计算机辅助翻译相关课程的必要性和现实意义。[6]但Luo et al. 通过抽样调查发现，我国仅有6.75%的本科翻译课程和7.9%的硕士课程与机器翻译相关，而其调查样本中的88%的翻译硕士表示自身机器翻译的知识储备十分有限。[7]

在商务翻译的教学研究中，学者们同样十分关注前沿技术。王立非和黄湘琪提出了在商务翻译教学体系中设置机辅翻译课程的必要性；[8] 梅明玉探索了 VR 与 AR 技术在商务翻译教学中的情景构建模式；[9] 刘晓东和李德凤分析了语料库技术在商务翻译教学中的应用模式。[10] 但是，由

---

〔1〕 柳华妮：《供给侧结构性改革理论与商务英语课程资源配置与优化研究》，载《外语电化教学》2017年第5期。

〔2〕 傅恒：《"学习共同体"式跨境电商语言服务项目课程设计研究——以商务英语人才培养为例》，载《外语电化教学》2021年第3期。

〔3〕 刘法公：《论商务英语专业培养目标核心任务的实现》，载《中国外语》2015年第1期。

〔4〕 穆雷、邹兵：《论商务翻译人才培养模式——对内地相关期刊论文和学位论文的调研与反思》，载《中国外语》2015年第4期。

〔5〕 Kenny, D., "CAT Tools in an Academic Environment: What are They Good for?", *Target* 11, 1999.

〔6〕 Mellinger, C., "Translators and Machine Translation: Knowledge and Skill Gaps in Translator Pedagogy", *The Interpreter and Translator Trainer* 11, 2017.

〔7〕 Luo, H., Meng, Y. and Lei, Y., "China's Language Services as an Emerging Industry", *Babel* 64, 2018.

〔8〕 王立非、黄湘琪：《高校机辅商务英语写作教学系统的研发》，载《外语电化教学》2011年第6期。

〔9〕 梅明玉：《基于 VR/AR 的商务翻译具身认知教学环境构建》，载《上海翻译》2019年第6期。

〔10〕 刘晓东、李德凤：《COCA 英语语料库在英汉商务翻译教学中的应用》，载《中国科技翻译》2020年第1期。

于距神经机器翻译技术的正式商业应用尚不到六年，因此少有研究实证检验其在商务翻译教学中的应用效果。《商学英语读写》的核心课程目标之一是提升学生的商务翻译能力，鉴于此，任课教师将神经机器翻译技术引入课堂教学，并实证检验其对学生商务翻译能力的影响，从而填补上述文献空白。

（二）可读性理论与译文质量测评

在可读性理论的发展过程中，众多研究者对可读性进行了概念界定。克莱尔（Klare）认为文本的可读性是指文本易于理解的程度，而文本的写作风格是决定可读性的首要因素。[1] 杜拜（Dubay）强调了目标读者对文本可读性的重要意义，指出文本的可读性是指特定群体读者对特定文本进行理解的难易程度。[2] 被主流可读性研究所采用的经典定义则强调了语言特征对文本可读性的影响：即可读性（Readability）是指读者阅读和理解书面文本的难易程度，在自然语言中，文本的可读性主要取决于其使用词句的长度，词汇和语法的复杂性及其表示方式等因素。[3]

孙艺风指出，从目标读者出发，译文文本的可读性十分重要。[4] 有鉴于此，可读性理论已被应用于译文评估，[5] 而译文可读性或可读性的适度性差，都将影响目标读者的信息接受程度。[6] 在商学领域，可读性则主要被应用于两类商务文本分析，即企业沟通文本与商学学术论文。[7] 对于企业沟通文本而言，文本可读性越高，企业与其利益相关者沟通效果越好，[8]

---

[1] Klare, G., *The Measurement of Readability*, Ames: Iowa State University Press, 1963, pp. 35-36.

[2] Dubay, W., *The Principles of Readability*, Costa Mesa: Impact Information, 2004, pp. 11-12.

[3] Dubay, W., *Unlocking Language*, Charleston: BookSurge Publishing, 2007, pp. 20-23.

[4] 孙艺风：《文化翻译》，北京大学出版社 2016 年版，第 64 页。

[5] Chen, X., S. Acosta and A. Barry., "Evaluating the Accuracy of Google Translate for Diabetes Education Material", *JMIR Diabetes* 1, 2016.

[6] 杨文地：《〈中庸〉英译文本与译者写作文本定量对比研究》，载《外语电化教学》2019 年第 4 期。

[7] Stone, W., "Readability of Accountants' Communications with Small Business—Some Australian evidence", *Accounting Forum* 35, 2011.

[8] Leong, E., M. Ewing and L. Pitt., "E-comprehension: Evaluating B2B Websites Using Readability Formulae", *Industrial Marketing Management* 31, 2002.

且企业文本的可读性与其股票交易量呈显著正相关,[1] 因此, 企业文本可读性的提高将会显著提升企业与其利益相关者的沟通效果。由此可见, 对于企业沟通文本译文而言, 更高的可读性代表着更好的翻译质量。

企业沟通领域文本可读性测量最常使用的指标包括 Flesch 可读性测量指数和 Lix 指数。[2]

弗莱士可读性测量指数包括弗莱士易读性指数和弗莱士年级水平指数:

$$\text{FleschReadingEaseIndex} = 206.835 - 1.015\left(\frac{\text{totalwords}}{\text{totalsentences}}\right) - 84.6\left(\frac{\text{totalsyllables}}{\text{totalwords}}\right) \quad (1)$$

$$\text{FleschGradeLevelIndex} = 0.39\left(\frac{\text{totalwords}}{\text{totalsentences}}\right) + 11.8\left(\frac{\text{totalsyllables}}{\text{totalwords}}\right) - 15.59 \quad (2)$$

弗莱士易读性指数越高, 文本的可读性就越强, 阅读难度越低。例如, 一般而言漫画书的弗莱士易读性指数超过 80, 学术教材低于 50, 科技文章则低于 30。弗莱士易读性指数 30 以下表示文本的阅读难度很大, 适合受过高等教育的读者。Flesch 年级水平指数越高, 文本的可读性就越低, 它和弗莱士易读性指数的测量参数类似, 但所占比重不同, 前者相对强调句长, 后者相对强调词长。弗莱士指标广泛应用于企业沟通文本分析, 且以往研究发现该指标信度较高, 因此本研究选用该指标。

Lix 指数的计算公式如下:

$$\text{LixIndex} = \left(\frac{\text{totalwords}}{\text{totalsentences}}\right) + \left(\frac{\text{longwords} * 100}{\text{totalwords}}\right) \quad (3)$$

不同于其他指标使用音节数测量词长的方法, Lix 指数通过测量字母数量来测量词长 (字母数量超过 6 个即为长单词), 因此运算更加客观和

---

[1] De Franco, G. et al., "Analyst Report Readability", *Contemporary Accounting Research* 32, 2015.

[2] Smith, M. and R. Taffler., "Readability and Understandability: Different Measures of the Textual Complexity of Accounting Narrative", *Accounting, Auditing & Accountability Journal* 5, 2015.

便捷。Lix 指数的句长测量方法与弗莱士指数相同。Lix 指数越大，就代表文本的可读性越低，一般认为，Lix 指数在 55 以上表示文本阅读难度较高。已有研究证明 Lix 指数适用于五种语言的可读性测量，在英语文本测量中，它与 Flesch 指数相关度达 0.9，[1] 因此本研究也沿用该指标。

为了弥补上述指标只能反映词句表层语言特征的缺陷，有研究者提出了加入其他语义和句法因素的测量指标来测量文本的难度，其中有代表性的是 Coh-Metrix 软件所提供的易读性模块。[2] 易读性模块由八个指标构成：叙事性（narrativity）、句法简约性（syntactic simplicity）、词汇具体度（word concreteness）、指称衔接（referential cohesion）、深度衔接（deep cohesion）、动词衔接（verb cohesion）、连接度（connectivity）和时序性（temporality）。在汉英译文评估领域，Coh-Metrix 3.0 已被应用于分析评论性文章的语篇衔接特征；[3] 以及典籍译文的可读性，[4] 但少有研究用其测量商务汉英译文的可读性。

三、研究设计

（一）研究样本

本文以中国企业网站的“关于我们”（ABOUT US）版块的文本作为本次教学实验的翻译文本。研究的样本企业选自 2019 年美国《财富》杂志（*Fortune*）世界 500 强排行榜中 30 家中国企业。由于企业网站内容过于庞杂，搜集全网站文本是几乎不可能的，因此本文选取国内外研究热点中的网站主页“关于我们”版块作为分析单元。[5] 该版块的设立目的是通过

---

[1] Smith, M. and R. Taffler., “Readability and Understandability: Different Measures of the Textual Complexity of Accounting Narrative”, *Accounting, Auditing & Accountability Journal* 5, 2015.

[2] Graesser, C. et al., “Coh-Metrix: Providing Multilevel Analyses of Text Characteristics”, *Educational Researcher* 40, 2011.

[3] 许家金、徐秀玲：《基于可比语料库的翻译英语衔接显化研究》，载《外语与外语教学》2016 年第 6 期。

[4] 杨文地：《〈中庸〉英译文本与译者写作文本定量对比研究》，载《外语电化教学》2019 年第 4 期。

[5] Abdullah, Zetal., “Building a Unique Online Corporate Identity”, *Marketing Intelligence & Planning* 31, 2013.

与各利益相关者沟通来建立企业形象，美国《财富》杂志世界500强排行榜中98%的企业网站都设有“关于我们”版块。[1]该板块也是影响网站用户在浏览主页后决定是否继续浏览该网站的重要因素。Leong et al. 在对企业网站进行可读性研究时，也是选取了“ABOUT US”版块。[2]不同企业在该版块的栏目设计各不相同，本研究选取了企业网站普遍介绍的企业概况、企业历史、业务介绍、使命宣言、企业文化和企业战略，排除了企业新闻、机构介绍、企业荣誉等，以及图表、音频和视频。

（二）机器翻译平台的选取

本研究选取必应翻译、百度翻译和网易有道翻译三个在线机器翻译平台，作为本次教学实验的工具平台。选取这三个平台的理由如下：①这三个机器翻译平台均已采用了神经机器翻译技术，通过检测其在教学实验中的表现，可以有效地检验神经机器翻译技术的成熟度；②研究将对汉译英文本的可读性进行测评，基于推出时间早、在英语国家和汉语国家知名度高、免服务费等原因，上述三个机器翻译平台是世界范围内汉英机器翻译用户使用量最高的平台；③以上三个机器翻译平台均依托于全球最顶尖的高科技公司，而这些高科技公司均对机器翻译技术有大量的研发投入（Luo et al.，2018），其产品代表了机器翻译的最高水平。

表1通过对这三个机器翻译平台公布的信息进行整合，从推出时间、主要技术、语言种类、平台类型、主要服务、非API服务定价、API服务定价七个方面对研究选取的机器翻译平台进行了综合对比。

表1 基于神经机器翻译系统的主流翻译平台对比

平台	必应翻译	百度翻译	网易有道翻译
推出时间	2009.6.3	2011.6.30	2007.9.18

〔1〕 Scott, J.，“A Re-Examination of Fortune 500 Homepage Design Practices”, *IEEE Transactions on Professional Communication* 58, 2015.

〔2〕 Leong, E. et al.，“E-Comprehension: Evaluating B2B Websites Using Readability Formulae”, *Industrial Marketing Management* 31, 2002.

续表

平台	必应翻译	百度翻译	网易有道翻译
主要技术	统计机器翻译 神经机器翻译	神经机器翻译 多种主流翻译模型 搜索技术	统计机器翻译 神经机器翻译
语言种类	64	28	108
平台类型	网页 浏览器插件 手机 APP API 翻译机 Office 内嵌翻译	网页 浏览器插件 手机 APP API 翻译机	网页 浏览器插件 手机 APP API 翻译机
主要服务	文本翻译 全网页翻译 权威词典 离线翻译 拍照翻译 实时语音翻译 智能手表同步 近音词搜索	文本翻译 全网页翻译 权威词典 离线翻译 拍照翻译 实时语音翻译 考试词库	文本翻译 全网页翻译 权威词典 离线翻译 拍照翻译 实时语音翻译
非 API 服务定价	免费	免费	免费
API 服务定价	每月免费 200 万个字符的任意标准翻译和自定义训练组合，超出该限额后按不同翻译类型和不同翻译字符数范围收费	通用 API 月译字符数低于 200 万免费，超过后按¥49/百万字符收费； 定制化 API 共享语料免费，保密定制费用协商决定； 语音翻译、拍照翻译 SDK 按月调用次数阶梯收费	文本翻译按翻译字符数或每月活跃客户端数边际不变收费； 语音翻译、拍照翻译按月调用次数阶梯收费

数据来源：各平台公布的信息。

(三) 研究方法

研究过程主要包括以下七个步骤：

(1) 登录样本企业中文网站，找到“关于我们”，搜集相关文本信息。

(2) 分别为《商学英语读写》课堂上的四个小组的被试[1]布置四项翻译任务：a 组在 45 分钟内独立翻译指定“关于我们”中文文本；b 组在 45 分钟内借助必应翻译，翻译指定“关于我们”中文文本，并进行译后编辑；c 组在 45 分钟内借助有道翻译，翻译指定“关于我们”中文文本，并进行译后编辑；d 组在 45 分钟内借助百度翻译，翻译指定“关于我们”中文文本，并进行译后编辑。

(3) 在规定时间内，督促被试完成上述翻译任务，并将译文提交至学习通平台。[2]

(4) 登录学习通平台，收集四组被试在四项任务中提交的翻译语料，建成四个小型英文教学研究语料库。

(5) 使用 WordSmith 5.0 软件对上述四个语料库的语料进行分析，计算标准类型符比、词长（字母数）、句长，并基于此计算 Lix 指数。

(6) 使用 Coh-Metrix 网络版对四个语料库的语料进行分析，计算词长（音节数）、弗莱士易读性指数、弗莱士年级水平指数、八个易读指数（叙事性、句法简约性、词汇具体度、指称衔接、深度衔接、动词衔接、连接度、时序性）。

(7) 使用 SPSS 统计软件对独立译文语料库和三个译后编辑语料库进行各个指标的比较分析，评测神经机器翻译技术对被试商务译文可读性的影响。

---

[1] 被试均为中国政法大学商学院的学生，在此次教学实验前，已修读完一个学期的课程，因此具备一定专业课基础和商务专业知识。每个实验小组 30 人，共 120 名学生参加了本次教学实验。四个小组被试学生在高考英语成绩上不具有显著差异，说明每个小组的基础英语水平基本一致。

[2] 学习通为中国政法大学在疫情防控期间的指定教学平台。

表 2 展示了四个教学语料库的运行形符数和标准化类符/形符比。

表 2　四个教学语料库的基本信息

	独立译文	译后编辑（必应）	译后编辑（百度）	译后编辑（有道）
运行形符数	336330	350664	344748	338604
标准化类符/形符比	40.21	38.91	38.21	39.08

四、统计结果与讨论

“关于我们”（ABOUT US）版块的文本属于企业沟通文本。对于企业沟通文本而言，文本可读性越高，企业与其利益相关者沟通效果越好（Leong et al.，2002），且企业沟通文本的可读性与其股票交易量呈显著正相关（De Franco et al.，2015），因此，企业沟通文本可读性的提高将会显著提升企业与其利益相关者的沟通效果。由此可见，对于企业沟通译文，更高的可读性代表着更好的翻译质量和更强的商务翻译能力。

本文使用商务文本可读性分析最常用的 Lix 指数、弗莱士易读性指数与弗莱士年级水平指数（以下简称为“可读指标”），以及描述性指标作为判定被试商务译文整体可读性的核心指标。同时，为了弥补上述指标只能反映译文表层特征之缺陷，研究进一步采用了 Coh-Metrix 易读性模块中的八个分类指标（以下简称为“易读指标”）来完善译文可读性评价体系，旨在从多个层次全面评估被试商务译文的可读性。下文汇报并分析了本次教学实验的实证结果。

（一）必应翻译

表 3 呈现了采用独立模式进行翻译的被试译文与采用译后编辑模式（借助必应翻译）进行翻译的被试译文的描述性指标与可读指标测量结果，以及相关的比较分析结果。实证结果显示，在 10%的显著水平下，独立译文在六个指标上都与译后编辑（必应）译文无显著性差异，这表明两者的可读性相差无几。

表 3　描述性指标与可读指标（必应翻译）

测评指标	独立译文	译后编辑（必应）	指标比较（p 值）
词长（字母数）	5.48	5.59	独立译文<译后编辑（.515）
词长（音节数）	1.977	1.989	独立译文<译后编辑（.716）
句长（字母数）	16.58	17.95	独立译文<译后编辑（.417）
Lix 指数	51.67	52.63	独立译文<译后编辑（.366）
弗莱士易读性	21.532	22.776	独立译文<译后编辑（.612）
弗莱士年级水平	15.341	15.215	独立译文>译后编辑（.521）

表 4 呈现了采用独立模式进行翻译的被试译文与采用译后编辑模式（借助必应翻译）进行翻译的被试译文的易读指标测量结果，以及相关的比较分析结果，实证结果显示，在 10%的显著水平下，独立译文在八个指标上都与译后编辑（必应）译文无显著性差异。表 3 和表 4 展示的实验结果，表明在《商学英语读写》的课堂翻译练习中，必应在线翻译系统对提升学生商务译文可读性没有明显助益。鉴于此，任课教师在之后的商务翻译教学中，应告知学生尽量避免使用必应在线翻译系统作为机辅翻译工具。

表 4　易读指标（必应翻译）

测评指标	独立译文	译后编辑（必应）	指标比较（p 值）
叙事性	−1.818	−2.157	独立译文>译后编辑（.088）
句法简约性	−0.877	−0.429	独立译文<译后编辑（.125）
词汇具体度	1.230	1.012	独立译文>译后编辑（.319）
指称衔接	−0.420	−0.403	独立译文<译后编辑（.125）
深度衔接	−0.716	−1.028	独立译文>译后编辑（.085）
动词衔接	−0.143	−0.103	独立译文<译后编辑（.618）
连接度	−2.415	−2.522	独立译文>译后编辑（.341）
时序性	−0.536	−0.636	独立译文>译后编辑（.965）

（二）有道翻译

表5展示了采用独立模式进行翻译的被试译文与采用译后编辑模式（借助有道翻译）进行翻译的被试译文的描述性指标与可读指标测量结果，以及相关的比较分析结果。实证结果显示，在1%的显著水平下，两组译文在词长（字母数）、词长（音节数）、句长（字母数）与Lix指数的测量中不存在显著差异；但是在弗莱士易读性指数的测试中，译后模式译文（有道翻译）的测量值显著地高于独立模式译文（MD=6.109）；在弗莱士年级水平指数的测试中，译后模式译文（有道翻译）的测量值显著地低于独立模式译文（MD=-3.988）。根据弗莱士测量指数的定义，弗莱士易读性指数越高，文本的可读性就越高；弗莱士年级水平则与易读性指数相反，数值越高代表文本的可读性越低。因此，实证结果表明，采用有道翻译可以显著地提升被试商务译文的整体可读性。

表5 描述性指标与可读指标（有道翻译）

测评指标	独立译文	译后编辑（有道）	指标比较（p值）
词长（字母数）	5.48	5.63	独立译文<译后编辑（.563）
词长（音节数）	1.977	2.110	独立译文<译后编辑（.710）
句长（字母数）	16.58	20.43	独立译文<译后编辑（.081）
Lix指数	51.67	53.23	独立译文<译后编辑（.091）
弗莱士易读性	21.532	27.641	独立译文<译后编辑（.001）***
弗莱士年级水平	15.341	11.353	独立译文>译后编辑（.000）***

*** 代表1%的显著水平。

表6展示了Coh-Metrix易读指标结果，进一步明确了两组译文语篇可读性产生差异的具体原因。实证结果显示，在1%的显著水平下，译后模式译文的句法简约性、指称衔接、深度衔接指标测量值都显著地高于独立模式译文（MD=0.489，0.737，0.48）。根据Coh-Metrix易读指标的定义，句法简约性与单词数量、句法结构有关；句子中单词越少、句法结构越简单，该指标得分越高；指称衔接反映了文本中的实词、概念随文本展开而

相互联系的程度，联系越紧密，则得分越高；深度衔接则衡量了文本中的句子和从句以因果连词和其他连词衔接的程度，与各类连词的比例正相关。

研究结果表明：①在翻译商务文本的过程中，有道翻译可以帮助被试降低商务译文的句长，以及虚词和实词的比例，从而使译文句法结构较为简单，使目标读者在阅读和理解过程中不需要处理大量词汇和记忆太多观点；②有道翻译可以帮助学生提高文本句子中实词、名词等词汇的重叠度，进一步提高词汇和观点的联系程度，从而使商务译文不出现上下文意义或者观点的断层；③有道翻译可以帮助学生在商务翻译过程中较多地使用 so、because 等因果连词和 after、finally 等时序连词，因此使译文文本的逻辑关系增强，读者比较容易推断文中观点。

表 6 易读指标（有道翻译）

测评指标	独立译文	译后编辑（有道）	指标比较（p 值）
叙事性	-1.818	-1.953	独立译文>译后编辑（.677）
句法简约性	-0.877	-0.388	独立译文<译后编辑（.000）***
词汇具体度	1.230	1.340	独立译文<译后编辑（.081）
指称衔接	-0.420	0.317	独立译文<译后编辑（.000）***
深度衔接	-0.716	-0.236	独立译文<译后编辑（.000）***
动词衔接	-0.143	-0.172	独立译文>译后编辑（.954）
连接度	-2.415	-2.391	独立译文<译后编辑（.274）
时序性	-0.536	-0.415	独立译文<译后编辑（.208）

*** 代表 1%的显著水平。

（三）百度翻译

表 7 展示了采用独立模式进行翻译的被试译文与采用译后编辑模式（借助百度翻译）进行翻译的被试译文的描述性指标与可读指标测量结果，以及相关的比较分析结果。实证结果显示，在 5%的显著水平下，译后模式译文在 Lix 指数（MD = -2.52）的测量中存在显著优于独立模式译文；

在1%的显著水平下，在弗莱士易读性指数的测试中，译后模式译文（百度翻译）的测量值显著地高于独立模式译文（MD=5.019）；在弗莱士年级水平指数的测试中，译后模式译文（百度翻译）的测量值显著地低于独立模式译文（MD=-2.129）。以上结果表明，采用百度翻译作为辅助翻译工具，可以有效地提升被试商务译文的整体可读性。

表7 描述性指标与可读指标（百度翻译）

测评指标	独立译文	译后编辑（百度）	指标比较（p值）
词长（字母数）	5.48	5.67	独立译文<译后编辑（.753）
词长（音节数）	1.977	2.101	独立译文<译后编辑（.513）
句长（字母数）	16.58	14.28	独立译文>译后编辑（.021）**
Lix指数	51.67	49.15	独立译文>译后编辑（.027）**
弗莱士易读性	21.532	26.551	独立译文<译后编辑（.000）***
弗莱士年级水平	15.341	13.212	独立译文>译后编辑（.000）***

** 和 *** 代表5%的显著水平和1%的显著水平。

表8展示了Coh-Metrix易读指标测量结果，实证结果显示，在5%的显著水平下，译后模式译文（百度翻译）的叙事性指标测量值显著地高于独立模式译文（MD=0.217）；在1%的显著水平下，译后模式译文的句法简约性、词汇具体度、指称衔接、深度衔接、动词衔接、连接度、时序性指标测量值都显著高于独立模式译文（MD=0.299，0.692，0.937，0.291，0.089，0.7，0.221）。其中，句法简约性、指称衔接与深度衔接的测量结果的分析逻辑与借助有道翻译的译后模式译文一致，此处不再赘述。

根据Coh-Metrix易读指标的定义：首先，叙事性指标反映了文本叙述故事、事件过程或一系列人类活动的程度，与词汇熟悉度、先验知识和口语化程度正相关，因此，结果表明，百度翻译可以促使被试在商务翻译过程中使用平均熟悉度较高的实词、降低句长，以及减少被动语态的使用。其次，当文本中使用的实词比例越高、意义越丰富、可想象性越强，则词汇具体度越高，读者越容易理解文本信息。独立模式译文的词汇具体度较低，表明被试在翻译企业沟通文本时，使用的词汇较为抽象，使得其读者很难形成大脑意象，文本的可理解度便也较低，而百度翻译可以帮助被试改善这一问题。再次，动词衔接指标反映了文本中动词重叠的程度，如果文本多次出现相同或意义相近的动词，则动词衔接测量值会较高。译后模式译文（百度翻译）的动词衔接度较高，即表明百度可以帮助学生在翻译任务中提高意义相同或者相近的动词或者其他实词的使用频率，因此读者更容易理解企业沟通文本所传递的信息。最后需要指出的是，动词衔接指标的提升可以增加文本的叙事性，便于低水平读者构建文本情境。但是考虑到企业简介的目标读者应该是具有较高认知水平的群体，其译文的动词衔接水平不宜过高，即不宜过于重复使用某些动词。

表 8 易读指标（百度翻译）

测评指标	独立译文	译后编辑（百度）	指标比较（p 值）
叙事性	−1.818	−1.601	独立译文<译后编辑（.015）**
句法简约性	−0.877	−0.578	独立译文<译后编辑（.000）***
词汇具体度	1.230	1.922	独立译文<译后编辑（.000）***
指称衔接	−0.420	0.517	独立译文<译后编辑（.000）***
深度衔接	−0.716	−0.425	独立译文<译后编辑（.000）***
动词衔接	−0.143	−0.054	独立译文<译后编辑（.007）***
连接度	−2.415	−1.715	独立译文<译后编辑（.002）***
时序性	−0.536	−0.315	独立译文<译后编辑（.000）***

** 和 *** 代表 5%的显著水平和 1%的显著水平。

下面以上汽集团官网的“关于我们”文本为例，分析独立模式译文和译后编辑模式译文（百度翻译）在词汇具体度上的差异：[1]

〔1〕 受篇幅所限，此处仅提供词汇具体度指标的案例分析。如有要求，作者也可提供其他指标的案例分析。

例（词汇具体度）

企业官网原文：上汽集团整车销量达到693万辆，同比增长6.8%，继续保持国内汽车市场领先优势。

独立模式译文：SAIC's vehicle sales reached 6.93 million units, an increase of 6.8% YoY, and continued to maintain the leadership status of the domestic automotive market.

译后编辑模式译文（百度翻译）：SAIC's vehicle sales reached 6.93 million units, a year-on-year increase of 6.8%, keeping its leading position in China.

在上述例子中，对于"上汽集团继续保持国内汽车市场领先优势"中的"保持国内汽车市场领先优势"，在独立模式下，被试将其译为"maintain the leadership status"，而在译后编辑模式下，被试则将其译为"keeping its leading position"。由此可见，在独立翻译模式中，被试使用的词汇较为抽象，难度较高而可视化程度较低，使得读者很难形成大脑意象，文本的可理解度便也较低。而在译后编辑模式中，由于有了百度翻译的帮助，这个问题得以纠正，如上表8所示。

连接度衡量了文本中显性表达逻辑关系的数量，与转折连词的比例、附加连词的比例等正相关；而文本包含的时序衔接手段越多，相同的动词时态、体态越多，则时序性指标越高。由于企业沟通文本中含有大量对复杂经济现象的解释，所以企业沟通译文连接度与时序性水平的提升有助于目标读者理解译文文本中各种经济变量之间的逻辑关系。实证结果显示，百度翻译的使用可以帮助学生提高企业沟通译文连接都与时序性水平，从而提升其商务翻译质量。

五、结语

本文基于可读性理论，借助Wordsmith和Coh-Metrix两个语料库工具，通过构建四个独立翻译模式与译后编辑模式教学语料库，实证检验了神经机器翻译技术对商学专业学生商务译文可读性的影响。研究结果显示：①必应翻译在三个描述性指标、三个可读指标，以及八个易读指标的测量中，对学生商务译文文本均无显著影响；②有道翻译在两个弗莱士指数，以及句法简约性、指称衔接和深度衔接的测量中，对学生商务译文文本具有显著影响；③百度翻译在一个描述性指标、三个可读指标，以及八个易读指标的测量中，对学生商务译文文本具有显著影响。研究结果表明，在本次商务译文可读性的教学实验中，百度翻译的表现明显优于必应翻译与有道翻译。有鉴于此，笔者为《商学英语读写》的课程建设提出了以下两个建议：①使用百度翻译为首选机辅翻译教学工具；②重视语言技术发展，将前沿技术（如神经机器翻译技术、VR 技术等）有机地融入商务英语教学，顺应新时代文科教育的发展趋势。

本研究的局限主要在于检验样本的体裁比较单一，只涉及汉译英的企业沟通译文文本，没有探讨神经机器翻译技术对学生的其他商务体裁译文（如商学学术论文、财务报表、企业任务说明书等）的影响。因此。笔者计划在下一步的《商学英语读写》的教学实验中，扩展学生的商务译文体裁，从而全面考察神经机器翻译对商务翻译教学的影响。此外，如果经费和技术能力允许，评测工具库可以加入 Diction、Wordstat 等多维分析工具，从性格和情感等多角度评测商务译文，特别是商务译文跨文化调试的状况。

试析 BOPPPS 教学设计及其在犯罪心理学教学中的应用[*]

刘建清[**]

一、教学技巧工作坊与 BOPPPS 教学设计概述

20 世纪 70 年代，随着加拿大等北美社区学院、大学发展的日益成熟，迫切需要为一些已有专业经验与训练而暂时没有合格资格的教师提供短程而高效的培训协助。基于这方面的需求，当时加拿大高等教育部专业发展部门委托教育专家研发并实验一套增进教学技巧的课程。这套课程要求时间较短，却能提供高等教育环境所需的基本教学技巧。此即为 1978 年完成并快速传播于加拿大、美国及其他国家的大学、学院、教育机构中广泛传播的教学技巧讲座/工作坊（Instructional Skills Workshop, ISW）。

在教学技巧讲座提供的课程设计有许多方式，在教育教学实践探索中展现不同的教育效果。而 BOPPPS 正是在较长的教育实践活动中实证出来的良好教学课程设计模式。BOPPPS 课程设计模式包括导言（Bridge-in）、目标（Objective）、前测（Pre-assessment）、参与式学习（Participatory learning）、后测（Post-ass-

---

* 本文系北京市高校优质本科课程项目与研究生教育教学改革项目（2021）的研究成果。

** 刘建清，中国政法大学社会学院教授。

essment)、总结（Summary）等六个有机联系的部分。[1]

BOPPPS 教学设计的理论基础来源于以结构主义、建构主义心理学为中心的学习认知发展说（J. Piaget，1955）、发现学习论（J. Bruner，1966）、教学目标理论（B. Bloom，1956）、多元智力理论（H. Gardner，1983，1990）。以这些学习理论为基础，BOPPPS 教学设计主张：

（1）学习是学习者的学习；学习的本质在于形成一种认知结构；学习者原有的知识经验是建立新的认知结构的基础；学习过程有赖于思维、理解或者顿悟。[2]

（2）学习的过程是学习者主动建构知识与发现特定答案的过程；并在这一过程中体现出四个原则：动机原则、结构原则、序列原则、反馈原则。

（3）课程内容正确设计一系列互相关联的学习单元，各单元应当包括学习者所应掌握的知识、概念、原理与行为、方法等；学习者对学习单元做好认知、情感的准备；鼓励学习者与教学者互教互学，教学者与学习之间、学习者之间发扬合作精神。

（4）学习的目标是多元性的，既是整体性的，也是具体的；学习目标是合作的成果，各学习目标之间相互依存、相互促进；学习的过程是学习者个人的责任，也是教师与学习者、学习者之间人际互动的积极体现。

二、BOPPPS 教学设计的基本结构

BOPPPS 教学设计模式包括导言、目标、前测、参与式学习、后测、总结等六个紧密联系的有机部分。[3]

（一）导言

学习的主要责任在于学生，但同时教学者亦有责任创造有利于学生学习的情境。“导言”的功能即是在教学活动中提高学生的注意力以及突显

---

〔1〕 穆华、李春：《BOPPPS 模型及其在研究型教学中的应用探究》，载《陕西教育（高教）》2015 年第 10 期。

〔2〕 ［美］罗伯特·斯莱文：《教育心理学：理论与实践》（第 10 版），吕红梅等译，中国工信出版集团、人民邮电出版社 2016 年版，第 29~30 页。

〔3〕 辛姝泓：《以打造“金课”为目标的可持续改进混合式教学模型构建》，载《教育现代化》2019 年第 103 期。

课程内容与学生之间的关联。导言有时也被称作是“动机说明”，或者俗称为“钩子”，它能帮助学生维持在接下来课程中的注意力、兴趣点与独立分析的愿望。

（二）学习目标

学习成果通常是描述在一套课程或一堂课完成时，学生所能达到的具体目的或目标；学习目标则需要叙述得比学习成果更为精确，包括表达性学习成果与陈述性学习成果。

在一堂课中，教学的主题往往会着重于其中的一个方面：①认知：知性上的成果，包括理论、概念、观点、因素与条件；②技能：新的技术、表现，或者事物的创造；③情感：态度、价值观、信念、情绪。

（三）前测

教师知晓学习者的相关基础，确定该如何教起，又该如何教。

前测的一般策略/技巧：最好的前测是包含开放性的提问，也就是无法用简单的“是”或“否”的回答有问题。开放性问题让学生能够把他们的生活经历加入课堂中来，促进学生的积极性参与和投入。其他的前测策略有教学前进行的尝试测验（可包含特定观念、动作技能的专有名词、细节、公式等）；将课堂主题相关的知识串联起来；思维刺激（如头脑风暴的问题），等等。

（四）参与式学习

参与式学习是 BOPPPS 课程设计的重点与核心，它为学生有效地获得认知、技能与相应情感体验提供过程与路径的支持，更是学生发现学习、探究学习、创新学习的方法论基石。

学习是一种学习者主动的过程，唯有主动投入学习内容或思考、操作任务中，学习者才可能体会深入学习。这样的学习才可能延续持久，这也是与应付考试的学习（表面学习）的显著差异所在。

在教学过程中，每一个教师和每一个学习者都会建构自己的学习，形成自己独特的学习风格，进而主动创造他们自己的整套知识、技能与态度体系、价值观。

有效学习中参与有两种：教学者与学生之间的互动、由教学者引导的学生之间的互动。在 BOPPPS 课程设计与执行中，要求教学者在教学全过程中鼓励学生参与主动学习，参与到学习过程中的知识、能力、技能及态度、情感的获得与形成进程中。[1]

参与式学习的操作策略需要对学生有深入的了解：他们有多想要"学着去学习"，如果是一群熟悉学习过程的学生，则教学者可能只需要稍微指引就能让他们进入一个探索的学习情境。这对于学生主动获得知识、培养能力，以及形成相应技能、积极的态度—情感都是极为有效的环境。

(五) 后测

后测能够回答两个问题：学生学到了什么？预计的目标是否达到？后测要与课程开始时所预设的学习类型和程度相匹配。

(六) 总结

如果课程开始让学生对自己有明确的学习目标，则在结束时想办法让他们重新检视学习过程与成果。如同导言可以简介并启动一堂课程，结论则能总结并整理所学知识技能，营造出完成的感觉；它也能帮助学生反思并整合学习的内容，教学者的总结往往能引入未来的课程。

结论可以包含内容回顾、小组总结、反馈（如一分钟短文汇报)、表扬成果、应用（如个人的行为规划)、个别意向等。无论采用何种方法，作为 BOPPPS 的最后一步，总结往往是需要十分精确而简洁，以构完整的教学过程。

三、BOPPPS 教学设计在犯罪心理学教学中的应用

犯罪心理学是犯罪心理分析与探索犯罪心理对策的应用型课程，是刑事法学与心理学的交叉科学。它在培养复合型、应用型法学人才中发挥独特的作用。其应用性的学科与课程特点，要求该课程确立培养学生独立分析犯罪人心理及灵活应用心理对策的知识、能力，以及积极的正义感受、使命感的教学目标。在此 BOPPPS 教学设计，以其教学目标具体明确、参与互动的教学过程，以及前测——后测检验等特征，比较适应于犯罪心理

---

[1] 李爽、付丽：《国内高校 BOPPPS 教学模式发展研究综述》，载《林区教学》2020 年第 2 期。

学课程的实施。

BOPPPS 在犯罪心理学课程中的运用，可以实现大学教育的优良实践原则：落实良好的师生关系、落实主动学习的态度、落实优良的及时反馈、落实优良的时间观念、落实优良的同行合作、落实积极的愿景与期待。并通过专业知识与专业人员、课堂规则与管理、沟通技巧、创造力与解决问题的能力等要素，切实地落实有效教学/学习要素有组织，达到有效教学的目标。

经过犯罪心理学的教学实践，证明 BOPPPS 课程设计能够有效地促进知识传播、技能训练与积极情感态度恶劣的养成，并在学生专业能力培养中发挥突显的作用。如下表 1 是 BOPPPS 课程设计在犯罪心理学（女性犯罪心理专题）教学中应用的概况：

表 1　犯罪心理学（女性犯罪心理专题）——教学演练流程设计表

<table>
<tr><td>专题名称</td><td colspan="5">女性犯罪的情感动机</td></tr>
<tr><td>讲 授 者</td><td>TF</td><td>组别</td><td>NO. X</td><td>日期</td><td>XXXX-XX-XX</td></tr>
<tr><td>学习目标</td><td colspan="5">学习者独立地分析说明女性犯罪的情感动机表现</td></tr>
<tr><td></td><td>时间</td><td>教学者活动</td><td colspan="2">学习者活动</td><td>教材设备</td></tr>
<tr><td>导言</td><td rowspan="2">3 分钟</td><td>典型案例（劳荣枝案）：
案情介绍导入</td><td colspan="2">学习者浏览案件材料（纸质及屏幕演示）</td><td>提前发放案例文本</td></tr>
<tr><td>学习目标</td><td>学习者结合案例独立地说明女性犯罪的情感动机</td><td colspan="2">学习者经验式思考</td><td>课件 PPT</td></tr>
<tr><td>前测</td><td>2 分钟</td><td>教师提问：
1. 女性犯罪动机体系中，情感情绪的动机作用有多大？
A. 主要力量
B. 次要力量
C. 无关紧要
2. 学生对女性犯罪动机的确信度调查表</td><td colspan="2">1. 学习者快速选择
（选择 A/B/C?）
2. 自评确信度（7 点量表）</td><td>课件 PPT</td></tr>
</table>

续表

参与式学习	25分钟	分析：劳荣枝案 问题：19少女追随恶棍，为什么？ 组织：TPS-小组报告	分为两组讨论与分析 A组："英雄观偏差"组 B组：情感动机组 TPS-小组报告法 动机要素解析—观点	课件PPT 案例：劳荣枝案
后测	5分钟	"案例分析检测" 通过列举其暴力性/控制性/财物动机/女性参与	1. 张君的犯罪情人4F提问 （犯罪动机：利益/情感？） 2. 自评确信度（7点量表）	课件PPT
摘要/总结	10分钟	情感动机（情感中心） 1. 迷恋+嫉妒动机 2. 人格精神与行为引导："深渊的力量"	1. 跟随教师参与式思考 2. 学习者自由提问	课件PPT

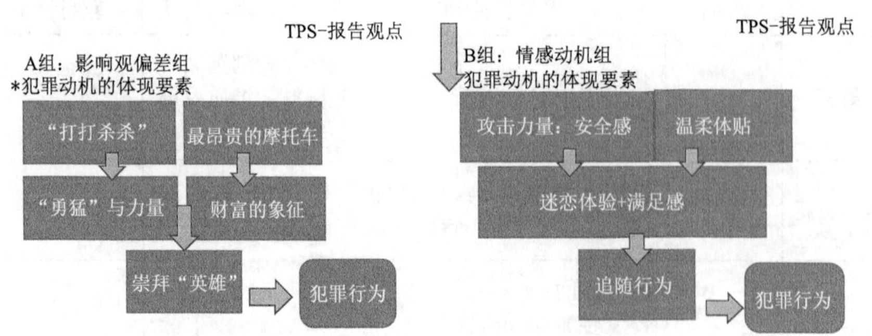

图1 案件教学图示：劳荣枝犯罪动机的心路历程

通过参与式教学过程，即思考—分组—分享（Think-Pair-Share，TPS）发现法的运用：①"英雄观偏差组"：学生个体从案件素材中（思考）发现相关的支持证据、小组成员分享观点、形成统一结论、小组报告观点。原始力量崇拜与对财物的追求：崇拜"英雄"、追随犯罪行为。

②"情感动机组"：学生个体从案件素材中（思考）发现相关的支持证据、小组成员分享观点、形成统一结论。小组报告观点："安全感"与温柔体贴的情感生活需要；迷恋体验与满足感；追随行为而犯罪。③教学者：将两组观点整合。"英雄观偏差"是"攻击力量"的体现与支持要素，与犯罪人的情感因素互相作用又互相支持，形成统一的女性犯罪的情感动机。④结论：女性犯罪动机体系中，"英雄观偏差是表象"，而"情感犯罪动机是核心"。⑤教学延伸（人格与情操维度）：结合女性犯罪动机，适时引出高尚的人格与情操在人生中的重要价值。

四、教学中适用的参与式教学方法

在 BOPPPS 教学模式的引导下，在当前信息时代条件下犯罪心理学的本科及研究生阶段的教学（包括应用心理学及法律心理学的专业课程教学）需要改变传统的以教师讲述为主导、学生相对被动接受知识的教学方法，而主动地采用直观形象化、灵活多样的、学生多维度参与的、以培养学生独立的专业分析能力为教学目标的教学策略、方法与技巧。具体而言，适应于 BOPPPS 模式课程设计与课程操作的、同时又适合于犯罪心理学大学课程的典型教学/学习方法有发现教学法、同伴教学法、4F 提问法、典型案例分析法、作品分析法、研究型学习法、观点辩论法、专家报告法、田野调查法——参观实习法、网络辅导法等。

（一）发现教学法

发现教学法是一种探究式的教学方法。指教师在教授学生学习概念和原理时，向学生提供一种问题情境，给学生一些事实（例）和问题，让学生积极思考，独立探究，自行发现并掌握相应的原理和结论的一种方法，而不是将学习的内容直接提供给学生。[1]

发现教学法的思想渊源可上溯到古希腊哲学家苏格拉底"产婆术"的教学方法和近代西方教育家卢梭、第斯多惠、斯宾塞、维果斯基等人的教

---

〔1〕［美］罗伯特·斯莱文：《教育心理学：理论与实践》（第 10 版），吕红梅等译，中国工信出版集团、人民邮电出版社 2016 年版，第 211~212 页。

学思想，然而当代各国教师广泛采用此法乃是美国教育家布鲁纳积极倡导的结果（此为 BOPPPS 的理论基础之一）。

发现教学法的指导思想是以学生为主体，让学生独立地实现认识过程。教师只是扮演着学习促进者的角色，引导学生对这种情境发问并自己收集证据，让学生在这一过程中有所发现、有所悟得知识与情感体验。

发现式教学方法的基本教学过程可以描述为以下四个阶段：第一，教师创设问题情境：学生在这种情境中生疑惑，并直接提出要求解决的具体问题。第二，教师促使学生提出解答的假设。第三，学生从理论上或者实践中去检验自己的假设。第四，学生根据相关的材料或前人已有结论，在全面评价之后得出自己的结论。

可见，该教学法与 BOPPPS 课程设计之理念及操作过程完全相匹，可以实现融合。发现教学法在 BOPPPS 设计课程中具有独特的地位，尤其体现于其中的参与式教学核心环节中。它对于激发学生的智力潜力、培养学生的自我激励的内在动机、学生获得解决问题的能力、探索的技巧、增强学生的责任心、学生记忆的保持等方面都有极大地利于学生的主动学习及学习成果的应用。

（二）同伴教学法

同伴教学法是一种促进教师与学生互动、学生之间互动的教学方法，它设计简单却能够有效地促进学生的主动参与。[1]

同伴教学方法的典型步骤，可以根据课堂或是学生的特殊需求进行更改，基本包括：①以教师设计的概念性问题为先导。②学生独立思考概念性的问题。③教师给学生 2~3 分钟的时间来组织自己的回答。学生以小组（3~4 人）为单位讨论他们的自己形成的答案，并就“正确”的判断与答案达成共识观点。④学生解释他们自己的推理与问题求解的过程以支持自己答案，即论点、论证及证据的有机结合呈现。⑤学生学习小组讨论之后，再次被要求独立回答此前提出的问题，以加强或深化对相关知识的

---

〔1〕［美］罗伯特·斯莱文：《教育心理学：理论与实践》（第 10 版），吕红梅等译，中国工信出版集团、人民邮电出版社，2016 年版，第 247~250 页。

认知。

在同伴教学法的 BOPPPS 实际应用发展中，TPS（Think-Pair-Share）就是其典型、简洁化的体现：通过学生独立思考、分组讨论、小组分享等环节，教师有计划地、系统地激发全体学生（无论多种层次的学生）积极参与思维的一种有效的教学方法。

（三）4F 提问法

4F 提问法是一种从多侧面、多层次，而且渐渐导向深入的提问方式，它由事实（F1）、感受（F2）、发现（F3）与将来（F4）四个维度构成，它对于课堂中集中学生的注意力、激发学生的兴趣与思考具有重要的作用，其中提问的方式、方法影响甚大。

第一步：事实。

提问直接指向事件、行为、经历、故事、人物。这是可持续对话的基础，用客观事实来引发服务对象分享的感受与收获。可以用 What—Who—When—Where 四种问句引导服务对象对话。例如，你从案件素材中注意到了什么？作案的时间地点、被害人、作案的环境？

第二步：感受。

提问涉及情绪、感受等体验。当有了客观事件后，我们就可探寻进一步的对话。例如，你看到犯罪人供述时，你有什么样的情绪反应？你阅读被害人的哭诉时，你有什么感觉？

第三步：发现。

提问关于发现/找到、原因/经验、澄清/判断的信息。例如，面对繁杂的案件信息时，你有什么特别注意到的地方？以你掌握的犯罪心理学理论观点以及你的经验，你会有什么样的初步判断？

第四步：将来/影响。

提问涉及未来、影响、可能性。例如，如果由你来主持这次侦查或审讯活动，你会怎么做？面对这个（或这类）案件的经验，对你的未来计划有什么影响？从这些案件中，你可以得到关于犯罪审讯或犯罪预防策略方面什么样的启示？

4F 提问法是一种简洁而实用的提问方法，它可以顾及不同层次的学生水平，可以渐渐地导入从知识、技能、能力到情感、人格层面的学习过程。也可将提问的四个环节连贯使用，如采取追问的方式：诸如“如果是你认为这样，然后呢？……然后呢？……然后呢？……然后呢？”（“SO-WHAT”回应与追问模式）。在BOPPPS课程设计中，通常运用于课程的导言、参与式讨论及总结延伸环节之中。

（四）典型案例分析法

在BOPPPS课程设计中，典型案件分析法是较为匹配的参与式教学方法。在犯罪心理学课程的案例教学法的运用中，典型的、代表性案件的选择非常重要，因为只有具有代表性的案件分析才能引导学习者加以模仿与深入地了解犯罪者。在选择典型案件时，需要注意区别典型的案件与极端的案件之差异，尤其是不能将典型案件与极端的、变态型的犯罪案件等同（因为变态型犯罪只是整个犯罪现象中的极少数）。虽然极端的、变态案件可以激发学习者的极大兴趣，但它并不能代表其他类型的犯罪案件。同时，深度地分析案例中犯罪人的犯罪心理特征与犯罪行为特点更具有专业的价值，而不是一般的了解案情和犯罪人情况表面描述。所谓犯罪人的犯罪心理特征分析就是分析导致其犯罪行为发生的态度（如犯罪思维模式、犯罪合理化）、情绪情感特质、行为习惯与独特的犯罪人格特征，而犯罪行为特点主要是指犯罪行为的模式（如动力定型）、犯罪手段、犯罪习惯、犯罪惯技等。在具体的犯罪心理分析中，还要经常性地联系犯罪人的成长经历及心理创伤、挫折事件，将其过去经历与现时的事件综合考虑。在教学实践中，典型化的、各类型犯罪案件往往具有较好的分析过程示范作用，例如《吴谢宇杀母案》《张君系列持枪抢劫杀人案》《靳如超石家庄爆炸案》《刘海洋伤熊案》《陈正平投毒案》《九·一八开封文物盗窃案》《刘拴霞杀夫与受虐综合征》《赵氏弗吉尼亚校园枪击案》等，以及中央电视台《今日说法》《社会与法》《法治在线》等主流媒体中相关栏目报道的案件，都是近年来媒体广泛报道的案例，它们典型地代表了财产犯罪、暴力犯罪、性犯罪、未成年人犯罪、女性犯罪、有组织犯罪、变态人格犯罪的犯罪者心理与犯罪行为特征。

此教学法的探索实践在刑事学科类的课程教学中历来已久。它在犯罪心理学的教学同样非常适用。它不仅可以让学习者真切了解真实的犯罪者与犯罪过程，而且激发学习者试图以专业的视角看待、分析犯罪者的心态与犯罪行为。对于社会中刚刚发生的或者正在审理的热点刑事案件，它还可以激发学习者尝试以所学习的理论与方法去预测、分析真正犯罪人的技能。教学实践证明，它们能较好地帮助学习者理解犯罪心理动力与犯罪行为模式。

(五) 研究型教学法

此教学法是以专题或项目研究为切入点，让学习者在具体的研究活动中深化所学知识、培养专业技能。具体的做法有利用心理学实验室的科研条件，让学习者真实地学习操作犯罪心理测试技术、脑电测试技术、记忆失真技术、犯罪心理画像技术、催眠技术、罪犯行为矫正技术、模拟审讯技术、对犯罪嫌疑人的访谈及讯问技术，以及特定人群的心理特征测量、实验技术等，加强其动手操作技能。还可以结合教师正在进行的科研活动、研究项目或者组织兴趣学习小组开展。如在 BOPPPS 中，借鉴 TPS 小组报告、分组辩论技术，研究型教学法可以发挥研讨过程吸引与观点渐渐深入提升的独特优势，同时，可以大大促进学生的独立思辨能力、与他人分享观点、集思广益的学习态度。

(六) 作品分析法

所谓犯罪心理学课程中的作品分析法，就是将具有犯罪心理及行为分析特征的文艺作品作为素材的教学方法。在 BOPPPS 课程设计，作品分析法，主要实施于课前准备及课后扩展、学习成果验证等环节之中。

此类作品一般包括电影作品、电视作品、专题研究作品及探索纪录作品。传统而经典的犯罪心理类电影有：《七宗罪》《人骨拼图》《爱德华大夫》《沉默的羔羊》《黄道十二宫》《精神病患者》《陌生人》《命案十三宗》《红蜘蛛》《浪潮》《犯罪实验》以及近年来欧美电视系列剧《犯罪心理》《疑犯追踪》等，都具有较好的观赏性，又具有相当独特的犯罪心理学的专业视角。

犯罪心理专题性质的研究型及纪录作品，如以精神病理研究成果“邪恶的等级”而制作的专题片罪犯 22 级剖析（MOST EVIL-22）、以美国联邦调查局犯罪实战为背景的《全球重大案件侦破实录》《世界十大悬案》，英国广播公司以真实案件为背景而制作的系列纪录片《重大罪犯》《少年监狱》等，由于其专业性突出、针对性强，在教学活动中证明具有良好的促进效果。在采用作品分析法时需要特别注意的问题有：有意识将作品特定内容与课程中相关理论或观点相联系（避免作品成为单纯一般消遣或欣赏的对象）；强调作品中进行专业分析的维度与视角；提醒作品中所呈现案件的类型特征与特异性（避免学生将案件特征过分地泛化而无意识地混淆了各特定类型案件的基本特点与差异性）。为配合课程教学运用，有条件的应该将作品进行相应的编辑，删节某些纯粹的故事情节，以呈现与课堂内容紧密相关的作品部分。对于篇幅较长的作品，可以引导学生在课堂外的时间进行欣赏与分析，也可以采用集体组织形式或个体赏析形式进行。

可见，文艺作品虽然是艺术形式地表现了某些类型犯罪案件，有的还明显具有夸张、典型化或过分艺术化的痕迹，但其案件往往具有司法事件的原型，并在真实生活中有所体现，它对犯罪者、事件参与者以及犯罪事件有着不同程度的心理描写，这对于犯罪心理学的学习者是一种很好的了解不同类型犯罪人的机会。而且，好的犯罪心理体裁的作品，往往以犯罪心理学及人格心理学、病理心理学的基本原理、应用技术为基础，艺术化地展开犯罪情节与犯罪者的心理历程，对于故事化、形象化地揭示犯罪心理具有独特的吸引力。因而，特定的作品可以成为犯罪心理学课程教学的有益补充与延续。

（七）专家讲座（专题研究报告）

结合特定的教学内容，邀请本学科、打击犯罪领域的专家学者、突出成就者，对相应的专题进行理论或者实践的讲座与报告，以大大地扩展学生的视野，开拓其思考，领悟到所学习理论与技术在司法实践中的真实价值。BOPPPS 教学设计中，通常专家讲座（专题报告法）作为某一课程或专题完成时的拓展与延伸环节使用，也可作为特别专题兴趣小组的高级体现形式。例如，以真实案件侦破与我国犯罪现象为基础的《刑事侦查中犯罪心理测试技术》《中国罪犯心理测试技术的演变与发展》《中国犯罪心理画像技术的现状与发展》《西方审讯技术中的问题与对策》《心理专家证人的应用价值》《文化差异与犯罪心理分析》《打击暴力犯罪中危机干预的策略》《行为矫正技术（分级处遇制）在我国监狱管理与罪犯改造中的运用》《我国罪犯心理咨询技术与发展》《警察的工作压力与应对》等讨论型的专题报告，由于其报告内容的现实性与专业性，学习者往往具有极大的热情，有些学生正是在专家报告的激发下决意进一步深造学习的。

（八）文献资料分析法

此方法较多在 BOPPPS 课程设计中运用于教学的前期准备阶段与教学结束时对下次教学内容延伸、扩展的环节。例如，《犯罪心理学纲要》《在证人席上》《被暗示性》《审讯心理手册》《犯罪心理画像技术》《西方刑事经典论著系列（犯罪动机剖析系列）》《美国 FBI 对典型校园枪击案件调查报告》《罪犯矫正手册》《犯罪心理测试技术》等，都是适宜于教学中运用的较好研究文献资料。

文献资料分析法可以采用课堂讨论式与报告式开展。课堂讨论式让学生课堂前对文献资料进行全面的了解与思考，在课堂上进行提问、回答（教师回应与学生之间回应、对质交流），可以大大地深化基本理论观点。而报告式则是布置学习者在扩展学习相关文献资料后进行核心的书面报告、小组代表报告、课堂交流。此教学法对教师而言，关键在于选择针对性强的研究文献资料（在后期也可以尝试提供专题或方向让学生自己搜索文献），而对于学生而言，关键在于认真阅读思考这些相关的研究文献或论文，方能在课堂交流讨论中有大的收获。[1]

此种教学法是将特定犯罪心理学专题的研究资料或学术论文引入教学活动中以加强学习者对相应理论观点理解掌握的方法。这些文献资料（包括犯罪心理的专题调查报告与论著）多数是专题研究学术报告或学术综述资料，对于扩展与深化学习者的分析视野具有重要的激发作用。

（九）田野调查——参观实习法

由于犯罪心理学科本身具有的交叉应用学科的性质，学习者到实践部

〔1〕 张永春等：《基于 BOPPPS 模式的药物分析课程混合式教学探索与实践》，载《教育现代化》2019 年第 87 期。

门的参观实习自然成为教学的重要组成部分与必要补充。

BOPPPS 教学设计中常常通过田野调查或参观实习的方法，应用与扩展课程中所形成的观点、技巧，也可为进一步的学习提供丰富的资源与实践体会。由于大多数的学生是从学校到学校的生活经历，他们对犯罪及司法实践并没有建构起客观、真实的知识背景，他们对犯罪现象及犯罪人的经验印象往往来自影视作品等间接经验或非正式经验。可以让适时学生进入监狱、看守所、劳教所等实践部门，让学生接触不同的真实犯罪人，了解影响犯罪心理、犯罪行为的不同因素，了解不同类型犯罪人的心理与行为特征，这可以促使学生深入地理解所学知识与技能；对具体案件中犯罪嫌疑人的犯罪动机通过诸如结构性访谈或心理量表的测评等技术深入探讨和分析，以深化课本上相关理论知识的理解及操作应用性。

（十）网络辅导法

网络辅导法可以通过学校现有的教学网络平台进行，如提供文献资料、教学答疑、教学安排、作业传送与批改等教学信息，也可以实现及时快捷的教学问题及学术交流，并把问题教学与学术研究、学生品格培养有机结合起来。[1]这是在现代信息技术的背景中，BOPPPS 教学设计实际运用的拓展与延伸，通过线上线下的有机结合，团组与个别化的辅导，更加丰富与拓展学生在课程中所学知识、能力、技巧及态度、情感，持续而稳定地实现整体教书育人的目标。

此教学法还可以通过教师专门设定的网络途径（如专题讨论平台、公共电子信箱等）实现高效率的个别化教学辅导与专题化交流。

当然，无论采取何种方式方法，或几种方法联合在 BOPPPS 中的应用，学习者主动积极参与为要旨，学习者在认知、技能与情感方面达成协议学习目标为第一标准。在 BOPPPS 支持下教学实践中，往往需要是多种教学/学习方法的综合运用，互相配合、相互补充，形成良好的整体效应。[2]

---

〔1〕 冯瑞玲等：《基于 BOPPPS 和“对分”的混合式课堂实践及成效》，载《教育教学论坛》2020 年第 3 期。

〔2〕 汤向明、杨昔阳：《基于 BOPPPS 和翻转教学的数学建模课堂教学策略》，载《教育评论》2019 年第 7 期。

由此观之，BOPPPS 课程设计是信息技术的时代条件下，以人本主义教育教学理念与发现学习理论为基础，强调以学生为中心，以真实而稳定的教学效能为导向，以学生参与式学习为中心环节的课程设计模式，在近四十年的多层次教学实践中得到验证、发展出来的应用型教育、教学成果；它在我国大学教育中也已经渐渐展现出其积极、有效的教学成果。犯罪心理学作为一门具有独特研究对象的应用型交叉课程，可以尝试运用此方案进行实际的教学模式改革，以达到学习者在专业知识技巧、独立分析犯罪人心理，以及相应的人格情操培养中发挥作用。课程设计模式多种多样，只有在教学实践中验证有效的模式才能具有稳定而持久的生命力；课程设计模式只是一种工具，其教学目标/学习目标应该始终指向知识、技能、人格建构及其统一。

同时，在 BOPPPS 教学设计的运用实践中，特别需要强调的价值理念是，教学模式是教学者之技术与经验的体现，而最为重要的是，教师在教学过程中倾注的积极性热情与智慧，正如德国哲学家雅斯贝尔斯（K. Jaspers）所描述的：“教育的本质是一朵云推动另一朵云，一棵树摇动另一棵树，一个灵魂唤醒另一个灵魂。”换而言之，只有一个人的人格才能深刻地影响另一个的人格，也只有高尚的人格才能塑造高尚的人格；而这一过程中，特定的教学设计及教学方法只是一种促进的工具与技术。

隐性思政课程建设研究初探
——以外国法课程为例*

李　蕴**

一、引言

2016年习近平总书记在全国高校思想政治工作会议上强调："要坚持把立德树人作为中心环节，把思想政治工作贯穿教育教学全过程，实现全程育人、全方位育人，努力开创我国高等教育事业发展新局面。要用好课堂教学这个主渠道，思想政治理论课要坚持在改进中加强，提升思想政治教育亲和力和针对性，满足学生成长发展需求和期待，其他各门课都要守好一段渠、种好责任田，使各类课程与思想政治理论课同向而行，形成协同效应"。[1]中共中央、国务院印发的《关于加强和改进新形势下高校思想政治工作的意见》《关于深化新时代学校思想政治理论课改革创新的若干意见》、中共教育部党组印发的《高校思想政治工作质量提升工程实施纲要》《"新时代高校思想政治理论课创优行动"工作方案》等文件精神指出"要坚持把立德树人作为教育的中心环节，

---

* 本文系中国政法大学2019年研究生教育教学改革项目成果（项目编号：KXKJGLX1907）。

** 李蕴，法学博士，中国政法大学外国语学院副教授。

〔1〕《把思想政治工作贯穿教育教学全过程——二论学习贯彻习近平总书记高校思想政治工作会议讲话精神》，载《中国教育报》2016年12月11日，第1版；《把思想政治工作贯穿教育教学全过程，开创我国高等教育事业发展新局面》，载《人民日报》2016年12月9日，第1版。

把思想政治工作贯穿到教育教学的全过程中”。[1]

高德毅教授认为：“从核心理念上讲，实施课程思政是旨在突出学校教育应具备 360 度德育‘大熔炉’的教育合力作用，课程思政既须注重在价值传播中凝聚知识底蕴，又要注重在知识传播中强调价值引领，有效地促进显性教育和隐性教育相融通”。[2]

有学者将高校课程分为显性思政课程（即高校思想政治理论课）和隐性思政课程（包含通识教育课、公共基础课和专业课）两类。[3]本文以中国政法大学法学（西班牙语）实验班培养方案中的“拉丁美洲国家民法”教学为例，探讨高校法学专业课程教学怎样推行课程思政。

二、“拉丁美洲国家民法”介绍

（一）课程背景

为培养具有厚基础、宽口径、高素质、强能力的复合型、应用型、创新型高级法律职业人才，[4]中国政法大学于 2015 年首创设立了法学专业（西班牙语）特色实验班，《拉丁美洲国家民法》是中国政法大学法学专业（西班牙语）特色实验班本科培养方案西班牙语法律类课程组序列表中的《拉丁美洲国家法律概况》课程的重要组成部分。西班牙语法律类课程组序列表中的其他课程为：《西班牙语精品著作导读》《西班牙语国家国情概述》《西语国家私法制度导论（双语）》《西语国家合同法（双语）》《西语国家外国投资法（双语）》和《法律西班牙语》。[5]

---

〔1〕《习近平：把思想政治工作贯穿教育教学全过程》，载教育部网站：http://www.moe.gov.cn/jyb_xwfb/s6052/moe_838/201612/t20161208_291306.html。

〔2〕高德毅、宗爱东：《从思政课程到课程思政：从战略高度构建高校思想政治教育课程体系》，载《中国高等教育》2017 年第 1 期。

〔3〕张帆：《“隐性思政教育”理念下的〈跨文化商务交际〉课程建设研究》，载《湖北开放职业学院学报》2022 年第 17 期。

〔4〕《法学专业（西班牙语）特色实验班本科培养方案》，载中国政法大学教务处：http://jwc.cupl.edu.cn/info/1055/1430.htm。

〔5〕《法学专业（西班牙语）特色实验班本科培养方案》，载中国政法大学教务处：http://jwc.cupl.edu.cn/info/1055/1430.htm。

（二）课程简介

《拉丁美洲国家法律概况》的授课单位为中国政法大学外国语学院，由该学院既有西班牙语专业，又有法学专业背景的教师负责授课。《拉丁美洲国家法律概况》课程为 36 课时，2 学分，通常在本科生的第一学期或第二学期开设。

（三）课程专业特色

在该课程的讲授中，我们以拉美法律制度的发展、形成为参照物，主动探求我国法律体系的完善。

三、对隐形思政课程教师的角色审思与协同联动——以“拉丁美洲国家民法”为例

（一）角色审思

高校专业课教师在隐性思政课程中强化思想政治教育，需要加强对自己的角色审思，与思想政治教育课程形成协同效应，深入挖掘课程潜在的思想政治教育资源。

涉外隐性思政课程更需注重在挖掘潜在思想政治教育资源的同时要西为中用，注意价值引领的思想正确性。

（二）协同联动

笔者以中国政法大学《拉丁美洲国家民法》课程教学为例，探讨高校法学专业外国法课程教学怎样推行课程思政。

（1）专业课教师利用科学的比较法，辩证认识拉丁美洲历史与国情。因此，既要对所讲授专业知识的对象国（即拉丁美洲国家）进行不同历史时期的纵向比较，还要把拉丁美洲国家的历史、文化与我国进行比较。

教师在讲解拉丁美洲三大古文明（玛雅文明、阿兹特克文明和印加文明）的同时，也要让学生深入地认知中华文明历史悠久，为人类文明作出了重大贡献，是人类历史上唯一一个绵延 5000 多年至今未曾中断的灿烂文明。

玛雅文明、阿兹特克文明和印加文明都曾绽放出璀璨夺目的光辉，玛雅文明曾创造出至今都令人震撼的玛雅历法，玛雅文明、阿兹特克文明和

印加文明在历法、天文学、数学、植物学、艺术、医学等领域的造诣也颇深，印加文明还发明了被称为“奇谱”的结绳记事法。在三大文明遗址中，建立了数量众多的金字塔，留下了精美的石版画。阿兹特克文明建造的特诺奇蒂特兰城（现今的墨西哥城）在鼎盛时期人口众多，建筑精美。连西班牙殖民者科尔特斯都曾向西班牙王室称赞如下：“特诺奇蒂特兰这座伟大的城市建立在咸水湖里，从陆地到城市的主体有二列瓜（西班牙里程单位，1 列瓜合 5572.2 米），从陆地任何地方都可进去。城市有 4 个入口，所有的道路都是人工铺成的，它有两根骑士长矛那样宽。这座城市有塞维利亚和科尔多瓦那样大。城市街头，我说的是主要街道，非常宽，也非常直，这些街道和另外一些街道占地面的一半，另一半则是水。独木舟在水中穿行，鳞次栉比的大街由水道连接，在一些宽阔的水道上有桥梁，桥上架设着精致加工的横梁，部分桥梁可由并行的 10 匹马同时通过。”〔1〕但随着西班牙殖民者的入侵、印第安人的快速灭亡并很快沉沦。令人心痛的是，拉丁美洲三大古文明都没有留下有文字记载的历史。这些曾经繁盛的文明为今日的我们留下了众多的谜团等待我们解开。

（2）深入研究现有教学资源，优化选择教学内容，坚持西为中用的原则，掌握教学资源中的积极因素，充分调动课堂内外资源。史料和学术著作是外国法制史教学的基础，只有尽可能全面地掌握历史资料才能提高外国法制史的教学水平。〔2〕经过多年摸索研究，有如下教学资源可适用于“拉丁美洲国家民法”课程的参考辅助教材、资料等，可供任课教师选择：

①徐涤宇主编：《拉美国家民法典编纂：历史与经验》，北京大学出版社 2018 年版；②张靖昆编著：《走进智利：智利投资法律与政策解读》，法律出版社 2015 年版；③研究拉美法的国内外学者的学术成果等。授课教师应紧密关注国内外研究拉美法学者的学术动向和成果，如意大利著名罗马法学家桑德罗·斯奇巴尼教授、我国中南财经政法大学法学院徐涤宇教授等。

---

〔1〕 李德恩、孙成敖：《插图本拉美文学史》，北京大学出版社 2009 年版，第 19 页。

〔2〕 叶秋华：《林榕年教授与外国法制史学科的发展》，载《外国法制史研究 罗马法与现代世界》，法律出版社 2014 年版，第 22 页。

（3）深入讲解优秀人物的英雄事迹。在“拉丁美洲国家民法”的授课过程中，任课教师应优化选择教学内容中涉及的优秀人物，着重讲解他们报效祖国的爱国事迹，如《智利民法典》的编纂者安德雷斯·贝略（Andrés Bello）、《阿根廷民法典》的编纂者萨斯菲尔德（Dalmacio Vélez Sarsfield）、《巴西民法典草案》的编纂者德·弗雷塔斯（Augusto Teixeira de Freitas）；“美洲解放者”、被誉为“委内瑞拉国父”的西蒙·玻利瓦尔（Simón Bolívar，1783—1830），被誉为“阿根廷国父”的圣马丁·马托拉斯（José Francisco de San Martín Matorra，1778—1850），被誉为“墨西哥独立之父”的米盖尔·伊达尔哥（Miguel Hidalgo，1753—1811），杜桑·卢维杜尔（Toussaint-Louverture，1743—1803），安东尼奥·何塞·德·苏克雷·阿尔卡拉（Antonio José de Sucre y Alcalá，1795—1830）等。上述杰出人物所具有的优秀品质，与中华民族传统思想文化中的优秀品质是一致的。通过史实的讲解，激励法科学生以榜样为镜子，对照正面人物积极学习，不但要在专业学习中具备扎实的理论功底和充分的法律实践经验，更要有爱国情，通过自己所学的专业知识在工作中积极发挥作用，以期回馈社会，报效祖国。

（4）西为中用，察往观来。外国法史也可以西为中用，该课程内容要对拉丁美洲法律史实进行生动地讲解，对影响拉丁美洲法律发展的重要历史人物及事件进行全面、综合地分析、评价，从而起到“见贤而思齐，见不肖而自省”的教学效果，起到润物细无声地提高学生的文化修养和政治素质的教学目的。

（5）通过情理结合，对学生进行爱国主义教育。通过比较式的讲解，学生们强烈地感受到：受人欺辱、动荡不安的政治环境下，人民群众的生活惨不忍睹，只有当国家统一、社会安定时，人民群众才能安居乐业，才能过上幸福的生活。

四、“拉丁美洲民法”的思想政治教育资源挖掘

“拉丁美洲民法”的讲授内容是按照拉丁美洲民法发展史的脉络依次展开。

（一）该课程的第一部分主要讲解哥伦布到达美洲之前的历史时期的法律制度

通过对这一历史时期的讲解，使学生认识到奴隶制度的野蛮与残酷，并感受到奴隶制对社会发展的桎梏。在课堂外，有大量的涉及这个阶段的考古影视资料等，授课教师应当充分挖掘利用。

（二）该课程的第二部分主要讲解西班牙和葡萄牙殖民拉丁美洲时期的法律制度

1492 年 8 月 3 日，哥伦布率领由一支“圣玛利亚”号、“平塔”号和“尼娜”号帆船组成的船队由西班牙的帕洛斯港启航，开始了“发现”和“殖民”新大陆的历史篇章。[1] 哥伦布不仅是西方所谓的“伟大的新大陆发现者”，更是毁灭了无数印第安人的凶残的刽子手。

自 1492 年哥伦布到达美洲后，拉丁美洲开始了沦为西班牙、葡萄牙等欧洲国家殖民地的苦难历史。此后，绝大部分拉丁美洲地区屈服于西班牙和葡萄牙的殖民控制和掠夺之下。残暴的殖民者通过发动战争和故意从欧洲带来天花等传染病菌进行传播等手段，使一直生活在原始、封闭的拉美地区，天真、友好地迎接来客，并且没有病毒免疫能力的印第安人飞速地被消灭了。这一历史阶段，学生既能感受到拉丁美洲的血泪，也能辨清所谓的欧美“文明”下被掩盖的野蛮的真面目。

西班牙殖民者的殖民目的是获得黄金白银，对殖民地实行的是海盗式的掠夺，西班牙人和葡萄牙人偏爱白银，他们误以为阿根廷盛产白银，曾给今天的阿根廷境内最大的河流取名为“白银之河”，西班牙王室的奢靡生活也需要黄金、白银，因此，西班牙和葡萄牙殖民者疯狂地从拉丁美洲掠夺黄金白银，以满足宗主国对白银的大量需求和极度喜好。

西班牙和葡萄牙殖民者对拉丁美洲殖民地实施惨绝人寰的殖民统治，通过政治高压、精神控制和肉体迫害等方式将恶魔之手伸向拉丁美洲这片孕育了阿兹特克文明、玛雅文明和印加文明的世外桃源，从此，这片土地

〔1〕 李蕴：《西班牙美洲殖民地贸易行政机构及其术语翻译研究》，载《商务翻译》2018 年第 2 期。

沦为人间地狱，这里的人民苦不堪言。沾满了美洲土著民族印第安人鲜血的白银被整船整船地运回西班牙皇室，当昔日如日中天的“欧洲霸主”“海上舰队”西班牙王国衰落时，有历史学家指出，这些供西班牙王室享受、消费和娱乐的数不清的白银上带有印第安人的咒语！

在殖民统治的300年间，西班牙与葡萄牙殖民者为更好地控制殖民地，除了从政治、经济、军事等方面全面管控外，还带去了自己的法律文化，在西班牙对其殖民统治的管理中，“法律殖民”成为维护其统治的重要稳定剂。如今的拉美国家民事法律渊源基本相同，这与殖民者带去的西班牙法律制度有密切关系。笔者曾就西班牙对拉美殖民地贸易的管理和控制做过相关研究，并发表在《西班牙美洲殖民地贸易行政机构及其术语翻译研究》一文中。笔者认为，从地域广阔性和持续时间来看，非同时期的英国、荷兰等殖民宗主国可与其相媲美，是西班牙对殖民地贸易执行的“软硬结合”手段起了对其管控和豪取起到了决定性作用，所谓“软”手段即西班牙对拉丁美洲殖民地的法律监管。[1]

泥沼中的拉美人民在寻求脱离苦难的道路上苦苦挣扎，法国大革命的呐喊声，如一阵春风，唤醒了拉美人民的独立梦想。在实现国家独立的道路上，拉美人民不惧险阻，坚定不移。在讲解这部分历史时，可进行横向比较，同步讲解我国历史上许多民族志士不屈不挠的民族气节和中国共产党领导人民前仆后继的伟大斗争实践。

（三）该课程的第三部分主要讲解拉丁美洲国家获得独立后的法律发展史

独立运动后，在拉丁美洲出现了三大模范民法典。受篇幅所限，本文仅举《智利民法典》一例。《智利民法典》是由被称为拉丁美洲人文上的独立之父、被誉为“百科全书式的才学之士”，安德雷斯·贝略博采众长倾心编纂。贝略在法学领域的学识和在西班牙语语言学领域的造诣（贝略作为语言学家，曾经撰写过《西班牙语语法》），使得《智利民法典》成

---

〔1〕 李蕴：《西班牙美洲殖民地贸易行政机构及其术语翻译研究》，载《商务翻译》2018年第2期。“硬”手段，笔者认为是西班牙为拉丁美洲殖民地贸易管理设置的贸易行政机构，参见李蕴：《西班牙美洲殖民地贸易行政机构及其术语翻译研究》，载《商务翻译》2018年第2期。

为不仅是智利立法史，更是拉丁美洲立法史上一部经典不衰的法学巨著。

拉丁美洲三部模范民法典的不朽成就反映出编纂这些法典的法学家们良好的法学素养，借此事例，应教育学生作为新时代的法学专业学生，要以这些著名的法学家为楷模、榜样，注重不仅从法学知识，还要从实践等各方面培养法学素养，以正确价值为引导，将专业知识与爱国主义教育融为一体，为我国的法治发展奉献自己的力量。

20 世纪中叶以后，拉丁美洲国家民法典经历了解法典化、再法典化。1998 年《阿根廷民法典》被重新编纂，《阿根廷民商法典》作为最新的优秀民法典，给我们带来了民商合一的模范，也带给各国诸多启示。〔1〕

五、结语

自 2019 年起至今，我校已建设了三批“课程思政示范课”，其中首批和第二批“课程思政示范课”共立项 120 门课程（第三批立项数目不详）。〔2〕在这些已被批准建设的“课程思政示范课”中，涌现出大批将专业课与思想政治教育、爱国主义教育、正确价值引领密切结合的精品思政课程。虽然本文所探讨的《拉丁美洲法律概况》课程并未列入已被批准建设的课程思政示范课中，本文力图在深层次分析该课程的思政建设方案后，针对课程进行深入的教学改革，笔者作为授课教师，将加强对自己的角色审思，深入挖掘课程潜在的思想政治教育资源，注意价值引领的正确性，向我校已被批准建设的“课程思政示范课”取长补短，力图符合我校“课程思政示范课程”的遴选标准。

---

〔1〕 徐涤宇：《解法典后的再法典化：阿根廷民商法典启示录》，载《比较法研究》2018 年第 1 期。

〔2〕 中国政法大学教务处网站，载 http://jwc.cupl.edu.cn/，最后访问日期：2021 年 12 月 13 日。

数字经济时代数据法学研究生知识体系建构的基本思路

张 婷*

一、数字经济时代加强数据法学研究生培养的重要意义

党的十八大以来，以习近平同志为核心的党中央放眼全球数字化发展和数字化转型的新格局，系统谋划、统筹推进数字中国建设。习近平总书记强调，“加快数字中国建设，就是要适应我国发展新的历史方位，全面贯彻新发展理念，以信息化培育新动能，用新动能推动新发展，以新发展创造新辉煌”。〔1〕2017年，党的十九大报告明确提出“建设网络强国、数字中国、智慧社会”的战略目标。〔2〕2021年，《中华人民共和国国民经济和社会发展第十四个五年规划和2035年远景目标纲要》专篇部署要“加快数字化发展，建设数字中国”。2022年，党的二十大报告再次强调“坚持把发展经济的着力点放在实体经济上，推进新型工业化，加快建设制造强国、质量强国、航天强国、交通强国、网

* 张婷，法学博士，中国政法大学刑事司法学院讲师。

〔1〕 习近平：《习近平致首届数字中国建设峰会的贺信》，载《人民日报》2018年4月23日，第1版。

〔2〕 习近平：《决胜全面建成小康社会 夺取新时代中国特色社会主义伟大胜利——在中国共产党第十九次全国代表大会上的报告》，载《人民日报》2017年10月28日，第1版。

络强国、数字中国”。[1] 加快数字中国建设需要以完备的国家治理体系和治理能力为重要依托，而完善国家治理体系、提升国家治理能力则重在法治化人才培养。对标建设数字中国的国家战略部署要求，需要高校积极培养精通法学理论知识、熟悉技术发展前沿的复合型法学人才。数据法学是以数据法治及其规律性为研究内容的新兴学科，其研究对象涵盖人工智能、5G、云计算、区块链、物联网等诸多技术应用场景中的法律关系调整。加快数据法学学科系统建设、创制数据法学人才培养体系是推进国家治理体系和治理能力现代化的题中要义。

随着大数据、云计算、物联网、人工智能、区块链等数字技术的快速发展，通过新产业形态、新交易规则、新金融科技、新利益主体等新要素的重新组合，数字经济促使社会资源配置、社会治理手段以及社会参与主体发生了全方位变革。数字经济的蓬勃发展，在给我国带来重大发展机遇的同时，也带来了诸多前所未有的挑战，智能投顾、虚拟货币、数据竞争和数据垄断、个人信息侵权、流量劫持、撞库打码、网络爬虫等新行为开始引发广泛关注。面对这些新型社会风险，成型于工业社会的传统法学理论和法律制度已难奏效。加快数据法学学科系统建设、创制数据法学人才培养体系对于数字经济安全风险的治理具有重要意义。

二、构建面向数据全生命周期风险治理的知识体系

在数字信息技术日新月异的发展趋势下，数据呈现出爆发增长、海量聚集、取之不竭等特点，与土地、劳动力、资本和技术并列五大生产要素，[2] 成为各经济体实现创新发展、重塑人民生活乃至国家经济社会发展的重要支撑动力。随着数据价值的愈加凸显，数据泄露、数据贩卖等数据安全事件频频发生，给个人隐私、企业秘密、国家安全等都带来了严重的安全隐患，因此，建构数据法学的知识体系首先需要关注的就是数据安全问题。

---

〔1〕 习近平：《高举中国特色社会主义伟大旗帜 为全面建设社会主义现代化国家而团结奋斗——在中国共产党第二十次全国代表大会上的报告》，载《人民日报》2022 年 10 月 26 日，第 1 版。

〔2〕 参见中共中央委员会、国务院发布《关于构建更加完善的要素市场化配置体制机制的意见》。

数据安全包括数据存储、数据处理和所涉技术、基础设施等数据流转全生命周期的安全以及数据权属的安全。围绕这一主题需要解决以下三个核心问题：第一，数据生产要素的保护模式。伴随计算机技术的发展与普及，人类社会经历了前网络时代、网络 1. 0 时代、网络 2. 0 时代和网络空间化时代四个社会转型阶段。〔1〕诞生于信息化条件下的数据生产要素，究竟属于传统民事权利还是新型民事权利，是应纳入传统人格权保护框架还是财产权保护框架，目前民法学界仍莫衷一是，有待进一步探究。〔2〕第二，数据全生命周期的风险定型。数据要素全生命周期的风险类型多样，风险类型化旨在根据风险成因的不同，对数据安全风险从治理机制、治理载体和治理手段等方面进行分流，进而明确需要运用法律手段规制的风险类型和风险内容，最终实现法律风险的定型化。依据风险成因的不同，当前主要的数据安全风险可以划分为：其一，数据造假，例如采取技术或非技术手段诱骗环境监控设备采集虚假的环保数据；〔3〕其二，数据滥用，例如大数据杀熟、默认勾选、强行索权等侵犯公民隐私和个人信息权的行为；〔4〕其三，数据泄露，例如因外界黑客攻击或者系统自身漏洞等而导致的各类数据泄露事件。当前围绕数据造假和数据滥用已经形成完整的黑色产业链。〔5〕从法律风险定型化的视角来看，上述风险又可以进一步归纳为静态安全风险和动态安全风险，前者是指数据产生后因其法律

---

〔1〕 参见于志刚、吴尚聪：《我国网络犯罪发展及其立法、司法、理论应对的历史梳理》，载《政治与法律》2018 年第 1 期。

〔2〕 参见唐建国：《新数据观下的数据权属制度实践与思考》，载《法学杂志》2022 年第 5 期；彭辉：《数据权属的逻辑结构与赋权边界——基于“公地悲剧”和“反公地悲剧”的视角》，载《比较法研究》2022 年第 1 期；韩旭至：《数据确权的困境及破解之道》，载《东方法学》2020 年第 1 期；丁晓东：《数据到底属于谁？——从网络爬虫看平台数据权属与数据保护》，载《华东政法大学学报》2019 年第 5 期。

〔3〕 参见叶瑞克、尤丽君等：《环境监测数据造假的行为逻辑及因素解析》，载《南京工业大学学报（社会科学版）》2019 年第 5 期。

〔4〕 参见金泓序、何畏：《大数据时代个人信息保护的挑战与对策研究》，载《情报科学》2022 年第 6 期；雷希：《论算法个性化定价的解构与规制——祛魅大数据杀熟》，载《财经法学》2022 年第 2 期；丁晓强：《个人数据保护中同意规则的“扬”与“抑”——卡-梅框架视域下的规则配置研究》，载《法学评论》2020 年第 4 期。

〔5〕 参见张婷：《数字经济时代数据犯罪的风险挑战与理念更新——以数据威胁型网络黑灰产为观察对象》，载《法学论坛》2022 年第 5 期。

属性不明、法律地位不清、法律评价错位等原因产生的安全风险，此类风险多发生于数据的生产和存储环节，后者是指在数据流转过程中，因为流动环境而产生的风险类型，比如数据滥用和数据泄露。对于数据要素及其流转全生命周期的静态安全风险，由于其源自对数据法律属性的认知空白、法律地位的界定模糊以及传统法学理论的滞后，应注重及时更新传统法学理论、积极探讨新型权利保护模式，而动态安全风险是静态安全风险在放大效应下与流转风险的复合体，目前面临的此类挑战主要有数据贩卖中的个人隐私侵权、数据跨境流动中的潜在安全隐患、高价值高敏感数据的泄漏风险以及关键信息基础设施的安全保护等。第三，法解释学重塑与司法实务调适。2019 年，习近平总书记对国家网络安全宣传周曾作出重要指示，强调“要坚持安全可控和开放创新并重，立足于开放环境维护网络安全”。〔1〕数据要素及其流转安全风险的法解释论重塑和司法实务调适同样应当坚持可控安全风险理念。首先，针对上述网络空间中层出不穷的数据安全风险，为防止客观解释说的过度使用，应以“主观的客观解释说”重新塑造数字经济时代的法律解释立场，以主观解释作为客观解释的限定，充分发挥主观解释说的法治基因优势。〔2〕在此基础上，努力探寻新型技术的规范本质，归纳新型违法行为与传统法律规范的通约性特征，挖掘法律解释的潜力，激活传统法律规范的语词含义，对传统法律评价体系进行适应数字经济时代的全新重构。其次，于司法而言，应以数据产业与数据安全二元统合为出发点，贯彻“民行刑一体化”的治理理念，探索构建数据友好型规制框架，在保证严格的数据保护标准的同时创造一个充满活力的数字经济社会。以数据抓取为例，当前利用网络爬虫采集公开数据已经成为企业数据的重要来源，但是在司法实践中，关于这类行为的定性却存在较大分歧，甚至同一地区的不同法院之间都能得出完全不同的结论。如何界定数据抓取行为的合法、违法以及犯罪的边界，以兼顾数据安

〔1〕 彭波等：《迈出建设网络强国的坚实步伐——习近平总书记关于网络安全和信息化工作重要论述综述》，载《人民日报》2019 年 10 月 19 日，第 1 版。

〔2〕 参见刘艳红：《网络时代刑法客观解释新塑造：“主观的客观解释论”》，载《法律科学（西北政法大学学报）》2017 年第 3 期。

全保护与数据自由流动之间的平衡，就亟待进一步厘清。

三、构建面向数字技术创新性风险防范的知识体系

习近平总书记强调，“加快突破核心技术，着力建设数字中国，才能更好发挥信息化的驱动引领作用，构筑我国国际竞争新优势”。〔1〕然而，大数据、人工智能、区块链等科技创新在为数字经济注入新动力的同时，也伴生出各种技术风险。在此背景下，如何平衡法律规制与技术创新之间的紧张关系就成为建构数据法学研究生知识体系所不可或缺的面向之一。从技术本身的价值属性来看，数字技术风险主要表现为内源性风险所引发的违法行为和技术工具价值异化所引发的违法行为两种类型。

数字技术的内源性风险，主要是指在技术使用过程中，行为人因对技术本身自带风险未尽到注意义务或者因为技术操作不当而造成社会危害后果的法律风险。数字经济是由上层数据主义观念和底层大数据、算法技术共同推动下形成的社会经济新模式，因而，数字经济对大数据和算法的技术依赖使大量生产要素向技术聚集、由技术驱动，进而造成针对数据、个人信息、计算机系统等要素的安全风险剧增。第一，作为数字化时代所有硬件系统的核心驱动，算法的运用可能对人类现有的制度造成一定冲击。在双层空间—虚实同构、人机共处—智慧互动、算法主导—数字生态的数字经济时代，〔2〕算法蕴含的法律风险贯穿其设计、计算、输出的各个环节：其一，在算法的设计环节，由于算法对人类决策的可替代性，如何在设计阶段规避目的不良算法的产生就成为问题。其二，在算法运行过程中，由于算法的黑箱特性，现有法教义学应如何回应由此带来的危害行为、因果关系、法律责任等方面的异化。〔3〕其三，在结果输出环节，算

〔1〕 人民日报评论员：《突破核心技术 建设数字中国——四论贯彻习近平总书记全国网信工作会议重要讲话》，载《人民日报》2018年4月25日，第1版。

〔2〕 马长山：《程序自然法作为规则自洽的必要》，载《中国检察官》2019年第5期。

〔3〕 参见陈醇：《私法制度中的代数算法黑箱及其应对》，载《法学评论》2022年第1期；衣俊霖：《数字孪生时代的法律与问责——通过技术标准透视算法黑箱》，载《东方法学》2021年第4期；徐凤：《人工智能算法黑箱的法律规制——以智能投顾为例展开》，载《东方法学》2019年第6期。

法偏差、算法集权等风险也不容忽视。[1] 第二，大数据技术在为我们提供全新认知方法的同时，也潜藏着史无前例的信息风险。大数据时代的信息风险主要表现为两个方面：一方面是基于大数据和云计算平台自身的技术特性而产生的数据技术处理风险，具体包括数据存储、运算与分析的安全以及数据运算平台的安全。现行法律多侧重数据收集的安全防护，而明显缺乏动态性，因此，如何保障数据有效利用前的安全仍有待进一步研究。另一方面是大数据技术本身积聚的信息安全风险。在数字化社会环境下，数据就代表着信息，数据库的形成本身就是风险的积聚，具体表现为与具有政治价值的信息相关联的国家安全利益、与具有经济价值的信息相关联的商业利益以及与具有社会价值的信息相关联的个人隐私利益等风险。[2] 面对不同层级的法益保护需求，在理论上和实践中如何发展数据的内涵，并且合理限定数据安全法律保护的扩张边界，就成为数字技术治理需要化解的现实困境之一。

数字技术的工具价值异化风险，是指在技术的使用过程中，行为人滥用技术的双重属性而人为制造的法律风险。从本质上讲，数字技术是作为人类社会生产、生活的工具而出现的。数字技术在造福人类社会的同时，自然也可能被当作违法犯罪的工具加以利用。近年来，随着数字技术在各行各业应用的不断渗透，网络空间又滋生出新的高科技违法犯罪行为，继续充当着传统违法犯罪活动的媒介、途径和手段。技术威胁型黑灰产是数字技术工具价值异化风险的典型样态，是指通过技术手段非法牟利的网络黑灰产，主要隐藏在互联网的物理层、链路层、网络层和传输层，既包括通过技术手段直接实施的违法行为，也可以作为技术提供者为其他网络违法活动的各个环节提供支持。当前技术威胁型黑灰产主要表现为以下四种形态：其一，恶意注册，即指不以正常使用为目的，违反国家规定和平台注册规则，利用非法或虚假信息，批量注册平台账号的行为；其二，分布

---

〔1〕 参见刘泽刚：《论算法认知偏差对人工智能法律规制的负面影响及其矫正》，载《政治与法律》2022 年第 11 期；季卫东：《数据、隐私以及人工智能时代的宪法创新》，载《南大法学》2020 年第 1 期。

〔2〕 参见张勇：《数据安全分类分级的刑法保护》，载《法治研究》2021 年第 3 期。

式拒绝服务攻击，即指将多台计算机联合起来作为攻击平台，通过远程连接利用恶意程序，对一个或多个目标发起通信请求，消耗目标服务器性能或网络带宽，从而造成服务器无法正常提供服务的行为；其三，Web 应用攻击，是对扫描探测器、Web Shell 上传与通信、跨站点请求伪造、SOL 注入攻击、跨站脚本攻击、钓鱼网站等所有网络攻击行为类型的统称；其四，涉物联网犯罪，即指网络黑灰产利用智能摄像头、智能音箱、智能家居等物联网设备，实施数据拦截、数据窃取、数据变更等行为。[1]

总之，技术并不总是中立的，尤其是当数字技术未经有效的风险识别和评估就介入数字经济活动和信息网络之时，技术在研发、运行、输出等环节自带的漏洞、缺陷或者在后续使用过程中产生的异化性风险都有可能诱发法律所不允许的风险，因此，数据法学研究生培养必须关注信息技术前沿，在课程开发和教学设计上，注意打破学科壁垒，从多学科、跨学科的角度完善学生的知识结构体系。

四、构建面向数字网络平台权责规范化的知识体系

随着数字技术、数据资源、信息、市场资本的重新配置和深度融合，网络平台逐渐成为数字经济的重要载体。在数字经济新型模式下，网络平台逐渐开始承担起公共管理职能，兼具市场经营主体与监管主体的双重身份，使得法学界和产业界在适用传统法学理论解决网络平台发展和运行中的各类法律问题时面临许多新的挑战。

第一，网络平台运营的法律风险与法律规制难题。平台技术的创新模式、驱动因素等导致网络平台既面临传统法律风险，也涉及新型数字风险。网络平台新型法律风险主要包括如下四类：其一，个人信息安全风险。当前网络平台通过用户协议等过度收集个人信息的情况非常普遍，平台型企业中大规模的个人信息窃取、泄露、篡改、贩卖事件也频频发生，引发公众对个人信息侵权、犯罪的深深隐忧。[2] 其二，企业数据安全风

---

〔1〕 参见《2020 网络黑灰产犯罪研究报告》，第 26~34 页。

〔2〕 参见刘裕等：《网络信息服务平台用户个人信息安全风险及其治理——基于 117 个 APP 隐私政策文本的内容分析》，载《图书情报工作》2022 年第 5 期。

险。数据资源已成为数字经济的核心竞争力，数据企业围绕数据的封锁与获取、控制与使用的斗争日益激烈。网络平台通过破坏性技术手段抓取、使用竞争对手的数据可能构成不正当竞争，甚至数据犯罪。〔1〕其三，网络财产安全风险。作为支付清算型互联网金融的经典模式，第三方网上支付已经成为网络平台协助用户实现资金结转的主要方式，但技术的便捷性背后却潜藏着用户财产安全隐患，〔2〕例如隔空人脸盗刷。其四，数字金融安全风险。以区块链为代表的数字技术正向金融领域拓展，但区块链的去中心化特征容易逃逸监管，引发数字金融安全风险，加上网络平台"中心化"所引发的大规模违约事件中"太大不能倒"的公共危险，使得平台金融安全风险更加触目惊心。〔3〕

第二，网络平台法律责任的确定难题。一方面，网络平台的法律责任主体及其义务具有不确定性。当前我国网络平台种类繁多，大多数选择混业经营且业务类型和经济功能处于不断拓展之中，何种类型平台承担何种管理义务，法律尚未释明。对此，虽然学术界存在根据平台服务内容、经营性质、内容参与度、服务功能等进行区分的多种观点，但仍未能形成内涵明确、外延周全的网络平台法律责任主体范畴。〔4〕另一方面，平台型企业运营涉及民事责任、行政责任和刑事责任，民事责任限缩与刑事责任扩张的理念冲突导致网络平台的民刑责任配置出现结构性失衡，如何对不同部门法责任进行合理配置，还需要在法秩序统一性原理指导下，通过梳理不同部门法责任的角色定位、适用条件和衔接机制，予以进一步厘清。

---

〔1〕 参见张倩雯、吴少华：《企业数据爬取的反不正当竞争法规制——基于中美案例的比较研究》，载《科技与法律（中英文）》2022年第1期。

〔2〕 参见王燕玲：《新型网络支付的刑事风险与刑法应对》，载《南京社会科学》2020年第12期；龚鹏程、臧公庆：《支付清算型互联网金融监管立法述评——以央行"网络支付管理征求意见稿"为线索》，载《江西财经大学学报》2015年第3期。

〔3〕 参见崔志伟：《区块链金融：创新、风险及其法律规制》，载《东方法学》2019年第3期；伏军：《论银行"太大不能倒"原则——兼评美国〈2010华尔街改革与消费者保护法案〉》，载《中外法学》2011年第1期。

〔4〕 参见刘浩：《整体法秩序中的网络平台法律责任体系界定》，载《大连理工大学学报（社会科学版）》2022年第5期；孙逸啸：《网络平台风险的包容性治理：逻辑展开、理论嵌合与优化路径》，载《行政管理改革》2022年第1期。

第三，网络平台安全风险的事前—事后防范体系缺乏。网络平台法律治理要妥善处理平台型企业运营中法律风险“堵”和“疏”的互动关系，在有效防范法律风险的同时，努力呵护平台创新成果并为其改革留有余地，因而在治理的理念、时机、标准、方法等方面必须谨慎抉择，并从技术治理与法律治理的有机联动、企业内部合规和政府外部监管的有机统一等方面寻求网络平台法律风险事前防范机制的完善。另外，尽管处在网络平台法律治理靠后环节的刑事规制可以对网络平台风险的多样化予以更加积极的应对，但是也会极大地压缩网络平台的数字创新空间，所以在建构网络平台“民—行—刑”一体化责任体系时，要始终坚持刑法有限干预的理念，从实质解释论的角度出发，对网络平台的责任主体、责任义务以及归责路径进行精准认定。[1]

五、结语

当前，我们已进入数字产业稳步发展、产业数字化深度转型、数字化治理能力提升、数据价值加速推进“四化”协同发展的数字经济新阶段。坚持面向数据全生命周期风险治理、面向数字技术创新性风险防范和面向数字网络平台权责规范化的“三个面向”是数字经济时代高层次法律人才培养的内在要求。作为法学工作者，我们应不断深化数据法学理论研究，加快推进数据法学知识体系建构，为开创数字中国新局面提供强有力的智力支撑。

---

〔1〕 参见刘艳红：《网络时代社会治理的消极刑法观之提倡》，载《清华法学》2022 年第 2 期；刘艳红：《形式与实质刑法解释论的来源、功能与意义》，载《法律科学（西北政法大学学报）》2015 年第 5 期。

请求权基础民法案例研习课：课程定位与课堂展开*

柯勇敏**

引 言

案例研习课作为法学本科教育的重要一环，已有多年历史，而鉴定式或请求权基础案例研习课，则是近年来法学教育领域的一个新现象与新趋势，不论是对比较法上其原产地——德国案例研习课的引介，〔1〕还是该案例分析方法的构成、〔2〕意义、〔3〕局限，〔4〕都已积累了丰厚的研究成果。在民法打头阵的基础上，商

---

* 本文受中国政法大学青年教师学术创新团队支持计划资助（项目编号：21CXTD03）。

** 柯勇敏，中国政法大学法学教育研究与评估中心讲师，硕士研究生导师。

〔1〕 参见卜元石：《德国法学教育中的案例研习课：值得借鉴？如何借鉴？》，载《中德法学论坛》（第13辑），法律出版社2016年版，第45~57页；夏昊晗：《鉴定式案例研习：德国法学教育皇冠上的明珠》，载《人民法治》2018年第18期；[德] 德特勒夫·雷讷：《鉴定式案例分析法的基础与技术》，黄卉编译，载《法律适用》2021年第6期。

〔2〕 参见吴香香：《请求权基础思维及其对手》，载《南京大学学报（哲学·人文科学·社会科学）》2020年第2期；章程：《继受法域的案例教学：为何而又如何？》，载《南大法学》2020年第4期；吴香香：《民法典编纂中请求权基础的体系化》，载《云南社会科学》2019年第5期；吴香香：《中国法上侵权请求权基础的规范体系》，载《政法论坛》2020年第6期；姚明斌：《民法典违约责任规范与请求权基础》，载《法治现代化研究》2020年第5期。

〔3〕 参见金晶：《请求权基础思维：案例研习的法教义学"引擎"》，载《政治与法律》2021年第3期。

〔4〕 参见于程远：《论鉴定式案例分析方法的本土化价值》，载《中国法学教育研究》（2021年第1辑），中国政法大学出版社2022年版，第77~100页。

法、行政法以及刑法等其他学科也开始引入这一案例研习方法。[1]不过，现有的研究与讨论大多聚焦于鉴定式案例研习的方法本身——尤其是以请求权基础方法分析民法案例。从本科生教育的角度，该案例研习方法要转化为本科法学教育的一环，则必须借助本科生的课堂即案例研习课，方能实现。对于鉴定式案例研习课的课堂本身，其课程定位如何，按照何种流程、以何种方法组织课堂以及该课堂应具备何种制度保障，尚未展开深入讨论。[2]

笔者于 2021 年春季学期开始加入中国政法大学《请求权基础（鉴定式）民法案例研习》课程的教学团队并开设该课程，目前已到第三个年头。尽管开设该课程的时间不长，但期间笔者也关注本校其他开课教师的具体情况以及其他兄弟院校的相关课程，总体而言对该课程的大体情况较为了解。本文将结合笔者自身的教学经历，聚焦于鉴定式民法案例研习课的课堂本身，对上述问题展开讨论。需要指出的是，对鉴定式民法案例研习课的课堂讨论必然不同于鉴定式或请求权基础案例分析方法本身，后者不仅具有学理意味，存在建构理论的空间，在很大程度上也已经达成了共识，但鉴定式民法案例研习课的课堂讨论，带有鲜明的实操性，不可避免地带有个人经验色彩。不过，借助此种个人经验的交流与对话，足以推进关于请求权基础民法案例研习课如何上的共识，甚至将其理论化，形成科学的授课理论框架。此外，考虑到目前不少高校的教师在酝酿本校开设的请求权基础案例研习课程，本文作为一个授课方式的样本，无疑也具有一定的参考意义。

一、请求权基础民法案例研习的课程定位

在鉴定式案例分析方法的原产地德国，大学阶段的法学教育中案例研

---

〔1〕 参见中南财经政法大学法学院：《德国“鉴定式案例分析”方法的中国实践——中南财经政法大学法学院 2018 年案例暑期班综述》，载《人民法治》2018 年第 18 期；罗钢、陈正湘：《刑法鉴定式案例教学改革刍论》，载《教育观察》2020 年第 25 期。

〔2〕 新近的关于北京大学法学院《民法案例研习》课程的介绍，参见贺剑：《〈民法案例研习〉开课备忘录》，载《月旦民商法杂志》第 75 期。

习课（Klausur）具有重要地位，是每位第一次司法考试备考者的必修课，与必修的专业基础课相配套。其背后的核心原因之一在于：德国大学阶段的法学教育总体上属于应试型教育，其核心目标只有一个，即帮助学生通过第一次司法考试（Erste juristische Prüfung）。德国司法考试第一次国家考试中的笔试环节，考查的题型全部都是案例题，要求考生在每场考试（时长 5 个小时）中就一个案例（民法、刑法或公法）以鉴定式的方法撰写案例分析报告，并且第一次司法考试是否通过将直接与大学文凭与毕业证书是否发放挂钩。[1]在这样的备考压力之下，大学阶段的法学教育将案例研习课置于核心位置，不足为奇。

与德国相比，尽管我国大学本科的法学教育也重视实践导向，各个高校也大多提供案例研习课的课程模块供学生选择，但并无来自国家统一法律职业资格考试的压力。一方面，目前大学本科法学教育阶段与国家统一法律职业资格考试是两个互相独立的阶段，后者未通过对学生的毕业与升学均无影响；另一方面，现有的国家统一法律职业资格考试尽管包含主观题考试，且主事者也强调要提高案例分析题的分值，但目前的主观题考试将一个案例题根据学科（民法、民诉或商法）拆分为多个小问，其考查重点仍在于答案本身与采分要点，而非考生的法律思维以及具体的论证过程，[2]本质上仍然是对考生碎片化知识的考查。而这样的主观题应试准备，考生只需结合考试资料做题练习即可，无须修读案例研习课。总体而言，我国没有像德国那样有来自司法考试的刚性激励，案例研习课能在本科法学教育中占据一席之地，更多的是来自对法学本身实践性的认同以及未来法律职业的职业需求，这就意味着案例研习课在我国本科法学教育阶段总体上处于选修课的地位。

在《法学类教学质量国家标准》（2021 年版）中，法学专业核心课程采取“1+10+X”分类设置模式，具体涉及的均为理论基础课，而对于专业选修课程，该标准中并未提供具体的指引，而是要求“专业选修课程应

---

〔1〕 参见卜元石：《德国法学与当代中国》，北京大学出版社 2021 年版，第 208~209 页。

〔2〕 参见朱晓喆：《请求权基础实例研习教学方法论》，载《法治研究》2018 年第 1 期。

当与专业必修课程形成逻辑上的拓展与延续关系，并形成课程模块（课程组）供学生选择性修读”。在这一国家标准的指引下，各个高校大多将案例研习课作为专业选修课供本科生选择。以中国政法大学为例，在《2022 级法学专业培养方案》中，《请求权基础（鉴定式）民法案例研习》被置于“专业选修课”中的“案例课组”，尽管对该课组有强制性的 4 学分要求，但学生有诸多学科的案例课可供选择，就某一具体学科的案例研习课而言，实质上是选修课。将请求权基础民法案例研习课界定为选修课，最直接的影响就是每年这一案例课程的受众学生占比很小。以中国政法大学为例，2022—2023 学年，《请求权基础（鉴定式）民法案例研习》课程共有 12 个课头，每个课头的课容量为 30 人，合计约 360 人选修了这一课程，而中国政法大学每年法学专业的本科生有 1000 多人。

不过，也有部分高校尝试将案例研习课必修化。仍以中国政法大学为例，尽管普通的法学本科专业培养方案中，案例研习课属于专业选修课，但在六年制本硕贯通培养的法学实验班的培养方案中，案例研习课是必修课。依据《2022 级法学专业培养方案（人才培养模式改革实验班）（理论+实务学习阶段）》，专业必修课部分就包括五门案例研习课，包括《行政法案例研习》《民事法律案例研习（一）》《刑事法律案例研习（一）》《民事法律案例研习（二）》《刑事法律案例研习（二）》，合计 14 学分。此外，中南财经政法大学法学院“法学卓越法律人才实验班”更是明确将“创建案例研习课程，训练请求权思维”作为其专业特色之一，“与三大部门法的专业基础课程配套，实验班增设大量的有别于传统案例教学的案例研习课程，全部采用请求权基础的分析方法进行案例研习，以培养学生的法律思维能力，提高学生的法律适用能力”。[1]华东政法大学法律学院“本硕贯通卓越法律人才培养实验班”则直接设置了 16 学分的案例研习课，包括《民法案例研习 I》《刑法案例研习 I》《民法案例研习 II》《刑法

〔1〕 参见中南财经政法大学法学院网站，载 http://law.zuel.edu.cn/3845/list.htm，最后访问时间：2023 年 3 月 22 日。

案例研习Ⅱ》《诉讼法案例研习》《行政法案例研习》《知产案例研习》与《商法案例研习》，[1]其中民法案例研习课程均采用请求权基础的分析方法。不过，需要指出的是，即使部分高校将案例研习课必修化，目前也处于小规模试验阶段，中南财经政法大学法学院“法学卓越法律人才实验班”每年的招生规模只有30人，中国政法大学六年制“人才培养模式改革实验班”每年的招生规模为200人，华东政法大学法律学院“本硕贯通卓越法律人才培养实验班”每年的招生规模为30人，在该校当年的法学专业本科生数量中占比很小。

作为理论连通实践的桥梁，案例研习课在本科阶段的法学教育中无疑具有重要地位，但这一重要地位与目前的选修课定位似乎并不相符，在学生端，其本科四年选修的案例研习课通常而言并不系统完整，就此而言，所谓法律适用能力的培养，多少有残缺之感。对于各高校有意推进案例研习课教学的主事者，不妨在条件允许的情况下将三大部门法（民法、刑法与行政法）基础课所对应的案例研习课逐步纳入专业必修课，以实现本科阶段案例研习课程的初步体系化。

二、请求权基础民法案例研习课的课堂组织与流程

（一）课程概况

1. 教学目标设定

已有学者总结请求权基础民法案例研习课的课程目标有以下几点：①训练学生法律适用的能力；②提高学生的学术写作能力，同时也包括文献检索能力、文献阅读能力的提升；③对民商法知识的查漏补缺；④锻炼学生口头表达能力。[2]在笔者看来，请求权基础民法案例研习课可以将上述课程目标有机地结合起来，一并实现。具言之，除了贯穿课程始终对法律适用能力的训练以外，笔者还会明确要求学生按照学术论文写作的规范要求去撰写案例分析报告，以此为今后的学年论文、毕业论文写作打下基

---

〔1〕 参见华东政法大学法律学院，载 https://flxy.ecupl.edu.cn/2018/0419/c3443a87612/page.htm，最后访问时间：2023年3月22日。

〔2〕 参见贺剑：《〈民法案例研习〉开课备忘录》，载《月旦民商法杂志》第75期。

础。此外，笔者也会确保每一位选课的学生都有 10 分钟至 15 分钟上讲台报告展示的机会。

2. 课堂规模与授课方式

请求权基础民法案例研习课的课堂规模与授课方式有关。目前请求权基础民法案例研习课的讲授方式主要有三种，即讲授式、研讨式与讨论式。讲授式仍采取法学基础课的讲授方式，由任课教师讲解案例的问题点、解题思路与解题方法，总体上仍属于师生之间的单向输出。研讨式教学则由部分学生就某个案例进行报告，展示其思考成果，由任课教师与其他学生评议并讨论。讨论式则是不区分报告者与讨论者，由所有选课的学生与助教、任课教师一起讨论案例，当然相应的，每位学生课前都需要撰写案例作业。在课堂规模上，讲授式可以容纳更多的学生，适合大班授课，但研讨式与讨论式并不适合大班授课，更适合小班授课。笔者开设的《请求权基础（鉴定式）民法案例研习》，其课容量为 30 人，采取了小班教学模式。[1]

上述三种授课方式目前都有践行者，孰好孰坏，并无客观标准，如果每位学生都能投入精力撰写作业并深度参与，不论采取何种授课方式，差别不大。但是从学生端的参与激励以及学生口头表达能力训练等方面考虑，则讲授式稍显不足，研讨式与讨论式可能更胜一筹。由于讨论式要求每位学生课前对每个讨论的案例都要独立地撰写案例作业，因此讨论式的授课方式往往也对应着大量的案例作业。据北京大学法学院贺剑教授介绍，其参与开设的《民法案例研习》总体上属于讨论式，每位学生每次作业的字数为 6000 字~15000 字，一整个学期每位学生的作业总字数为 10 万字~20 万字。[2]这一作业量在笔者所在的中国政法大学并不现实，笔者所开设的《请求权基础（鉴定式）民法案例研习》并未采取纯讨论式的授课方式，而是采取了研讨式。

笔者所开设的《请求权基础（鉴定式）民法案例研习》合计 32 课时

---

〔1〕 中国政法大学该课程的其他开课教师所设置的课容量基本上都在 30~50 人之间。

〔2〕 参见贺剑：《〈民法案例研习〉开课备忘录》，载《月旦民商法杂志》第 75 期。

(2 学分)，单周上课（共八次课)，每周连续上 4 课时。[1]除了第一次课由笔者介绍课程的基本情况与请求权基础案例分析的方法论，其余七次课各讨论一个案例。笔者将选课的 30 位学生分为 7 个组，每个组 4~5 人，每周都有一组担任报告组，在报告组学生报告展示的基础上展开评议与讨论。期末成绩由两部分构成，其中书面的案例分析报告占比 70%，课堂报告与评议、讨论时的表现占比 30%。

3. 案例难度与来源

笔者所开设的《请求权基础（鉴定式）民法案例研习》，一学期会使用 7 个案例，除了第一个较为基础以外，[2]其余 6 个都是有一定难度的案例，每个案例都涉及至少 3 个值得进一步讨论的争议点，这样的好处是方便报告组的学生分工，让每一位参与报告的学生都有一定的发挥空间。对于案例研习课的案例来源问题，已有初步讨论，目前尚无定论。笔者所使用的 7 个案例，大体上有种来源：其一，源于域外案例研习参考书中的案例改编，例如，本学期笔者所使用的“诗集案”就改编自《德国物权法案例研习》一书中的“案例 2 古书修复店的 Roth 诗集”；[3]其二，源于裁判文书的改编，将 2~3 个实务中的典型案例融合为一个案例；其三，以问题点为导向的自编，即选定几个值得研究讨论的问题点，将其纳入一个案例之中。根据笔者有限的教学经验，只要任课教师不断地打磨案例，上述几种来源所形成的案例，在教学效果上并无明显差异。

是否每个学期使用相同的案例？对此不同任课教师有不同做法，完全

---

〔1〕 中国政法大学其他开设《请求权基础（鉴定式）民法案例研习》的教师，大体上有三种课时安排：其一，每周上 2 课时，连续上 16 周；其二，将 32 课时压缩至前 11 周，每周上 3 课时；其三，将 32 课时压缩为八次课，单周或双周上课，每次课上 4 课时。

〔2〕 第一个案例选择基础案例是考虑到学生刚接触这一案例分析方法，需经历熟悉的过程，在第一个案例的报告与讨论中，笔者会更多地侧重于请求权基础案例分析方法本身，而在后续六个案例的讨论中，则更多地侧重于案例中涉及的争议问题。北京大学法学院开设的《民法案例研习》则区分为三个模块，每个模块 4~5 周，颇值参考，其中第一模块侧重于训练请求权基础的方法或思维，第二模块侧重于训练法律研究能力，即法律解释、合同解释、案例以及文献的检索与运用等能力，第三模块为实战演练，学生须完成 3~4 个复杂的教学案例。参见贺剑：《〈民法案例研习〉开课备忘录》，载《月旦民商法杂志》第 75 期。

〔3〕 参见［德］延斯·科赫、［德］马丁·洛尼希：《德国物权法案例研习》（第四版），吴香香译，北京大学出版社 2020 年版，第 18~36 页。

不替换、部分替换与全部替换，都有其践行者。在笔者看来，这三种做法各有优缺点。完全不替换的好处是可以不断地打磨案例，经过一段时间的实践检验，可以确保每一个案例没有逻辑或内容上的瑕疵，但可能导致选课学生直接参考乃至抄袭此前选课学生的案例作业；完全替换的好处是每年都可以随当下的热点问题编排案例，时效性较强，缺点是任课教师将面临较大的案例编排任务，并且新的案例由于尚未得到检验，容易出现逻辑与内容上的疏漏。笔者目前采取的做法是每年结合当年的热议话题，兼顾整体上的知识点涵盖面，替换其中 3 个案例，并且新案例编写完毕后安排所有的助教学生校对一遍，尽可能确保没有疏漏。

4. 学生作业

学生作业是请求权基础民法案例研习课学生端的核心环节，也是教学质量的保障。笔者所开设的《请求权基础（鉴定式）民法案例研习》，每位选课的学生整个学期将会独立撰写两份案例作业，字数并无要求，不过从以往学生提交的书面作业来看，每份案例作业的字数都在 7000 字以上，最多的一份达到 3 万余字，每学期一个学生撰写的作业总量为 1.5 万字~4 万字。理想状态下，每位选课的学生应就每个案例都撰写案例作业，但受制于学校的课程体系〔1〕与学生端所面临的其他方面的学业压力，要求每个学生就 7 个案例均撰写案例作业，并不现实。〔2〕除了担任报告组时对当周的案例撰写案例分析报告，每位学生可以在其余 6 个案例中选择一个撰写案例分析报告。每位同学撰写的案例作业都会得到助教与任课教师的批改，返还后学生还需要对案例作业进行修改，期末时提交精修版的案例分析报告，作为期末成绩的参考之一。

对于书面的案例作业，笔者会在第一次课时提供写作模板供学生参考，但并不作强制性要求，学生也可以自由选择其他风格的写作模板，但

〔1〕 作为专业选修课，如果设置过重的作业量，学生可能会“用脚投票”，选修其他作业量更低，更容易通过的案例研习课。

〔2〕 中国政法大学《请求权基础（鉴定式）民法案例研习》课程的其他开课教师所设施的作业要求，基本上在1~3篇之间，这一作业量与北京大学法学院的《民法案例研习》存在不小差距。

必须清晰地展示请求权基础案例分析方法的具体程式。学生在撰写案例作业时，除了案例分析的主文部分，笔者还会要求学生单独罗列“参考文献”部分，从中也可以获知学生的文献检索情况及其作业的认真程度。

5. 助教机制

请求权基础民法案例研习课是一门工作量很大的课程，就笔者开设的课堂而言，每学期会面临 60 份，总计 40 万字~50 万字的作业批改任务。为了确保授课效果，每一份案例作业都需要精读并附加批注，这一繁重的任务并非任课教师一人所能完成，因此助教机制是这门课程不可或缺的一部分。笔者通常会为每 10~15 名选课学生配备一名助教，助教通常由选修过该课程的硕士研究生或者高年级本科生担任，助教的主要工作有三：其一，参与课前的备课讨论会，参与当周案例的讨论，并负责撰写初步的解题思路；其二，协助任课教师精读并批改案例作业；其三，为选课的学生提供答疑。在其他院校，助教可能还担任课堂的组织或主持工作，在笔者的课上，这一任务由报告组的组长和任课教师承担；其四，随堂听课并参与讨论，但考虑到助教的工作量及其自身的学业、实习安排，笔者目前并未将这一点作为强制要求。

助教的质量会对案例研习课的教学质量产生重要影响，在笔者看来，请求权基础民法案例研习课的助教最好应是选修过这一课程，并具备扎实的民商法基础功底，后者尤其重要。请求权基础的案例分析方法本身，不论是任课老师还是助教，都可以通过阅读文献、亲自撰写等方法速成，即使没有相关的经历也并不影响其成为合格的助教，但扎实的民商法基础功底却难以速成。

（二）课前阶段

1. 报告组撰写案例作业

在每次课上课前，报告组的 4~5 位同学都须就下次课讨论的案例独立地撰写案例作业，并于上课前两天将每位的案例作业与课堂报告的 PPT 发送到课程微信群，供评议组以及其他选课学生提前阅读。在撰写案例作业时，笔者会要求报告组至少开一次小组讨论会，就该案例所涉及的问题点、案例作业的写作方式等展开讨论与交流，该讨论会由报告组的组长负责组织，并作成会议记录提交给任课教师。

2. 任课教师与助教开备课讨论会

每次上课前两天，笔者与助教会一起开一个备课讨论会，时长在2~3个小时左右，具体内容是讨论当周的案例，由其中一个助教提前写好解题的大纲并由其引导并展开讨论。根据笔者有限的授课经验，就同一个案例，备课讨论会中讨论的问题点，和报告组报告的内容以及学生们的课堂讨论，可能都有些许差异，尤其是课堂讨论中往往会产生新问题与新思路，碰撞出智慧的火花。备课讨论会后形成会议讨论纪要以及当周讨论案例的解题框架，供后续作业批改参考。

（三）课堂阶段

在课堂阶段，每次课共4课时，每课时45分钟，笔者所设置的具体流程如下：由报告组的组长主持，报告组的4~5名学生依次报告，总时长控制在45~60分钟。每位学生结束自己负责的部分后，由评议组的学生进行评议并提问，评议组的学生提问后，其他选课学生可以补充提问。等报告组报告完毕后，由报告组的每一位同学对此前的提问一一作出回应，并在此期间就其中涉及的问题展开讨论。在大部分情况下，选课的学生都能积极发言，参与讨论，不过有时讨论的方向可能会有所偏离，此时需要任课教师予以纠正。对于某些有争议的问题，可能在场的学生都未意识到，此时笔者会补充提出该问题，引导讨论的进行。在课堂报告与讨论中，笔者更多的是担任倾听者、节奏把控者与讨论引导者的角色，尽可能地给学生们提供充分的发言机会与讨论空间。

请求权基础民法案例研习课的案例只要上难度，不可避免地会涉及学理争议，加上目前民法领域在很多地方并无通说，如何面对欠缺通说的学理争议，就会成为任课教师的一个难题。直接选定其中一种立场并要求学生按此说撰写作业，固然简便易行，但这一处理方式往往无助于学生端说理论证能力的加强，并不足取。对此问题笔者采取的应对之策是：一方面，在每次课最后总结时就争议问题表明自己的立场和主要理由，但并不强求学生接受；另一方面，学生撰写案例作业时，对争议问题可以采取自己认为有说服力的立场，但须有具体的论证说理过程。

根据笔者的观察，在请求权基础民法案例研习课的课堂上，有时不可避免地会面临基础回填问题：部分同学对理论基础课（总论、债法与物权法等）中的部分知识点已经淡忘（或者本来就没学好），或者无法将紧密相关的债法知识点与物权法知识点联系在一起，在案例研习中遇到时更加无所适从，此时任课教师还需要承担一部分基础理论讲解的任务。

（四）课后阶段

经过 4 课时的课堂阶段，选课的学生，尤其是报告组的学生会得到诸多关于案例作业的意见与建议，课后报告组的学生们需要结合助教与任课教师对案例作业的批改以及课堂内容，对其案例作业展开细致的修改，并附上修订符号，期末提交精修版本的案例作业时，同时提交附修订符版与未附修订符版。就任课教师而言，课后还需要结合课堂内容对课堂所使用的案例进行修订完善，不断地打磨。

三、请求权基础民法案例研习课的课堂保障

（一）师资

请求权基础民法案例研习课虽对任课教师并无很高的专业要求，即使未留学德国，此前未接触过请求权基础的案例分析方法，只需稍花时间，即可速成，开课并无能力上的障碍，师资方面的困难来自开课的动力。一方面，这门课程内含课前、课中与课后的多重工作，其中尤以作业批改工作繁重为甚；另一方面，这一课程本身并无立竿见影的教学效果，学生法律适用能力的提升也未必能立马在国家统一法律职业资格考试的分数、考研或者毕业求职中体现出来。据笔者观察，目前大多数开设请求权基础民法案例研习课的教师，大多是基于对这一案例教学方法的认同感与作为教师的公心。

然而，单纯出于认同感或者公心无法确保这一案例研习课能稳步发展，并惠及更多数量的本科生，在认同感与使命感驱动之余，也需要制度保障，对此北京大学法学院对《民法案例研习》采取的制度保障是在评价教师的工作量时采取“双倍课时量、双倍课时费”的策略，因为任课教师

确实在课堂教学之余会为该课程付出大量的时间精力。[1]在中国政法大学，除了学校正常的课时量与课时费之外，《请求权基础（鉴定式）民法案例研习》会获得额外的项目经费支持，在一定程度上提升了教师开课的积极性。

（二）助教

与其他传统的理论课相比，请求权基础民法案例研习课的主要特点之一就是对助教存在更大的需求，每个 30 人的小班至少应配备 2 名助教。据笔者观察，目前中国政法大学《请求权基础（鉴定式）民法案例研习》的助教以研究生为主。请求权基础民法案例研习课的持续推进需要有稳定的助教产生机制，除了借助学生对该案例研习课的兴趣与认同以外，也需要制度性的保障，其中最为重要的就是助教费用。对于这一方面，各个高校之间目前存在较大差距，北京大学法学院《民法案例研习》的助教费用为一学期 4000 元，而目前笔者开设的《请求权基础（鉴定式）民法案例研习》助教费为一学期 2000 元左右。对于助教机制，笔者有两点建议：①在助教的数量配置上，学校方面应在现有基础上放松一些，例如允许一个小班设置 2~3 名助教，如此也能变相地提升助教费用；②在助教的选拔机制上，可以考虑针对所有《请求权基础（鉴定式）民法案例研习》的开课教师，固定地安排面试等选拔，不仅可以为《请求权基础（鉴定式）民法案例研习》这门课程整体提供稳定的助教，而且有助于提升助教的质量。

（三）专业基础课的衔接与配合

作为本科法学教育的一个环节，作为基础理论课的配套升级版课程，请求权基础民法案例研习课与相应的民法基础理论课应置于同一个课程体系之中，二者之间各有分工、相互衔接。但就目前而言，请求权基础民法案例研习课与民法基础课之间存在割裂的现状：一方面，民法基础课的讲授有时并未贯彻请求权基础思维，以《民法典》第 235 条规定的返还原物请求权为例，部分教师在讲授其构成要件时，往往会将“相对方是无权占有人”作为构成要件之一，但在请求权基础思维之下，返还原物请求权的

---

[1] 参见贺剑：《〈民法案例研习〉开课备忘录》，载《月旦民商法杂志》第 75 期。

成立环节，其成立的积极要件之一是“相对方是现时的占有人”，至于相对方是有权占有还是无权占有，是请求权成立之阻却抗辩环节所应审查的，由相对方主张并举证证明其有权占有，进而阻却返还原物请求权的成立；另一方面，民法理论基础课的期末考试方式也与请求权基础案例分析方法相去甚远，期末考试中的案例题通常也并不会要求学生以请求权基础的思维方法去分析一个案例。请求权基础民法案例研习课的推进与发展，也需要民法基础课方面的配合与衔接。

四、结语

请求权基础的案例分析方法是德国人的发明，但其包含成文法系国家都需要的规范适用逻辑，以“讲道理”的方式适用法律规范，这是具有普适性的。不过，引入这一案例分析方法，并引入相应的案例分析课程，并不意味着我们对德式的法学教育模式直接照搬，我们需要做的是在中国本土语境下，将这一方法论工具有机地融合到本科生的法学教育之中，切实地提升学生中国法的适用能力。而真正能使这一案例分析方法落地生根的主要方式无疑就是请求权基础的案例研习课堂。除了请求权基础案例分析方法本身的研究与对话以外，请求权基础案例研习课堂的研究与对话也不可或缺，本文所呈现的是基于笔者个人经验与观察的一个课堂样本，其中仍有诸多问题与疏漏有待进一步完善，但是笔者相信，经由聚焦于课堂的讨论与对话，关于请求权基础民法案例研习课的理论框架与方法路径，也并不遥远。

高教评估

Gao Jiao Ping Gu

高等教育民间评估：风险及其规制*

刘坤轮**

一、引言

在高等教育领域中，民间评估是一个极其宽泛的概念，包括了各种各样的类型，我国常见的为大学排行榜，比如上海交通大学的世界大学学术排名、武汉大学中国大学排行榜、网大中国大学排行榜、校友会网大学排行榜以及武书连大学排行榜等。通常认为，高等教育民间评估和社会生活距离较远，但实际上却并非如此，比如泰晤士报高等教育增刊的世界大学排行榜、QS 世界大学排行榜、美国新闻世界大学排行榜对学生择校，尤其是留学择校的影响就直接而巨大，[1]又比如美国医师协会（American Medical Association）对医学专业、美国律师协会（the American Bar Association）对法学专业以及工程师技术委员会（the Engineers' Council for Professional Development）对工程技术专业进行的专业

* 本文系全国十三五教育规划课题“高等教育评估法律制度构建及运行机制研究”（项目编号：BGA170047）。

** 刘坤轮，法学博士，中国政法大学法学教育研究与评估中心副教授，副主任，硕士研究生导师，中国政法大学钱端升青年学者。

〔1〕 刘坤轮：《中国特色社会主义法学教育认证与评估体系的构建》，载《人民法治》2019 年第 12 期。

认证，因直接和医师、律师、工程师等职业资格考试挂钩，[1]所以直接影响到大学毕业生的就业问题。除此之外，即便是在我国，高等教育民间评估也和社会生活尤其是大学生活贴得很近，比如当前很多高校要求博士毕业生以发表两篇 CSSCI 论文作为论文答辩的资格条件，而所谓 CSSCI 就是南京大学中国社会科学研究评价中心对中国学术期刊所做的一种高等教育民间评估。其他如麦可思就业质量报告中所谓的红牌专业、黄牌专业等，也是和日常生活较为贴近的高等教育民间评估。

既然高等教育民间评估和我们的社会生活如此贴近，那么它所切入的各种社会关系必然要由相关的法律来规制，也就因此隐藏着各种各样的社会和法律风险。比如对于 CSSCI、麦可思就业质量报告以及大学排行榜的争议之声就始终持续着，不同的评估主体之间，评估主体和被评估对象之间，评估对象与评估对象之间，都可能产生各种各样的法律问题，这种法律风险可能不仅指向各种高等教育民间评估的结果的公正性，还可能涉及高等教育民间评估本身，包括评估的方法、内容、信息披露等各个方面。比如中国关于 CSSCI 的评估排名，就出现了学界大量教授予以批判的现象，甚至引发了学界向教育部长上书要求废除 CSSCI 的事件。[2]武书连大学排行榜也曾因为知识产权问题，和其他社会机构发生了法律诉讼。[3]

这些事件看似孤立，但从高等教育民间评估的风险角度来看，却有着内在的联系，实际上都关涉到高等教育民间评估的合理性和合法性问题。这意味着，高等教育民间评估大体存在两种类型的风险，第一类为合理性风险，指向的高等教育民间评估自身的问题，也就是通常容易遭到民间诟病的对大学、政府决策以及社会选择的影响，不利于大学自身按照高等教育规律发展，偏离了大学自身发展的规律问题。第二类则为合法性风险，指向的高等教育民间评估的外部关系，涉及高等教育民间评估的风险及其

---

〔1〕 张晓琴：《英、美、荷高等教育专业认证模式比较与借鉴》，载《广州大学学报（社会科学版）》2007 年第 6 期。

〔2〕 童之伟：《CSSCI 法学期刊影响力排名应处理好的问题》，载《朝阳法律评论》2010 年第 1 期。

〔3〕 武书连等诉北京讯能网络有限公司等侵犯网络著作权纠纷案，北京市第一中级人民法院［（2001）一中知初字第 203 号］。

规制的问题。当然，这里所谓的"合法性"并不取政治社会学的概念内涵，因为政治社会学的合法性实际上既包括了第一类的合理性，也包括了法律相关的内容。因此，这里的合法性风险仅指涉法律相关的风险。事实上，随着我国依法治国的深入推进，社会公众的法律意识日益强化，如果不对高等教育民间评估可能存在的风险进行评判和规制，那么未来将会出现越来越多的纠纷，尤其是很有可能会出现越来越多的法律纠纷。《中共中央关于全面深化改革若干重大问题的决定》中提出要"深入推进管办评分离……委托社会组织开展教育评估监测。健全政府补贴、政府购买服务、助学贷款、基金奖励、捐资激励等制度，鼓励社会力量兴办教育。"[1]由此，随着高等教育民间评估工作的发展繁荣，综合评判其所可能涉及的合理性和合法性风险，明确民间主体的社会责任和相关主体可能因此承担的法律责任，进而对未来的规范路径提供制度性建议，就显得十分重要了，而这也既是本文的重点，也是本文展开的逻辑。本文在引出问题后，将首先分析高等教育民间评估的合理性风险，然后分析高等教育民间评估的合法性风险，继而对其自身需要承担的社会责任以及评估过程中因法律纠纷所应对的法律责任予以归纳，最后在此基础上对未来高等教育民间评估的风险规避路径提出若干建议。

二、高等教育民间评估的合理性风险

凡事皆有因，高等教育领域中的民间评估也概莫能外。中国高等教育飞速发展，由精英化向大众化再迅速迈进普及化的过程中，质与量之间的矛盾冲突催生了关注高等教育质量评价的官方态度，随着产生了各种形态的官方高等教育评估形式。与此同时，更多或出于研究之目的，或出于应社会公众大学选择之需求的高等教育民间评估也如雨后春笋不断涌现。从质与量之矛盾产生的各种高等教育评估形态，在实际的运行中可能不仅仅关注于大学教育教学质量，出于生存或盈利之目的，其常常在实际的运行中发生扭曲，对高等教育的发展产生不利影响的风险，这些风险就是高等

---

〔1〕《中共中央关于全面深化改革若干重大问题的决定》第42条第3款。

教育民间评估的合理性风险，大体包括如下几个层面。

高等教育宏观决策的误导风险。从新中国成立开始，我国高等教育大体经历了产生与探索发展阶段（1949—1977）、恢复发展阶段（1978—1998）、高速发展阶段（1999—2009）和稳步发展与治理提升阶段（2010—至今）四个阶段，取得了重大的成就，其中重要成就除了规模之外，还包括制度体系的完善。[1]这些成就的取得和我国高等教育的宏观决策的正确性密切相关，中国特色社会主义道路决定了我国高等教育发展路径必须和我国特殊的国情深度结合，其中重要的就是要遵循高等教育的内部关系规律和外部关系规律。[2]在我国高等教育快速进入普及化的发展阶段，适应外部需求和尊重大学发展规律的有机结合更是高等教育决策的重要依据。高等教育民间评估从形式上，基本属于高等教育外部关系规律范畴，或是政治论的范畴，但对于高等教育的内部关系规律或大学发展的认识论规律，则明显是不够重视的。随着党的十九大报告中写入“实现高等教育内涵式发展”，高等教育民间评估生存发展所固有的对商业利益的追逐就很可能与之冲突，对于这一点，高等教育的宏观决策必须保持清醒的认识，深入推进高等教育“管办评”分离的同时，谨慎对待高等教育民间评估所可能给高等教育决策带来的决策风险，不能无排名，也不能唯排名。这一点，高等教育的宏观决策尤其要特别关注的关键点。

对大学发展导向偏离教育规律的风险。要理解大学，就必须坚持马克思主义辩证统一的观点，将其置于高等教育的内部关系规律和外部规律，或是认识论或政治论相结合的教育规律中。大学既要有自己的独特精神和内在逻辑，尊重对知识的追求，尊重大学的自由精神，按照内部关系规律运行，实现其存在的认识论目的；同时也要处理好与国家、社会、政治、经济等方面的关系，适应时代的需求，实现其政治论价值。而高等教育民间评估，尤其是以大学排行榜形式出现的高等教育民间评估，其评估指标

---

〔1〕 刘坤轮：《高等教育强国之本：法治化及其未来》，载《北京教育（高教版）》2019年第10期。

〔2〕 潘懋元：《教育基本规律及其在高等教育研究与实践中的运用》，载《上海高教研究》1997年第2期。

多以科学研究、人才培养、社会声誉以及就业质量等为主要评价指标，通过量化的客观数据，或主观评价的客观量化方式，对大学进行评价，其结果就可能造成大学自身的建设发展追求数据化的指标设置，从而导致“唯论文、唯职称、唯学历、唯奖项”[1]等四唯现象的产生，背离了大学自身发展的初心和使命，偏离了高等教育的发展规律。目前来看，现实中的这些导向已经出现，并且有愈演愈烈之势，这也是高等教育宏观政策方面提出“回归常识、回归本分、回归初心，回归梦想”的原因所在。

对社会选择误导的风险。高等教育民间评估对于大学声誉有着直接的影响，其中影响最为直接的就是社会选择，这既包括学生的择校，也包括社会公众的选择。比如麦可思就业质量报告关于红牌专业、黄牌专业的报告，各个民间大学排行榜的专业排名等，对于高考志愿的影响就可能产生较大影响。这个过程中，一些民间排行榜可能出现利益交换的情形，通过购买服务的方式提升某一大学的排名，会对其他大学的招生带来不公平的影响。此外，社会选择也会受到大学排行榜的影响，进一步影响大学的资源分配，一些排名靠前的大学更容易获得各种各样的社会资助，积聚更多的发展资源。[2]而一些排名靠后的大学，如果不迎合排行榜，就可能在社会资源的获取方面处于越来越不利的地位。这些对于高等教育的健康发展都是不利的。

忽略中国特色的风险。高等教育民间评估发源于西方国家，一开始主要是院校整体评估，后来渐次细化，出现了各种各样的专项评估，比如专业评估和专业认证等。但是不管是何种形式，其指标设置基本是依据西方大学的语境来设置的，而西方一流大学主要是私立大学，和中国的大学在体制上存在着较大的区别。当前，我国启动了建设一流大学和一流学科计划，高等教育对标国际一流，实现教育发展的同频共振，教育质量的实质等效，是基本的指导理念。和高等教育民间评估结合起来，就是要符合西

---

〔1〕 科技部等：《关于开展清理“唯论文、唯职称、唯学历、唯奖项”专项行动的通知》（国科发政［2018］210号）。

〔2〕 宋微、肖念：《大学排名对院校发展的影响研究》，载《北京教育（高教版）》2013年第2期。

方产生发展起来的各种高等教育民间评估指标。双一流大学追求教育教学质量的国际实质等效当然没有错误，但必须明确的是，双一流建设不能覆盖中国所有的大学和学科，事实上，能够进入一流大学和一流学科建设计划的中国高校数量是极少的，中国高等教育的特征之一就是区域发展不均衡，高等教育的评估不能仅仅指向双一流，还必须服务于高等教育的中国特色发展路径，服务于我国高等教育的均衡发展。但是当前的高等教育民间评估基本上都是西方话语主导的，对其评估形式和指标，要充分估量其存在的风险，不能全盘接受，既要追求一流大学教育教学质量的国际实质等效，又要充分照顾我国高等教育不均衡发展的特色和现实。[1]

压制人文社会科学发展的风险。高等教育民间评估的指标以客观指标为主，SCI 论文数量、科技奖励数量、专利数量等，更多地和自然科学相通，人文社会科学在这方面处于较弱的地位，尽管排名指标是共同的。但是中国的人文社会评价体系常常又不为国际高等教育民间评估所认同，比如国际和国内民间大学排行榜对于人文社会科学 SSCI 论文的关注，实际上都使中国的人文社会科学处于一种不利的地位，尤其是一些冷门绝学，因为知识产出的能力更为有限，往往会在各种高等教育民间评估的压力下为大学所抛弃，或是更加边缘化。因此，需要再次指出的是，人文精神恰恰是大学文化价值的核心和灵魂，高等教育的发展必须注重人文精神的塑造和养成，[2] 尊重高等教育有自身的规律，不能完全靠外部力量监督实现卓越。大学因有自己的精神而使得其存在本身即有价值，绝不能完全陷入客观化指标的泥沼。这也是为什么高等教育民间评估常常为人所诟病的一个重要原因，包括但不限于各种民间大学排行榜。

除此之外，高等教育民间评估所涉及的风险还有许多其他方面，比如窄化大学功能，唯规模论英雄，淹没大学特色，强化西方中心以及固化学科发展等，这些都属于高等教育民间评估所存在的合理性风险。对此，我

---

〔1〕 张海生：《中国高等教育现代化的内涵阐释及其矛盾审视》，载《教师教育学报》2018 年第 5 期。

〔2〕 韩秀灿：《论大学生思政教育中的人文精神培养》，载《读书文摘》2016 年第 33 期。

国的高等教育评估政策应予以关注，做到既鼓励高等教育民间评估的发展，充分释放其高等教育质量监督的社会功能；同时又要规范引导，使其尊重高等教育的一般规律，并尽量贴合中国的实际国情，真正助力中国高等教育的内涵式发展转型。〔1〕

三、高等教育民间评估的合法性风险

按照前文分类，这里的合法性风险采狭义的内涵，仅指高等教育民间评估过程中所可能涉及的法律内容相关的风险。文章一开头所列出的对CSSCI评价的上书所引出的就是这样一种风险类型。合理性风险的深度触及，也必然会产生法律层面的风险，比如关于“排行赞助费”问题，如果一所大学以向一所高等教育民间评估机构缴纳一定的赞助费获取排名的提升并确实获得了排名的提升，那么，高等教育民间评估机构和被评估对象之间就会出现法律上的各种风险，比如排名未达到要求，赞助排名对其他大学造成损害等。此外，高等教育民间评估机构之间，也可能因为数据信息版权或其他知识产权产生各种法律冲突。被评估对象之间也可能因为参与或不参与、以真实或虚假信息参与某种高等教育民间评估而产生法律纠纷。这些都属于高等教育民间评估的合法性风险，目前学界基本上没有关注，因此这里大体对这些风险做以下分类，主要分类的标准为风险所关涉的不同主体。

第一，高等教育民间评估机构主体之间的法律风险。高等教育民间评估的产生是一个日益繁荣的过程，目前仅以大学整体为评估对象的各式大学排行榜就层出不穷，加上各种各样的专项评估、专业认证等，可谓种类繁多。这一领域的先后顺序决定了其粗放式发展的过程中，必然存在着各种模仿甚至抄袭的现象，一个大学排行榜和另一个大学排行榜在评价方法、评价指标、评价基本信息等方面的高度相似，区分度不高，很容易引发知识产权方面的纠纷。出于对商业利益的追逐，不同的排行榜之间也会出现相不正当竞争，以各种方式提升自己，甚至打击其他排行榜的影响

〔1〕 韩震：《努力推动高等教育内涵式发展》，载《教书育人（高教论坛）》2018年第6期。

力。此外，关于信息的分享和对服务对象的产品服务是否合格等问题，也很可能出现因竞争而引发的各种法律风险，比如前文提到的武书连等诉北京讯能网络有限公司等侵犯网络著作权纠纷案，实际上就代表了不同的高等教育民间评估机构因知识产权归属问题而产生的法律风险。就国内层面来看，这些法律风险的存在目前还没有引发太多的法律纠纷，其中主要的原因在于，我国高等教育民间评估尚没有完全的商业化，大多数高等教育民间评估并非具有完全独立的商业属性，或者并不以评估作为其主要的收入来源，比如当前中国的大学排行榜中，上海交通大学的世界大学学术排名、武汉大学中国大学排行以及武书连大学排行榜都是依托大学或研究机构，商业收入并非其运行的基础或至少不是主要基础，因而，纯商业性的法律纠纷也就可能较少。但随着高等教育民间评估范围的越来越大，越来越多的纯商业机构进入后，各种各样的法律纠纷就可能大量出现，潜在的各种法律风险也就可能出现爆发的情况。

第二，高等教育民间评估机构和评估对象之间的法律风险。高等教育民间评估可能涉及的另外一类法律风险在评估机构和被评估对象之间。比如民间大学排行榜对大学排名有何法律依据？是不是需要征得被评估对象的同意？评估机构对相关的信息的真实性是否负有审核义务？对于被评估对象虚假报送信息的问题如何处理？这些问题，都可能会造成高等教育民间评估和评估对象之间的法律纠纷。比如如果一个民间机构未经某所大学同意，即将其大学计入其排名体系之中，并且排名结果并不如意的情况下，就可能因此产生名誉侵权的问题。排名公布后，几家欢喜几家愁的现实也说明，评估机构和被评估对象之间的紧张关系是始终存在的。“大学排名本质上是一场‘零和游戏’，一些国家高校排名名次的进步必然导致其他国家的下降。”〔1〕对于名次下降的高校来说，评估排名的下降必然对其声誉造成影响，由此就可能引发名誉权法律纠纷。此外，对于学生入学选择和就业选择，高等教育民间评估机构和被排名对象之间也可能出现各

〔1〕 刘念才等主编：《从声誉到绩效：世界一流大学的挑战》，上海交通大学出版社 2017 年版，第 23 页。

种法律风险，在竞价排名方面，魏则西案件的出现就揭示了排名对公众误导所造成的重大损害，〔1〕此类风险对于大学排名也并不是遥远的幻影，尤其是高等教育规模庞大的国家和地区，一些大学单纯从名称上，很难看出具体的优劣，高等教育民间评估因此就可能承担误导学生选择的法律风险。此外，就业排行榜也同样会引发此类法律纠纷，一些特定院校或特定专业的学生可能因此排名在就业场域遭到歧视，从而引发和高等教育民间评估机构之间的法律纠纷。

第三，评估对象与评估对象之间的法律风险。从主体上划分，高等教育民间评估所涉及的合法性风险中，还有另外一种特殊类型的法律风险，也就是被评估对象和被评估对象之间的法律风险。这种风险表面看起来并不常见，但实际上却会随着一些高等教育民间评估影响力和重要性的日益增长而不断出现。比如处于竞争关系的两所大学，因对方采取排名赞助、虚报信息的方式在某一排行榜上获取了较好的排名，那么就对另一所大学形成了不正当竞争地位。尤其是当某种高等教育民间评估具备了官方或准确被官方背书的形势下，其为了获取更大的权威，一些高等教育民间评估机构可能会对排名或认证数量做出严格限制，比如全球前 100 名大学，前 50 名认证专业等信息常见于各种宣传媒介之中，这一问题就更为严重。这一风险较为激烈的领域可能更多关涉民间机构所进行的特定专业认证，因其和特定的职业准入挂钩，是否得到认可，就可能会让不同的大学形成竞争关系。如果这一过程中，一所大学采取了诸如赞助支持或虚假信息的方式获得了需要的结果，那么势必对其他大学造成损害，从而引发法律层面的纠纷。事实上，大学总是对自己排名更高的排行榜情有独钟的现实也说明了这一风险的现实性，对于此类风险而言，因为关涉到大学的内部竞争和良性发展，是尤其需要注意的。

四、高等教育民间评估的社会责任和法律责任

我国“管办评”分离政策的制定，是出于提升高等教育质量，将高等

〔1〕 黄岩：《竞价排名的法律定性困境与对策——以“魏则西事件”为视角》，载《河南工程学院学报（社会科学版）》2017 年第 1 期。

教育转向内涵式发展的考量。实际上，这意味着无论是官方评估，还是高等教育民间评估，都应承担更多的责任，这种责任既包括社会层面的，也包括法律层面的。其中，社会层面的责任主要是对国家、社会、大学和学生而言的，法律责任尽管也会涉及前者，但更多则是因自身健康发展需要而需规避的公正、侵权以及欺诈等方面。

高等教育民间评估的社会责任。高等教育民间评估具有多种多样的形态，既有西式的完全市场化的第三方评估，也有具有中国特色的并不以市场收益作为存续基础的形态。但是，无论是何种形态，因为其高等教育民间评估的对象具有高度的公共性特征，所以高等教育民间评估就必须承担特定的社会责任。中国的高等教育处于重要的发展转型期，这一时期的主导方针是内涵式发展道路，而这也就将高等教育质量保障体系置于至关重要的地位，其中高等教育民间评估就是高等教育保障体系中的重要一环，尤其是在高等教育“管办评分离”的政策语境中。[1] 因此，无论从长远的经济收益来看，还是从道德层面来看，高等教育民间评估都应当在理智中预知或估计到自己评估行为后果的复杂性和影响的扩展性，采取谨慎的意志抉择和行动，避免不良后果的扩大化。从这个意义上说，行为主体应当对行为的间接后果或后果的发展负一定责任。[2] 中国传统的社会伦理思想、以人为本思想、社会诚信、可持续发展等思想，实际上都构成了高等教育民间评估承担社会责任的思想基础。因此，无论是对于国家、社会、大学，还是普通民众，高等教育民间评估都应当承担公正、中立、客观、真实、科学的评估责任，坚守评估工作的底线，坚持基本的评估标准，保持评估结果的科学性。对于国家来说，高等教育民间评估负有正确引导高度教育决策的社会责任，要通过自己的评估行为向相关决策部门提供信度和效度均合格的信息，帮助国家制定既符合当代世界高等教育发展趋势，又适合本国高等教育发展特点和实际国情的发展政策。对于社会而言，高等教育民间评估所进行的包括各种排行榜和认证，应当坚持中立、客观、

---

〔1〕 李志仁：《我国应建立高等教育质量保障体系》，载《高教探索》2001 年第 2 期。

〔2〕 卢代富：《企业社会责任的经济学与法学分析》，法律出版社 2002 年版，第 193~194 页。

真实的标准，确保公众获得真实有效的信息，帮助社会对了解高等教育的基本信息，正确引导社会各方根据自己的需求作出恰当的选择和评价，或助力大学的发展，或助力自身的需要。对于大学而言，高等教育民间评估除了助力其认清差距，提升自身办学水平外，还负有维护大学精神，保持大学特色发展，督促大学真理追求的使命和责任。对于社会公众来说，帮助其真实了解大学是高等教育民间评估应当承担的社会责任，尤其是对于即将进入大学的学生，高等教育民间评估则负有真实披露大学办学信息的义务，绝不能因为经济利益的追逐而失去基本的评估底线，走向准竞价排名或其他暗箱操作的误区。

高等教育民间评估的法律责任。相对于道德性更强一些的社会责任，高等教育民间评估所应承担的法律责任则明显具有更强的强制性。在阐述合法性风险之时，我们已经看到，高等教育民间评估所涉及的各个主体之间都会面临各种各样的法律纠纷，并因此会承担各种各样的法律责任。第一类为在高等教育民间评估主体之间，不同的高等教育民间评估机构都需要遵循既定的商业规则，不通过不正当竞争的方式获取对其他高等教育民间评估的竞争优势，否则应承担相应的不正当竞争的法律责任，例如侵犯商业秘密或知识产权的责任，也应当承担与之相应的侵权法律责任和损害赔偿责任，这一点在武书连等诉北京讯能网络有限公司等侵犯网络著作权纠纷案中已经充分反映出来，未来随着高等教育民间评估主体的日益增加，此类侵权纠纷的产生也可能会越来越多。第二类为高等教育民间评估机构对被评估对象和服务对象承担的法律责任。通常情况下，大学的基本信息具有公共信息的属性，其限制使用的要求并不严格，但也并非完全任意。比如，如果一所大学不愿意参与某个高等教育民间评估机构进行的评估，并专门做出声明的情况下，民间机构未经其同意即将该大学置于其排名体系中，并且被评价方认为对其造成了名誉损害，那么，高等教育民间评估机构就应当对此承担一定的侵权和损害赔偿责任，这也是为什么当高等教育评估日益精细化发展出专业认证，并以自愿性作为前提条件的一个重要原因。此外，对于高等教育民间评估所可能影响的社会公众，高等教育民间评估也可能因为信息披露的真实性存在瑕疵而承担责任。对于任何一个企业来说，尤其是以信息提供为主要业务的民间机构来说，对信息真实性需承担注意义务，当高等教育民间评估机构向社会披露的信息真实性存在瑕疵，并由此导致了信息获取方的错误选择行为时，高等教育民间评估机构就应当为此承担一定的损害赔偿责任，尤其是当高等教育民间评估机构在信息审核方面存在故意或重大过失的主观情形下。第三类为被评估对象之间的法律责任。限于民间排行资源的有限性，被评估对象之间常常也处于一种竞争的关系，这种关系的存在可能引发一些不正当行为的发生，比如为了获取更好的排名，或更早地获得某一高等教育民间评估机构的认证，采取排名赞助的方式改变自己的应然排名或认证结果，或是采取虚报信息，或是恶意举报其他大学信息，甚至是假冒其他对象或竞争专业虚报信息的行为，都可能会对竞争性大学或专业造成损害。对于此类行为，也构成了法律层面的侵权，应当承担相应的损害赔偿责任。

需要说明的是，高等教育民间评估的社会责任和法律责任，并不处于分立的状态，而是一种统一的关系，正是因为高等教育民间评估工作的公共性特征，决定了它应当承担特殊的社会责任，并且也是因为这种公共性，它在实际的运营过程中，可能会产生各种看似个案但基本都关涉社会公共利益的法律纠纷，并因此需要承担若干的法律责任。从这个角度说，高等教育领域的高等教育民间评估责任，是强制性和自觉性的统一，既具有法律性，同时也具有社会道德性。

五、高等教育民间评估的风险规制路径

高等教育民间评估在高等教育领域中发挥着越来越重要的作用已经是不争事实，在这个过程中，因为社会配套制度体系的不完善，高等教育民间评估的发展不仅仅会面临社会层面的合理性风险，还有可能面对各种侵权或是其他形式的法律风险，并因此卷入各种法律纠纷。对此，如何通过相关制度体系的完备，引导第三方评估和政府、高校和社会之间形成良性的促进关系，就成为高等教育领域需要直面的问题，通过总结高等教育民间评估所面临的合理性风险、合法性风险，以及因此所应当承担的社会责任和法律责任，本文认为，关于高等教育民间评估的风险规避，可以从以下两个层面着力。

对于合理性风险及其责任，要从政策和社会层面加强引导。高等教育“管办评”分离的深入改革，并不意味着政府角色的退场，而是为了让政府、大学和第三方评估机构形成一种更符合高等教育发展规律，更有助于提升高等教育质量的关系形态，无论是政府，还是高等教育民间评估机构，还是社会公众，都对高等教育民间评估的健康发展承担着相应的义务。首先，政府应发挥对高等教育民间评估的宏观指导作用。对于高等教育民间评估所应当承担的社会责任，政府仍负有监督引导的职责，这样做的目的并非要进行政府的直接干涉，而是为了确保高等教育民间评估的科学性，避免这些机构为了商业利益而出现背离高等教育发展规律、侵害公共利益或其他社会主体利益的情形，帮助高等教育民间评估机构规避合理性风险。因此，政府要在高等教育评估领域形成一整套制度体系，尤其是对评估机构的规范化要出台相应的规范性文件，通过制度引导，形成政府、大学、评估机构和社会之间通畅的信息沟通机制。对于评估机构的准入、评估指标的设置、评估程序、评估方法等内容，教育主管部门要切实履行监督的职责，确保高等教育民间评估机构遵守社会公共利益评估的基本准则，承担真实、中立、公正、客观、科学的评估义务。与之同时，对于评估机构要建立奖惩制度，对于严格履行社会责任，科学中立的高等教育民间评估机构，要予以相应奖励；对于信用恶劣，违反社会公德的评估机构，要建立淘汰机制，将其隔离在高等教育评估体系之外。其次，高等教育民间评估机构要强化自身建设。高等教育民间评估机构本身也构成一个相对科学的自治群体，应加强行业自身建设，通过建立行业协会，出台行业准入标准等方式，对高等教育民间评估的准入条件，采取的评价方法，评估对象的选择，评估结果的应用等方面予以规范，防止出现行业的害群之马，危害高等教育的健康发展。再次，社会公众需要加强监督。社会公众，尤其是对于对象信息有直接需求的社会公众，应积极监督高等教育民间评估的科学性和公正性，对于违反社会公德的高等教育民间评估行为，可以通过各种方式向教育主管部门或行业自治协会予以反映，帮助高等教育民间评估形成中立、真实、公正、科学、规范的评价体系。

对于法律责任，要健全相关法律责任追究制度。无救济则无权利，对于高等教育民间评估的法律责任而言，也同样如此。高等教育民间评估的健康发展，不可能仅仅依赖道德层面的责任承担完全达至，还必须依靠具有强制力的法律救济手段。因此，健全多层面的法律责任体系也就显得必要且应当。首先，在立法层面，要完善各级各类高等教育民间评估的法律责任体系。目前我国尚没有专门的高等教育评估立法，关于高等教育评估的立法散见于教育法、高等教育法、民办教育法等相关法律之中，专门的《普通高等学校教育评估暂行规定》也仅为专门性规章，效力等级不高，并且所指向者也主要是官方评估，这就决定了法律责任的形式和力度达不到规范高等教育评估所需要的救济等级。[1]因此，从法律层面开始，建立健全高等教育评估的法律责任体系，对于规范化高等教育民间评估也就显得十分迫切了。其次，在司法层面，要建立健全高等教育民间评估的损害赔偿责任。司法是法律责任承担的核心环节，没有司法裁判的确认，高等教育民间评估的法律责任也只是一纸空谈。但是，高等教育民间评估是一种高度现代化的产物，其表现形式往往是网络信息的方式，相关的证据定性也具有较强的虚拟性，但影响的范围却具有超越空间的特性，影响的内容也可能因为主体的差异涉及不同层面的法律责任，比如普通的侵权责任、知识产权侵权责任，甚至是产品责任。这就需要司法层面针对性地完备司法裁判形式和损害赔偿责任体系，比如通过互联网法院，实行举证责任倒置等，再比如设立对诸如竞争对手、社会公众、咨询学生等不同侵害主体的差异化损害赔偿责任等。最后，完善法律责任的执行及监督体系。完备的责任体系需要强有力的执行及监督体系才能得到落实，对于关涉公共利益的高等教育民间评估来说，法律责任的承担一定要行之有效，特定的法律纠纷不能成为某个民间机构公关工作内容，一定要见到实效，如此才能促进整个高等教育民间评估体系的健康发展。

---

〔1〕 康宏：《我国高等教育评估制度：回顾与展望》，载《高教探索》2006年第4期。

教师与社会

Jiao Shi Yu She Hui

论高校法学教师的多重职业身份*

宋晨翔　王亚男**

一、高校法学教师多重职业身份之特征

目前我国的法学教育由普通高等法学教育、成人法学教育和法律职业教育三部分组成，而普通高等法学教育又包括法学学士教育、法学硕士教育和法学博士教育三种。因此，笼统而言，从事法学学士、法学硕士、法学博士教学的教学人员，如法学讲师、副教授、教授、硕士生导师、博士生导师等都可以称之为高校法学教师。在这一层面上，法学教师的多重职业身份首先表现为专职与兼职并存的情况。这里专职和兼职的主要按其档案、编制、户口、人事关系等材料是否归属于高校进行划分。

（一）兼职的高校法学教师

兼职法学教师主要是指主要职业身份并非教师的其他法律人，兼职从事法学教育的情况。担任兼职教师的法律职业主要是法官、检察官、律师三类职业群体。而这三类群体兼职担任高校

---

* 2020 年陕西省教育厅一般专项科学研究计划项目“人民司法视野下的人民陪审员制度改革研究”（项目编号：20JK0435）。延安精神研究中心 2022 年培育项目陕甘宁边区政府的监察体制机制项目（项目编号：YAJSYJZX2022-07）。

** 宋晨翔，延安大学政法与公共管理学院讲师；王亚男，延安大学法律硕士专业 2021 级硕士研究生。

法学教师的情况又可以分为两种，一种情况是一直从事其他职业，然后在高校中兼职担任教师。如最高人民法院法官王秀红担任上海交通大学兼职教授。如著名律师陈有西担任中国人民大学律师学院兼职教授。另一种情况是原本是法学教师，在转变为其他法律职业之后，继续兼职担任法学教师的情况。如吉林省高级人民法院院长张文显担任吉林大学法学教授、博士生导师。

（二）专职的高校法学教师

专职的高校法学教师是指主要职业身份为教师，而在教学之外从事其他法律职业的情况。除教学之外，他们大致有可能具备以下几种职业身份：

1. 科研人员

按照我国教育部的规定："科学研究是指为了增进知识包括关于人类文化和社会的知识以及利用这些知识去发明新的技术而进行的系统的创造性工作。"[1]高校法学教师在担任教学工作的同时，还要承担知识创新的工作，科研是高校教师普遍具有的第二重职业身份。

2. 教学、科研管理者

高校法学教师在从事了一定时间的教学和科研之后，按照其表现的优异程度将会从教学和科研的参与者擢升到管理者的岗位。如担任某一学科或某研究单位的负责人，以及担任学院级或者校级的领导职务。在这些岗位上，高校法学教师不仅仅负责教学和科研工作，同时还要组织教学团队和科研团队，制定发展规划，从事教学和科研管理工作。

3. 立法工作者

法学教师主要是作为全国人大代表，尤其是作为全国人民代表大会宪法和法律委员会成员参与立法。如梁慧星教授、王利明教授等人担任全国人大代表。

4. 司法官员

法学教师担任司法官员主要是兼职从事检察工作，在检察院担任副检

---

〔1〕 中国期刊网知识定义搜索：http://define.cnki.net/WebForms/WebDefines.aspx？searchword=%e7%a7%91%e5%ad%a6%e7%a0%94%e7%a9%b6，最后访问日期：2019年10月12日。

察长。如于志刚教授兼任北京市顺义区人民检察院副检察长。

5. 民间司法职业

民间司法职业内容重大，大致可以分为以下三类。首先，律师、仲裁员、司法鉴定人员等民间司法人员。兼职律师是高校法学教师经常从事的一种职业，为此司法部专门作出过批复说明。[1]顾永忠教授、何兵教授等人都是兼职律师。其次，法律咨询人员。法律咨询人员可以分为两种，一种是政府部门的特邀咨询员，如最高人民法院、最高人民检察院的特邀咨询员。[2]另一种是面向社会的法律咨询人员，为司法诉讼出具法律意见，为公民进行法律咨询等情况。最后，法律宣传人员，高校法学教师经常通过电视、网络、平面媒体等渠道出现在公众面前，宣传法律理念，对重大法律争议提供意见，进而提供公民的法律意识，促进法律进步。

按照上文的分析，立法工作者、法官、检察官、民间司法职业可以统称为法律实践职业。因此可以将高校法学教师的职业身份分为教学人员、科研人员、管理人员、法律实践人员四类，这四种职业类型构成了高校法学教师的主要职业身份。

二、高校法学教师多重职业身份之正当性

由教学人员、科研人员、管理人员、法律实践人员这四重身份构成的高校法学教师的主要四重职业身份特征，这四重职业身份特征内在地统一于法学教师的使命之中，服务于当前法治社会的需要，其正当性可以分述如下：

（一）教学与科研具有内在的一致性，共同服务于知识创新的需要

普通高等院校是我国的主要学术研究机构，承担着知识传播和知识创新的重要职责，而教学和科研是促进知识创新的两种主要手段。

1. 教学是推进科学研究的重要手段

教学与科研都是传播法律知识、法律理念的手段。教学实践的对象是

---

〔1〕《司法部关于电大、职大、党校的法学专业教师能否兼职从事律师工作的批复》（司复［1998］006号）。

〔2〕《三位法大人作为最高法特邀咨询员建言献策》，载：https://www.sohu.com/a/222432537_367915，最后访问日期：2022年10月24日。

学生群体，目标是使学生掌握法律技能，明晰法律理念。而科学研究的目的也是传播法律理念，只是科学研究是以一种概念更加明晰、更加确定的方式传播法律理念，教学实践则是以一种多元而互动的方式传播法律理念。在教学的过程中，法学教师通过与学生的双边互动，增进了教师对法律理念的认识，不断探索新的知识领域，促使教师在头脑中产生新的启发，出现新的灵感，使得教师总是处在科研创新的状态，拓展丰富了其科研领域和科研视野。

另外，在普通高等法学教育的硕士生教育和博士生教育阶段，教学的过程本身就意味着科研研究的过程，硕士生导师、博士生导师的主要任务就是带领学生进行知识创新：通过研读学术文献，把握国际前沿研究的动态，理论与实践相结合进行科研探索，才能真正地掌握科研的精髓，具备科研能力。

2. 教师通过从事科研工作能够促使教学质量提升

科研可以促进教师更新其知识体系，把握学界的最新动态。在知识经济时代，知识的更新速度不断加快。有专家认为，现代社会部分新兴学科的知识半衰期已经降低到五年一个周期。在这种状况下，如果仅依靠教学经验、改进教学方法等手段，根本无法满足教学活动的目的，达到教学的需要。因此，在此情形下，教师必须通过从事科研工作，才能够随时掌握本学科的前沿研究，掌握学科的发展动态，更新其知识体系，从而在教学的过程中实现与时俱进，实现教学质量稳步而持续地提高。

现代教育理念要求教师在教学的过程中必须有意识地培养学生的自主学习能力和创新能力。科研研究是一个复杂而艰难的劳动过程，需要不断地探索学术发展的前沿，在这一过程中，教师的观察、分析、判断和解决问题的能力都会得到提高。教师通过将这一能力传授给学生，指导学生进行科学研究，从而极大地提高学生的创新能力，深藏挖掘了其创新潜质。学生在掌握了这一能力之后，更加具备了自主性，锻炼了自己发现问题、分析问题、解决问题的能力。

（二）由教学、科研的参与者走向管理者岗位，是自身素质的进一步升华

普通高校的教学、科研管理岗位一般由教学科研的优秀工作者担任，

这种职业身份的转换，具有内在的合理性，是高校教师自身素质的进一步升华。

1. 参与者与管理者具有内在的一致性，都是一种管理活动

普通高校教学、科研管理意味着对多个班级、多个专业、多位教师的管理。需要制定管理计划，进行预测和控制。而个人的教学活动和科研活动也是一种管理活动，只是管理对象的范围较小而已。在高校中，教师的教学活动面对的主要是一个班级或者一个专业，教师的科研主要是独立进行。但是这两种活动本身也需要进行管理，需要对教学班级进行教学管理，制定教学计划，评估教学目标，控制教学过程；教师从事科研时，同样需要对自身进行管理，才能保证科研进程的顺利开展，科研任务的顺利完成。

2. 普通高校的教学、科研管理，需要优秀人才制定管理计划、把握管理方向

普通高校的主要职能就是从事教学工作和科学研究工作，而普通高校的管理者必须能够符合把握学科前进的方向，随时处在学科发展的前沿才能制定正确的教学科研计划，使得教学活动和科研活动真正符合社会的需要，引领学术发展的潮流。在这种情况下，教学和科研的优秀人才走向管理岗位，可以使其积累的优秀教学经验和科研管理经验进一步升华，用于指导教学实践和管理实践，在领导教学团队和科研团队的过程中，更好地实现教学目标、科研目标，满足社会需要。

3. 优秀教学科研人才的经验和威信可以促进管理目标的顺利实现

在管理活动中，管理计划的有效落实，管理目标的有效实现都依赖于被管理者与对管理任务的积极执行，而优秀教学科研人才的经验和威信是促使参与者积极支持管理任务的主要手段。因为，在普通高校中，教师的地位比较平等，管理者与被管理者之间没有上下级隶属关系，管理者也不像在行政机关或者公司企业中一样，掌握了被管理者的晋升、奖励、工资等各方面工作的决定权。所以，只有依靠优秀人才所积累的经验和威信才能够保障被管理者服从管理、服从安排，管理任务的执行，才能顺和通畅。

（三）法治社会建设需要教学科研人员与法律实践者之间的积极互动

"培养什么人、怎样培养人、为谁培养人"，始终是高校教育要解决的根本问题。高校是法治人才培养的第一阵地，培养造就更多高素质法治人才是高等法学教育的历史使命和首要职责。如何培养"高素质"法治人才，正是解决"怎样培养人"这一根本性问题的重要所在，而这一问题也直接决定着法治人才培养的模式、路径与方法。教学科研人员与法律实践者之间的积极互动，为法治社会建设的人才建设提供了新路径。[1]

1. 法学知识的实践品格决定了高校法学教师必须直面法律实践

（1）法学教师需要从社会现实中了解法律实践。法学思维是一种实践性思维，并非哲学性的纯粹思考，法学所思考的问题是由社会现实决定的。法律规范是应然性规定，其规范对象是广泛的社会事实。法律规范与社会事实之间的不对应关系，各种事实与规范之间的问题和冲突，构成了法学问题的主要来源。因此，作为法学知识生产者和传播者的法学教师要想传授法学学子正确的法学知识，正确地面对法律问题，那么就必须面对社会现实，了解法律实践，才能够明确法学问题的真正含义，才能够对其作出正确的解答。

（2）法学教师需要掌握专业化的法律技能。法学知识是用于指导人们实践的知识体系，在实践的过程中，法学知识转变成为专业化的法律技能，如律师撰写起诉状、开庭论辩的技巧，法官查明事实、进行裁判的能力等。这些专业技能是法律人日后生存的看家本领，是借以糊口的饭碗。而这些技能也只有通过常年的法律实践才能够掌握，只有在日积月累的锻炼中才能够成就。所以作为传授法学知识的高校法学教师，参与法律实践，获得对这些法律技能的深入了解，就是题中应有之义。

（3）法学教师需要从实践中掌握经验。法学知识乃是通过人们漫长的时间过程而凝练的，对于法律问题的分析和解决不仅依靠公平正义的理念，更是要依靠人们对于实践问题的把握，需要在精通人世经验之后进行

---

〔1〕 苗连营、郎志恒：《习近平法治思想关于法治人才培养的原创性理论贡献及其实践展开》，载《中国大学教学》2022 年第 8 期。

妥当的理解和说服，所以通过经验的审慎判断才使人们得到了法学知识。对此，霍姆斯大法官曾经言道："法律的生命不在于逻辑，而在于经验。"所以，法学教师如果仅待在大学的象牙塔中，不参与到法律实践之中去，就无法积累起充分的法律实践经验，进而无法准确地理解和把握法学知识。

正是由于法学知识的实践品格，从而决定了优秀的法官、检察官、律师等司法实践人员，可以承担起法学教师的职业身份，将其在实践中面对的法学问题，掌握的法律技能，积累的经验智慧传授给法学学子，让其更深入地理解法律问题，掌握法学知识。

2. 法律职业共同体的职责要求法学教师参与法律实践

法官、检察官、律师和法学学者是法律职业共同体的主要组成部分，法律职业共同体是解释共同体、事业共同体、意义共同体和利益共同体，法律职业共同体的共同职责决定了法学教师要参与法律实践。

（1）解释共同体要求法学教师对法律问题作出公正合理的解释。立法是灰色的，而法律问题总是常新的。在目前社会发展日新月异的情况下，无法在法律条文中找到明确答案的法律问题比比皆是。在立法滞后而法律问题又亟待解决的情况下，法学教师作为法律职业共同体中的智囊团，必须从其精心研究的法律教义学中为这些法律问题提供明确的答案，作出合理的解答。

（2）利益共同体要求法学教师对其他共同体成员的行为进行监督。建设公平合理的法治社会，是法律职业共同体的根本利益所在。但是，如果缺乏有效的监督，法律职业人就会放弃长远利益而追求眼前利益，为了个人一时的收益，而侵害法治的根基。司法腐败、律师伪证等行为都是迫害法治的恶劣行为，由此而形成的冤假错案更使得人们对法律的信任，对司法的权威产生了深深的质疑。而面对这种现象，作为法律职业共同体的法学教师，就勇敢地参与法律实践，以其相对超然的地位，对现实生活的丑恶现象进行严厉的抨击，对于冤假错案在学理上，以其专业知识进行公正的监督，从而推进法治的发展，在根本上维护法律职业人的共同利益。

（3）事业共同体和意义共同体要求法学教师进行法治宣传。法律职业共同体是法治建设事业的服务者，以实现法治为其终极目标。法律职业共同体还是一个拟制的意义共同体，它的形成依靠其他社会成员的信赖和认可。因此，提高全社会的法律意识，增强普法教育和法治宣传就是法律职业共同体的重要职责。法学教师作为法律理念的教育者和传播者，更应该义不容辞地担当起这一职责，扮演起法治宣传的角色。

3. 转型中国的法治实践需要法学教师参与法治实践

当一个社会处于稳定期时，各个职业之间的界限比较稳定，每一职业仅需要恪尽职守即可。但是在社会转型时期，原有的社会结构被打破，社会阶层处于流动和变化的过程中，新的社会秩序有待形成。在重新构建社会秩序的过程中，立法体系需要重新建构，司法体制需要进行改革，执法行为需要进行规范，广泛的社会变革问题需要法学教师从专业的角度出法律意见，需要高智商的群体提供智识支持，全方位地出谋划策。因此法学教师提出立法工作建议，策划司法改革方案，对行政违法行为提出批评意见都全面回应了转型中国法治建设需要，为中国的顺利转型贡献了力量。

4. 法学教师参与法律实践符合法治社会发展的一般规律

在历史上，法学家就一直扮演着参与法治实践的角色。比如，在法学最发达的古罗马时期，保罗、盖尤斯、乌尔比安、帕比尼安、莫迪斯蒂努斯这五大法学家的著述具有和立法相同的效力，他们不仅传授法律、著书立说，而且还充当了国家官吏、政府顾问并且直接充当“辩护师”。[1]而在英美等法律发达国家，法学教师为做律师出庭辩护也是非常普遍的情况，哈佛大学法学院知名教授艾伦·德肖微茨就是美国最有名的律师之一，因为成功办理辛普森案、泰森案、五角大楼秘密文件案、克林顿总统弹劾案和美国总统大选案等著名案件而被誉为“美国历史上最成功的刑事辩护律师”。

综上，高校法学教师从事科研活动是其教学活动的内在需要，二者密不可分，法学教师向管理岗位的提升，是其自身素质的进一步提升，而参与法律实践则是社会发展的现实需要，法学教师的多重职业身份就有内在

[1] 王新清：《法律职业伦理》，法律出版社 2007 年版，第 302 页。

的正当性。

三、高校法学教师多重职业身份之界限

上文阐述了高校法学教师多重职业身份的正当性，正当性的证成在理论上为高校法学教师承担多重职业提供了底气，但是在实践过程中多重职业身份的交叉也带来了一定的问题。要尝试解决这些问题，就需要在实践中探索建立一些制度，通过制度化的方式明晰高校法学教师多重职业身份的界限。

（一）高校法学教师的多重职业身份实践中存在的问题

1. 重科研、轻教学的现象成为某些高校发展中出现的不良倾向

2010年，政协云南省第十届委员会第三次会议上，徐正会、李丽芳两位委员的一份提案表明：云南某高校近3年中立项的研究项目中教研项目数和科研项目数的比例是1∶3.26，教研项目的立项数目还不到科研项目立项数目的1/3。高校对教研不重视的现象实在堪忧。[1]在目前建设研究型大学、科研型大学的号召下，很多高校都将激励机制的重心放在教师的科研成果上，在职称评定、评优、评奖和各种合格考核中，对教师的教学能力、参与教学工作的成果没有具体的指标要求，而是对科研能力、承担的课题、发表论文的级别、争取的科研经费数量、在SCI上发表论文的数量等数据十分重视。在这种情况下，原本应该同等重要的教学实践和科学研究出现了不适当的倾斜，重科研、轻教学成为一种不良倾向。在大学生就业形势日趋严重的形式下，出现了教学质量严重下滑的趋势。

2. 不适当行政管理行为对学术自由的侵害

高校法学教师走向管理岗位之后，身兼管理者和教师的双重职业身份。这本身是一种有利于教学、科研管理的现象，但是在目前大学行政权力泛化，学术权力不能发挥应有作用的情况下，会出现不适当的行政管理权力对学术自由的侵害。走上管理岗位的法学教师，会因为行政权力的附

---

〔1〕 张文凌、黄涛：《委员批高校重科研轻教学学生成为最大受害者》，载《中国青年报》2010年2月24日。

加而侵害学术自由，制约学术发展。比如我国大学的最高学术权力机构——校级学术委员会多由学校、院系以及职能部门的负责人组成，虽然他们也是相关学科的专家，但由于职位角色不同，在学术事务决策上很难代表学者的立场和观点。而且，由于学术权力的使用不当，学者在学术事务中不一致的学术观点泛化到非学术事务中，常常对行政权力的行使产生不利影响。[1]

3. 高校法学教师过多地参与法律实践会影响正常的教学研究

参与法律实践是获取社会真实情况，了解法律实际运行的重要渠道，但是过多的法律实践会使得高校法学教师沉湎于法律实践中无法自拔，耽误了正常的教学和科研。比如在法学教师担任兼职律师的过程中，有些法律学人做律师就像滚雪球一样，越做越大、越做越上瘾，挣的钱越多，欲望就越强烈，这些法律学人很多是挂着“法律学人”的牌子营业，但是实际上早就不是一个真正的法律学人了。[2]

（二）高校法学教师多重职业身份之界限的界定

针对上面分析的缺陷和不足，就需要进行多重职业伦理的建设，加强教学质量管理、科研体系建设，强调原创性的科研成果；明晰学术与行政之间的关系，确立“教授治校”的发展方针；完善绩效考核机制，将教学和科研的实际功效落到实处；只有这样才能既满足转型中国法治建设的需要，又使得法学教师的职业伦理得以保持，实现法学教师多重职业身份的正当性和实效性。

1. 明晰岗位责任，恢复教学与科研的平衡

教学与科研本是高校教师奋飞的双翼，但是在当下，教学并非高校老师的核心所在，科研才是重中之重。究其原因，在于科研成果在教师职称评价等利益相关问题上占主导地位。要改变高校教师过分重视科研，轻视教学的现象，促进教学和科研的相互平衡，必须探索建立相对合理的岗位设置制度。

---

〔1〕 刘尧：《我国大学内部学术权力与行政权力的平衡》，载《中国地质大学学报（社会科学版）》2007年第3期。

〔2〕 宋功德：《法学的坦白》，法律出版社2001年版，第109页。

（1）科学设岗，让法学教师按照特长发挥作用。在现实中，法学教师对理论和实践的热衷程度不一样，要最大限度地发挥法学教师工作积极性，促进人尽其才，更好地进行法治人才培养，需要在教师岗位设置时明确区分科研教学岗与实践教学岗。针对不同的岗位采取不同的评定标准，比如，在科研教学岗位的教师评定时更加侧重于科研成果，而实践教学岗的教师在评定时要看其将实践中的资源转化为教学资源的程度。让擅长实践的教师大胆地投入实践，用实践中积累的经验与技巧提高学生的实务能力；让醉心于科研的教师全身心投入科研，用理论前沿的知识启迪学生的思维。如此，可以推动法学教育获得良好的发展。

（2）完善教学科研评价机制。当下，对法学教师的职业评价和职称评价一概以科研作为核心标准，这就将对教师能力水平有充分发言权的学生排除在外，不利于对教师的综合素质的整体评定。对此，应该加大教学评价（特别是学生的教学评价）在指标体系中所占的比重，采用学生匿名给教师课堂教学效果打分，将分数直接与教师职称评定等事项挂钩，让学生真正成为教师教学效果的阅卷人。

此外，通过同一门课程多名教师同时授课的方式，将教师的薪金、职称评定等事项与选课人数联动，倒逼教师关注教学、认真教学，实现教学和科研并重。唯有如此，才可能真正意义上使法学教师群体将自身的知识和经验均有效的贡献于教育和教学，也才能真正促进教学相长。[1]

2. 适度分离学术与行政，给予学术发展更大的空间

现代高校从本质上来说是一个学术共同体，学术的发展需要自由和公正的学术氛围，需要对教师群体足够的尊重。然而，如今的大学行政化日趋严重，学术人员和学术管理机构不能发挥其应有的作用。比如，学术委员会中的委员大多"双肩挑"，即这些委员既有教授身份又在行政职能部门担任重要职务。"双肩挑"委员的存在虽然保证了学术委员会的权威性，但同时也剥夺了广大教师的民主权利。因为"双肩挑"委员的双重身份往

〔1〕 邹晓玫：《法学教师群体之角色冲突研究——以天津市法学本科教育为例》，南开大学 2014 年博士学位论文。

往使他们在参与学术事务管理时更多的是从行政方面考虑问题，忽视了学术本身的发展。

对此，要确定学术委员会中委员的标准。委员必须具备很高的学术造诣、公认的研究能力和高尚的学术道德，在专业领域内有代表性，这样才能保证学术委员会进行的决策是正确的、公正的。针对双肩挑委员容易产生角色冲突，学术委员会应该以没有行政职务的教授为主，严格限制有行政职务成员的比例，如果认为需要行政部门的支持和配合，可以请相关行政领导列席，但是不具有表决权，东北师范大学、华中师范大学和东北大学的学术委员会已经采用了这一做法。这样就使学术委员会在人员结构上实现了“行政管理”与“学术决策”的相对分离，为学术委员会能够独立和自主行使职权提供了保障。[1]

3. 推动实务型法学教师建设

法学是实践之学、应用之学，法律教育必须重视理论与实践相结合。高校法学教师参与法律实践虽然有其积极意义，但是过多地参与法律实践会忽视教学任务，有悖于自身角色权重。为了规范法学教师参与法律实践，可以尝试建立以下一些制度。

（1）建立激励机制促使教师主动提升自身实践能力。法学教师从事兼职律师，多数是迫于生活压力，对教学产生的良好效果只是追求更好生活品质的副产品。为了提高教师的实务技能，一方面要提高其福利待遇；另一方面要搭建实践平台，积极开展与法院、检察院、律师事务所、仲裁委员会等相关单位的合作交流，鼓励法学教师积极“走出去”。

（2）完善实务型法学教师的评价机制。现代高校中承担不同功能的教职人员的职责并不一样，针对其评价的标准必须差异化。对实务型法学教师而言，评价标准也应进行相应设置，实施差异化的激励机制。实务型法学教师在参与法律实践中发现问题，需要长期积累，很多理论知识必须在与实践的不断往返中才能得出符合社会实际的成果，所以其职称评定应该重视实践经验和教学能力。把教师的理论知识储备、法律职业实践成果、

---

〔1〕 曹艳艳：《我国大学学术委员会制度研究》，浙江师范大学2011年硕士学位论文。

课堂教学效果作为职称晋升等奖励的重要考核指标。

（3）规范法学教师参与律师事务。术业有专攻，法学教师都有各自的研究方向，并且精力都是有限的，如果放任其从事实务，既不利于法学教师自身素质的提高，同时也会影响到正常的教学。基于此，高校应该明文规定法学教师承办案件不得超出自身研究或任教专业领域范围之外，以及教师在授课中承担的工作任务和课时计划，限定教师在特定时间段的办案次数等。建立法学教师兼职律师定期报告制度，以便于所在单位对教师课外兼职律师情况的掌握。建立定期的法学教师兼职律师经验分享制度，提高法学教师的教学科研水平。学校还要加强监督，进行跟踪检查，明确规定在实践教学活动中产生的收益如何分配，切实保护学生利益。[1]

综上所述，区分法学教师的多重职业身份旨在明晰多重职业身份的利弊以及改进之策。通过科学的设置岗位和完善对法学教师的评价体系、营造公正自由的学术氛围等方式，可以明确法学教师自身职业定位，使得法学教师的职业伦理得以保持，实现法学教师多重职业身份的正当性和实效性。最大限度地激励法学教师发挥自身潜能，创造知识成果，培养出兼具理论素质和实践能力的高层次法律人才，服务于我国法治建设。

---

〔1〕 黄维：《法学专业双师型教师队伍建设探讨》，载《南阳师范学院学报》2019年第2期。

"三全育人"视域下社会主义核心价值观融入高校思政课教学的创新设计与实施路径研究

施 欣*

引 言

全国各高等院校设置的思想政治课既是一门理论课程、又是一门实践课程，是全国在校大学生必不可少的一堂课、不可或缺的一门课，是关系数千万在校大学生学业和人生"第一粒扣子"的必修课程，是把几千万在校大学生理想和信念航船之舵的关键课程，甚至是第一课程。之所以称思政课是"大学第一课"、思政课课堂是"大学第一课堂"，是因为对当代几千万青年大学生开展思想政治教育，是全部大学教学课程和整个本科教育当中极其重要的环节和必不可少的过程，少了这一环、缺了这一课，大学生的学业是不完整的、大学教育是不完善的。部分专业很强、理论扎实但思想滑坡、道德失范以及品行败坏的人，知识越多技能越强智慧越大却越可能对社会造成危害。所以，在校大学生思想和政治上不能出现失误和瑕疵。打个比方，大学生如果学习成绩略微差一点是"次品"（还能培养和改变）但是思想品德坏就是"废品"（很难扭转和变更），所以说品德教育和思想引领是大学教育的核心部分和突出地位，涉及数千万在校大学生的健康成

* 施欣，广东省仲恺农业工程学院马克思主义学院讲师。

长、思想成熟与最终成才，可见"高校教育是灵魂工程，抓好思政课教育就要抓住思想可教育规律。"[1]尤其是当下国际国内的思想纷繁复杂、多元并进，一些不良社会风气或有害思潮肆意妄为、无孔不入，如果对这些不加以重视、不进行妥善处理，不加以引导、不予以有效规范，很可能荼毒一大片青少年、败坏一大批大学生，导致拜金主义、享乐主义、极端个人主义等泛滥或盛行；而我们的广大青年学子们正处于正确"三观"树立的关键时期，大学生生涯又是打下人生和事业基础的关键时刻，此时思政课显得尤为重要。

随着我国高等教育普及化进程的加快，当代大学生是一个比较庞大的群体（数量众多，每年的大学毕业生均超过 1000 万人）。经过了高考的选拔，他们是青年当中（适龄青年）的佼佼者，是党和国家的宝贵资源和财富，是社会由"人口红利"向"人才红利"转变的决定性因素。当代大学生这个特殊的知识分子群体，是潜在的人力资源和巨大的知识力量。在不久的将来，他们是党和国家实现"两个一百年"目标的实施者、推动者和生力军、主力军，是实现中华民族走向复兴、再度崛起这一伟业的接班人和建设者。由此可见，党和政府没有理由不争取和团结这批莘莘学子，高校和思政课教师亦没有理由不引领和引导这些有知识有理想、有情怀有担当、有技能有技术以及拥有较强行动力、执行力、创造力的精英人群。面对这些日益成长、日渐成熟的优质人口和强势力量，被称为"后浪"的他们，必然成为中国特色社会主义现代化建设的后备军和生力军，也必然成为成就中华民族近代以来最伟大的梦想——中国梦的主力军和先锋队。高等教育的高质量发展离不开高校的高质量发展，高校的高质量发展亦离不开培养的大学毕业生高质量的发展，新时代"三全育人"建设，"是落实立德树人根本任务的实践路径，是遵循思想政治工作规律、教书育人规律、学生成长规律的必然要求。"[2]就这个意义而言，高校不去占领在校

〔1〕 张亚东、李静：《"三全育人"视域下高校开展"四史"教育路径探析》，载《湖南工业大学学报（社科版）》2023 年第 2 期。

〔2〕 冯刚、梅科：《深刻把握新时代深化"三全育人"建设的内在规律——"三全育人"综合改革试点工作实施五周年回顾》，载《青年学报》2023 年第 3 期。

大学生意识形态领域工作的制高点就有可能丧失社会主义核心价值观宣传教育的主阵地，就有可能失去对千千万万青年大学生的思想观念的教育权引领权。由此可见，当大学生思想的“第一粒扣子”没有扣好，会产生一些不好的后果。

作为一所有着近百年历史的地方性、应用型农业类高等院所，与党的“三农”工作密切相关，与国家的乡村振兴战略紧密相连，更加责无旁贷、首当其冲的要认真贯彻落实党的教育方针，充分发挥出育人的主体职能和主导作用，积极落实“立德树人”的根本任务，调动一切积极因素和有利条件尽心尽力构建“三全育人”工作的新格局，动员校内校外全部资源和力量构筑起“三全育人”工作的新局面，培养和造育出德智体美劳全面发展的社会主义现代化建设的接班人和社会主义现代化事业的建设者，切实帮助青年大学生认可、接受、跟从、遵循社会主义核心价值观并最终树立社会主义核心价值观，成长为“四有”新人、肩负起时代使命。

一、“三全育人”基本概念的厘清与阐释

“三全育人”是指“全员育人、全过程育人、全方位育人”，为了便于记忆和论述将其概（统）称为“三全育人”。“三全育人”是中共中央、国务院印发的《关于加强和改进新形势下高校思想政治工作的意见》文件中向全国高校明确提出的政治要求。首先，就是要对“三全育人”基本概念有一个清楚的划分与清晰的认识，搞清楚搞明白“三全育人”教育思想和育人范式的内涵及外延，才能顺利开展相关的理论研究。学校思想政治理论课教师座谈会上强调，要把高校思政课程课堂、思政教育教学摆在相当重要的位置，同样也要把“三全育人”教育思想、教育模式和教育理念、教育手段提到很高的层次，该座谈会还深刻全面、详细、具体地讨论了高校如何开展思政课教育工作的方法和路径。

社会主义核心价值观最早在党的十八大报告中正式提出，倡导“富强、民主、文明、和谐”；“自由、平等、公正、法治”；“爱国、敬业、诚信、友善”。从上述三个层面或者说三大维度入手，共计二十四个字，构成社会主义核心价值观的基本内容，事关社会主义物质文明、精神文明、

政治文明建设全部。这个社会主义核心价值观的“二十四字箴言”，对全社会、全体公民正确的价值追求、政治观念、理想信念等进行了规划和指引，以此培育和形成全社会、全体人民共同的理想、坚定的信念，统一思想，统一行动。近年来，党和国家积极培育践行社会主义核心价值观并且大力宣传弘扬社会主义核心价值观，要凝聚人心、共同追梦，要团结一致、众志成城，要人心齐、泰山移。这是因为，社会主义核心价值观是社会主义核心价值体系，是全社会的主流思想和人民的主导思潮，是党凝聚全党全军和全国各族人民共同价值观的思想武器、精神内核和思想导引。众所周知，社会主义核心价值观不仅影响和作用于全社会和全体人民，而且也影响和作用于数千万在校大学生的理想信念、价值判断和道德取向，并决定着他们的精神追求、思想共识和行为方向。

尽管古今中外的教育家、哲学家不曾明确使用过“三全育人”这一概念〔1〕，但“三全育人”概念的提出并不偶然，是在对高等教育普遍规律和人才培养基本规律深刻认识和充分把握的基础上，形成的一种全新教育思想、教育方法和育人理念、育人手段。它所倡导和强调的“全员、全程、全面”育人造才，既是一个时间上的“闭环”，也是一个空间上的“融通”，时时、处处、事事、人人都有思政课、都是思政课堂，也都是思政课教学，时时、处处、事事、人人都受到高校思想政治教育的影响和作用。换句话说，“三全育人”范式全力打造“协同育人，协调造才”新模式，致力于打通学校、教师、社会、学生四个环节、四种资源和四种角色，把思政教育教学、思政课堂课题融入各个专业、各个课程和各个时段、各个环境（思政课程亦即课程思政），实际上就是育人时间尺度上的延长、育人效果程度上的深化，包括了思想政治课内容的增加、思想政治课范围的延伸、思想政治课内涵的拓展，终极目标是促成思想政治课“传”“受”双方的互信互动、情感交流。虽然这个过程中工作量加大了不少，但教育的效果可以逐步显现。

“三全育人”教育思想和范式的最终目的，是培养德智体美劳全面发

---

〔1〕 严璨：《论“三全育人”的哲学资源》，载《马克思主义哲学研究》2022年第2期。

展综合性复合型高素质人才，根本目标是造育社会主义合格建设者、接班人和有用人才，在本质上会带来“培养什么人、怎样培养人、为谁培养人”这样的根本性问题。自中共中央、国务院提出“三全育人”理念及其实施方案以来，全国高校对在校大学生思想政治引导工作、思想政治教育工作的科学性、理论性和实践性的认识在不断深化、措施在不断优化、理念在不断创新，他们以积极的实际行动贯彻落实对“三全育人”教育理念、强化“三全育人”教育思想。三全育人”教育思想与埋念科学运用和高效应用，应该秉持“以人为本”的教育理念，抱持“以学生为中心”的教育思想，遵循思想政治教育教学和在校大学生成长的特点及规律，既教书育人（传授知识）又立德树人（培养德行）。

事实上，“三全育人”教育思想及范式，是落实高校“立德树人”根本任务和主体工作的内在要求与必然需求。这个国家层面出台的教育方略顺应了新时代高校思政课（含课程、教学、教法）改革与发展的特点，策应了高校构建“大思政课”格局的趋势，指引和鞭策步入新发展阶段的全国高校快速稳定健康发展，在高等教育已逐步实现“大众化”后向着高质量发展华丽转身。

二、社会主义核心价值观的概念及阐述

社会主义核心价值观，是构建“和谐社会”“文明国家”的关键所在，是社会的黏合剂、人际关系的润滑剂以及构筑起全民族共同理想信念的“最大公约数”，是把泱泱大国团结起来、凝聚起来的思想要素、人心要素、价值要素、知识要素、文化要素，是中国特色社会主义国家走向大国和强国之路的精神指引和价值标识，理应成为刻进每一个中国人骨子里的文化自信。

就高校而言，作为意识形态领域工作的前沿和岗哨，作为培养中国特色社会主义现代化建设“时代新人”——当代大学生的主阵地，必然要通过社会主义核心价值观的培育与践行，必须经由社会主义核心价值观的宣传与普及。我们所精心培育和悉心培养的专业人才专门人才，首先和首要的是政治立场坚定的人才、价值取向正确的人才、德才识能兼备的人才。

但是，培育和践行社会主义核心价值观是一个庞大、复杂的系统工程，各要素之间需要协调配合而不能出现龃龉冲突，没有理由不通盘考量、立足全局、着眼未来，亦没有理由不按部就班、有条不紊、步步为营；培育社会主义核心价值观具有一定的复杂性，本质上是一项复杂的人心工程、思想体系，各部门各单位要分工协助、通力合作、齐抓共管、多措并举，发挥出 1+1>2 的效果；培育社会主义核心价值观是一项长期性工程，不可能毕其功于一役，也不可能幻想一劳永逸，需要抓常抓长，需要抓早抓小，注重长期性和长效性，主张驰而不息、久久为功。社会主义核心价值观很好地为“三全育人”供了宝贵素材，不仅极大地丰富了教育思想和范式的基本内涵与核心要义，而且也极大地拓展了教育理念和模式的思想外延与理论品格。与此同时，“三全育人”教育理念及其实施反过来又成为社会主义核心价值观教育的重要平台与手段，也是贯彻落实社会主义核心价值观的有效途径和方案，打造思政课“金课”、当好“大先生”、争做“人师+经师”等均离不开“三全育人”教育思想及范式的反推与助力。由此可见，社会主义核心价值观教育与“三全育人”范式是有着较强的内在联系的甚至是彼此契合的。就这个意义而言，高校更应该积极作为、主动行动，将社会主义核心价值观教育与实践活动全面融入、紧密结合“三全育人”教育思想与育人模式，运用科学先进的方法，找出正确的实施路径，将教育的思想与实质贯通于统筹、教学和日常工作之中[1]，达到学生发展总体贯通。

切实引导在校大学生把握高等教育的教育规律、增进知识青年的价值认同，进而补足精神之钙、筑牢理想之魂以及夯实人生之基石。

社会主义核心价值观教育实践是中国社会、全体社会公民共同的理想信仰和价值追求，是应该而且必须大力提倡与弘扬的优良社会风气和共同价值追求。就这个意义而言，社会主义核心价值观在高等院校中、在当代大学生中的宣传教育和推广普及，也是高校思政教育、思政工作进入新时

---

〔1〕 刘彬：《新时代高校“三全育人”的实践路径创新——评〈普通高等院校“三全育人”研究〉》，载《中国高校科技》2021 年第 6 期。

代以来的主要内容甚至是核心内容。社会主义核心价值观教育实践在高校及在校大学生当中的顺利开展、有序推进，可以有效提升高校“育人”水平和人才质量，推动实现高校高质量发展；对于在校大学生而言，有利于他们在理想信念、精神追求和伦理道德方面求新至善、有所追求。

这里所谓的“融入”字面上理解是融合、汇入之意，将原本不属于一体的两种事物糅合在一起，需要严丝合缝、浑然天成。循此，社会主义核心价值观不断融合、融汇、融通进入高等院校、进入高校思政课课程体系、进入高校思想课课堂及课题、进入高校思政课教学与科研，它是一个不断进入、不断融合的动态过程。那么，置于“三全育人”教育思维与教育模式的特殊视域下，基于“社会主义核心价值观教育实践”融合传播、并列传播的独特视角下，将二者有机地结合起来乃至浑然天成地凝合起来，既有理论价值又有实践意义，值得深入思考与探索，亦值得大力推广与施行；与此同时，两者的融会贯通和双管齐下还能够进一步提高当代大学生对思想政治理论及实践课程的兴趣和热爱，进一步提高他们在思想政治课的教育教学及宣讲过程中的获得感、体验感，成为思政课的不尽不竭的源头活水，进而把思政课讲活讲透。

三、当前学术界和理论界对该研究的基本情况

当前，“社会主义核心价值观与高校思政课教育全过程融合研究”“社会主义核心价值观与‘三全育人’教育思想及范式研究深度融通研究”已经成为高校学术界、高等教育界的研究热点领域，出现了系列文章、发布了许多重大课题，重点讨论和探索如何将两者的融合做到“水乳交融”“卯榫契合”和“无缝对接”，而不是强行“嫁接”、自说自话。不少专家学者对此给予深度观察和持久钻研，形成了一大批卓有成效的学术成果。

目前，党和国家领导人关于培育和践行社会主义核心价值观的相关讲话和论述颇为丰富和深刻，各地区各部门对培育和践行社会主义核心价值观进行了求真务实的探索与富有成效的实践，找到了许多路径，得出了许多经验。其中，如何将社会主义核心价值观真正融入高等院校思政课课程课堂、课本课件和教育教导、教学方法的研究，是近年来众多高等院校和

教育界、学术界、思想界"追捧"的热点焦点研究领域，根据知网相关论文检索情况（包括其他书籍和报刊数据库），研究成果比较丰富、研究角度比较多元。概括地说，已有的研究主要集中在以下方面：

（一）关于社会主义核心价值观融入各门思政课课程及教学的研究

社会主义核心价值观融入"马原理""毛概论""纲要课""思修课""四史课""形策课""军事课"等马克思主义学院全部课程的教育教学。也就是说，每一门具体的主干的课程都是高校必须开设的公共课、思政课和必修课。根据每一门思政课程的不同特点和不同性质，有针对性地对在校大学生的思想现状、文化情况、家庭情况、教育背景、知识构成等特质进行阐述。

（二）关于"社会主义核心价值观"融入思政课教学的方式方法及实施路径研究

不少专家学者认为，要从教学思路、教学设计、教学步骤的实践和实操的层面上探讨社会主义核心价值观如何有效融入思政课教学、思政课教育这一关键性问题，否则就是重复建设而没有实质性的进展和显著性的效果。在融入思政课教学方面，其路径主要在教学理念、教学内容、教学方式等方面创新与开拓。信息时代和大数据环境下，基于"三全育人"特殊视域下，为更好地涵养与培育时代新人，更合理和科学地将社会主义核心价值观教育融入，需要从更新培育与践行的理念、融入高校教育全过程以及制度保障、价值观引导与实践养成等方面入手，这几个方面都是实打实的着力点。

（三）关于社会主义核心价值观的社会传播与在高校及大学生群体中推行的认知认同研究

学术界和理论界聚集在：对高校开展社会主义核心价值观教育实践的认知认同的模式路径、体制机制以及社会与个人思想引领和行为转化等方面的研究，着力点在于提高当代大学生群体对社会主义核心价值观的行动力与执行力，将社会主义核心价值观转化为自觉自为的行动和举措。大学生接受和理解社会主义核心价值观的"认知模式"主要有命题认知、意象图式认知、隐转喻认知三种，具体"内化"的理论路径为认知认同是基础、情感认同是核心、意志认同是关键、行为认同是目的，这几个方面环环相扣、缺一不可且相辅相成、互为促动。其认同机制是：宣教机制、利益机制、长效机制、反馈机制、完善机制，宣传教育必不可少、利益机制必须突出、长效机制必须建立。其认同路径是：植根大学生学习、思想、工作、生活沃土，构建高校与在校大学生的同频共振机制，注重创新教育理念、教育载体与教育方法，深度凝练“三全育人”教育理念及范式以促进社会主义核心价值观在高校、在大学生群体中的传播；引导大学生从心灵深处、从思想深处、从灵魂深处对社会主义核心价值观念的认同与尊崇、赞成与遵从；阐明了社会主义核心价值观逐步形成，是从个人自觉自为到社会自觉自为质变过程。

（四）关于社会主义核心价值观教育实施的困难、调整的出路以及如何迅速而稳健地构建起长效机制的研究

“三全育人”思想和模式虽说是科学且合理的但却不是“包治百病”的药方和“立竿见影”的灵药，不可能百课一堂、千校一面、万人一腔。可以肯定的是对在校大学生不应进行政治理论与价值观念的强行灌输与肆意漫滤，将社会主义核心价值观教育与“三全育人”思想强行融入稍有不慎则导致更加被动甚至适得其反。然而可惜的是，有的高校及其思政课教师，对社会主义核心价值观教育、对社会主义核心价值观融入教学全过程，情之过切、操之过急，造成了一些弊端、纰漏甚至通弊。据观察，高等教育界部分人当中存在一些问题：比如，把社会主义核心价值观与“三全教育”思想与实践割裂开来，单纯讲社会主义核心价值观和“三全教育”模式，却没有将两者融合并结合起来；又如，把培育和践行社会主义核心价值观活动看成“一阵风”“一时性”活动；把网络“读图时代”“刷屏时代”等拟态环境中的“碎片化风险”“沉默螺旋效应”“刻板成见因素”视为常态。我们应避免社会主义核心价值观的教育实践不够深入。培育和践行社会主义核心价值观要与“三全育人”教育理论与教育模式有机地、充分地、天然地融合起来，需要将其视为一项具有重要理论和现实意义的意识形态领域的工作，必须从坚持管理导向、推进文化融入、完善激励评价制度等方面建立长效机制，用刚性的制度和科学的措施来确保这个系统工程的持续稳定运行。

然而，尽管这一领域的研究成果相当丰赡，研究深度亦相当可观，但客观地说，理论和学术界关于社会主义核心价值观融入思政课教学的研究在目前看来仍存在一些不足或缺陷之处：单篇文章、分散性论述较多，系统性、整体性研究欠缺；就事论事文章多，带有全局性和前瞻性文章不足；关于普通公民行为规范、一般公民道德修养的社会主义核心价值观如何培养和践行的研究较多，而对于高等院校和在校大学生从制度上、源头上、知识储备上、政治情感上如何培养和践行社会主义核心价值观的研究较少，尤其是将两者有机融合的明显偏少；紧密结合人工智能、5G通信技术、新闻舆论应急工作、意识形态领域工作、高校公共事件处置、高校治理体系和治理能力现代化等重大现实问题研究不足，或者说与现实联系的密切程度还不深，学者应该放眼世界、胸怀国家，理论应该为实际工作所运用。特别值得一提的是，社会主义核心价值观全面、深入、持续地融入高校思政课教育教学与马克思主义中国化的关系还需深入研究，这种思想不简单但实现这种思想更为不易。

四、"三全育人"范式的贯彻与落实

(一) 从思政课教学教育对象的角度

对于当代大学生群体来说，他们所接触的社会环境、文化氛围、政治观感、媒体生态等与以往相比发生了巨大而深刻的变化。如何以社会主义核心价值观为引领，培养在校大学生自觉践行社会主义核心价值观的良好心理状态及行为习惯，是思政课教育教学的首要任务和重要目的。面对"00后"大学生群体这样的授课对象，教学主体只能说服不能压服、只用巧劲不用蛮劲，这对高校思政课提出了更高标准：要求高校思政课教师主动更新传统教学方式、刷新以往教学设计，充分发挥课程思政的育人功能，充分发挥社会主义核心价值观教育实践对于铸造学生灵魂、培育红色人才的作用。

(二) 从思政课专业 (任课) 教师角度

他们要全面贯彻"三全育人"理念，挖掘思政课蕴含的思政素材，把思想教育、政治教育、道德教育、“四史”教育，既要活学活用，又要学思践悟，尤其是要将社会主义核心价值观教育作为思政课教学教育的亮点重点，通过互联网和新媒体把思想政治教育延伸到学生学习和工作中，不断提升在校大学生的思政课教学教育的实际效果。

（三）从学校管理者和服务者的双重角色和身份

要充分发挥课堂教学、教学督导、校园日常、教务管理、示范项目和实践教学，在大学生社会主义核心价值观培育方面的优势，把培养、塑造在校大学生“三观”作为培养复合型、综合性人才的重要内容，在知识经济时代大数据时代，让社会主义核心价值观铭记在大学生的心里并能够转化为行动，让社会主义核心价值观在“三全育人”教育范式指引下，成为大学生集体的强大精神动力。

可是，近几年以来，高校在“三全育人”视域下进行社会主义核心价值观融入工作，依然面临的一些问题和困难：部分高校或思政课教师，仍然存在“三全育人”机制不健全不完善及职责模糊、概念模糊、运行模糊的情况；“三全育人”育人范式与社会主义核心价值观教育实践的融合度较低，甚至完全机械地进行、简单地合并；缺乏科学精神和探索精神；部门（单位）之间缺乏协作；思政课教师与大学生之间鲜有互动，而满堂灌式、填鸭式教学、孤芳自赏式的教学依然大量存在，导致对大学生压迫感强，容易引起他们的反感或厌恶，起不到预想的效果等。可见，在具体操作层面和技术层面的有些方面不尽如人意，这些严重阻碍了社会主义核心价值观在高校、在大学生当中的落地落实，也严重制约了社会主义核心价值观融入“三全育人”模式的效果。有鉴于此，高校务必建立健全“三全育人”体制机制、务必明确育人的主体责任，在“避免教育资源分散化和教育体系碎片化，避免教育内容的同质化和教育功能割裂化”[1]的同时联通教育主体合力、贯穿全程育人链条，持续强化社会主义核心价值观与“三全育人”思想的真正融合，不断加强思政课教师与大学生协作互动，

---

〔1〕 王秀民、冯瑛：《“三全育人”视域下铸牢民族高校大学生中华民族共同体意识》，载《民族学刊》2023年总第87期。

切实推进全员全过程全方位育人体系在思政课教育领域的贯彻执行，切实保障社会主义核心价值观教育实践与"三全育人"范式深度融合与顺利开展。

五、"三全育人"范式改进和完善方案与路径

（一）持续深化社会主义核心价值观进大学、进教材、进课堂的实际化和可操作化

要让社会主义核心价值观进大学、进教材、进课堂，特别是进大学生头脑，并将研究的成果落地落实。说到底，社会主义核心价值观要在全体大学生头脑当中发生质变反应进而起到"销魂"作用。持续深化新时代高校思政课建设的模式、机制、满意度等问题研究，让在校大学生接受、认可思政课和思政教师，喜爱、追捧思政课和思政教师，推动思政课股本培根、守正创新。

（二）继续深化社会主义核心价值观教育实践活动（从内涵到外延）

要让思想政治课课程和课堂，常讲常新，日有所进，确保"三全教育"视域下大学生培养和践行社会主义核心价值观"走心"和"用情"——情感的交流、灵魂的洗礼、思想的陶铸和境界的升华。通过社会主义核心价值观教育活动和课程思政，大力提高在校大学生对思政课的满意度、美誉度、信任度，同时还可以维护高校意识形态安全，避免黑天鹅、灰犀牛事件的发生。我们有理由相信，若将社会主义核心价值观教育实践与思想政治课教育密切联系起来、紧密协同起来，必将极大地促使在校大学生不断增强"四个意识"、坚定"四个自信"、做到"两个维护"、实现"五个认同"，使得大学生始终成为拥护中国共产党、热爱中华人民共和国的公民。

六、"三全育人"范式融入社会主义核心价值观方案设计及实施路径

（一）选取代表性院校开展试点

优选一所典型高校做个案研究，举一反三、触类旁通，作为观察和评估高校及高等教育界的样本：深度调研社会主义核心价值观融入具体一门

思政课教学的状况、考察分析思政课建设与意识领域工作（思想文化等意识形态安全）结合实情，力求有一个清晰、全面、科学、深刻的理解与认识。这里，可以通过设计和发放调查问卷、开展实地走访、进行理论座谈等方式来获取真实的“第一手资料”。通过以点带面、示范引领的“窗口”，在总结经验的基础上输出和推广。

（二）大胆探索新路径、勇于创新新方法

优化与改进社会主义核心价值观与高等院校开设的思想政治课的“三进”（进教材、进课程、进头脑）模式和路径，置于“三全育人”视域下社会主义核心价值观的教育与实践同样是一种高等教育领域的改革与创新。高校及其思政课工作者要密切关注大数据、人工智能、“互联网+”、自媒体、融媒体、全媒体、VR虚拟环境等教育教学手段、技术、条件的瞬息变化，开展社会主义核心价值观融入思政课教学的创新设计，目的在于更好地实现二者的充分融合，将育人效果最大化、将融入效果最优化。展开来看，高校及思政课工作者要结合理论教学与实践教学，开展思政课对在校大学生的知识教育、能力培养与价值观教育，探索进行体制机制创新设计、理念模式创新设计、方法途径创新设计，构建社会主义核心价值观融入思政课课堂、融进思政课教学的新模式、新机制、新途径。

（三）制定科学而有效的实施路径

着眼于思政课教学的三要素——教师队伍“主力军”、课程建设“主战场”、课堂教学“主渠道”对应于全员全过程全方位的三维立体育人空间；着眼于制度维度、时间维度、空间维度，高效率、高质量地将社会主义核心价值观整体融入、全部融进思政课教育教学系统。从被教育者、被传授者的视角观察，社会主义核心价值观面向的教育对象是千千万万的在校大学生，其融入的实施路径主要有宣传教育、示范引领、实践养成等，引导大学生群体由被动教育至主动教育。

（四）提升大学生对高校思政课的满意度

有针对性地对社会主义核心价值观融入高校思政课进行设计和规划，紧扣它们的性质和特点，可以尝试将高校思政课教师的教学能力、教育风格、课堂吸引力（譬如到课率、抬头率、师生互动数量及质量）、课后教学（布置作业并检查作业完成情况）等作为评估指标，全面考察大学生对思政课教师、对思政课课堂的认可度和满意度，构建科学、合理的大学生教学满意度测量指标体系。实际上，这是一种教学反馈机制的建立，畅通反馈渠道才能知所选择、知所优劣，确保思想课的教学质量，确保社会主义核心价值观与"三全育人"的融合实效。这里，我们不妨采用国外的KANO模型分析方法开展满意度研究。

（五）切实提升高校思政课对于主流意识形态领域、主流舆论权和话语权的引导力和把控力

鉴于国家意识形态领域安全形势趋于复杂化，为把准高等教育教育教学形式方式趋于多元化的脉搏，高校思政课必须与时俱进、与时偕行，努力提升对社会主流意识形态和观念思潮的引导力和驾驭力，做到因事而化、因时而进、因势而新，变说服为心悦诚服、变形式为终极内涵，促进大学生们增强民族自信心与文化自信力，不断优化高校思政课对于社会主流意识形态、社会思想思潮的引导力、传播力、穿透力。

七、结语

高校人才培养质量的全面提升与整体进步，从某种意义上说，依赖于"三全育人"教育理念的贯彻实施。[1]未来，高校要锚定"立德树人"总体目标，扎实推进"三全育人"进程，通过培育主体全涵盖形成系统合力、培育时间全贯通形成有效衔接、培育空间全覆盖形成有机联动的基本策略[2]，打通"以大学生为中心"教育理念的"最后一公里"。作为仲恺农业工程学院这样一所地方性、农业类、应用型高校，基于学校党、政层面和马克思主义学院层面（包括全部思政课教师），必须努力做到：要认认真真、原原本本学习习近平总书记关于高校思想政治工作的重要讲话和指示批示精神，做到真学真懂真信真用，学习理论精髓，悟透理论实

〔1〕 钱国庆：《我国高校"三全育人"实践的有效途径——评〈普通高等学校"三全育人"研究〉》，载《科技管理研究》2021年第22期。

〔2〕 李睿、李柳醒：《"三全育人"理念下大学生规则意识培育》，载《高校辅导员学刊》2023年第2期。

质，深刻把握住“三全育人”精神实质和丰富内涵，做到学以致用、学以能用、学以好用；要深入学习贯彻党中央、国务院和省委、省委教育工委以及学校党委行政关于“三全育人”的总体工作部署和行动方案，做好顶层设计，制定好施工图和路线图，做好督查督导，狠抓贯彻落实，求真务实、务求实效；要积极探索涉农高校“三全育人”机制体制建设、“一懂、两爱、三过硬”高素质应用型人才培养、“十大育人”体系建设提质增效，展开理论研究，不断把握高校思想政治理论教育工作和育人工作的科学性与规律性；要善于利用网络、大众传播媒体（包括新媒体和新技术）、学生社区等新型的育人平台和时兴的育才手段，努力推出一批有思想深度和理论含量的学术成果，形成一批理论成果并予以转化落地；要立足本单位本部门实际，深入挖掘育人资源，广泛凝集育人力量，积极探索有效举措，总结凝炼工作经验，不断增强落实“三全育人”教育范式的思想自觉和行动自觉，切实推进“三全育人”体制机制建设见到成效，从而为高校及高等教育的高质量发展保驾护航。